일본

최악의

시나리오

나남
nanam

옮긴이 소개

조진구 趙眞九

고려대 사회학과를 졸업했으며, 일본 도쿄대 대학원 법학정치학연구과에서 "朴政權の登場と60年代の韓米關係: 國家的自立追求と構造的脆弱性"이란 논문으로 법학박사(정치학 전공) 학위를 받았다. "국교정상화 40주년의 한일관계: 신한일어업협정과 독도문제를 중심으로", "일본의 과거 역사인식과 야스쿠니신사 문제", "한미관계의 맥락에서 본 한국군의 베트남전 철수", "동아시아에서의 중일 간의 새로운 파워 게임: 센카쿠열도 문제를 중심으로" 등의 논문을 썼으며, 역서로 《유엔과 일본외교》, 《중일관계: 전후에서 신시대로》, 《인도적 개입: 정의로운 무력행사는 가능한가》 등이 있다.

나남신서 1746

일본 최악의 시나리오
9개의 사각지대

2014년 3월 11일 발행
2014년 3월 11일 1쇄

지은이 • (재)일본 재건 이니셔티브
옮긴이 • 조진구
발행자 • 趙相浩
발행처 • (주) 나남
주소 • 413-756 경기도 파주시 회동길 193
전화 • (031) 955-4601(代)
FAX • (031) 955-4555
등록 • 제1-71호(1979.5.12)
홈페이지 • http://www.nanam.net
전자우편 • post@nanam.net

ISBN 978-89-300-8746-9
ISBN 978-89-300-8655-4(세트)

책값은 뒤표지에 있습니다.

일본 최악의 시나리오

9개의 사각지대

일본 재건 이니셔티브 지음
조진구 옮김

나남
nanam

2012년 2월, 일본 재건 이니셔티브는 〈후쿠시마 원전사고 독립검증위
원회(민간사고조사위) 조사·검증보고서〉를 간행했습니다. 우리들은
이 '민간사고조사위' 검증과정에서 '일본이라는 나라는 어째서 이렇게까
지 위기관리가 되지 않는가', '언제부터 그런 나라가 되었는가' 하는 통
절한 생각에 사로잡혔습니다.

왜 사고가 발생했는가.

왜 예방할 수 없었는가.

사고가 일어난 뒤 확대되는 것을 왜 막지 못했는가.

사고 후의 위기대응과 위기관리는 어째서 그래야 했는가.

검증과정에서 '상정외'(想定外)란 말로 리스크가 정리돼버려 위기대응에
필요한 대책으로 이어지지 못한 사례가 많이 발견되었다. 이것은 원전사
고에 국한된 문제는 아니다. 일본에게 국가적 위기가 될 수 있는 몇 가지

사례를 뽑아 '최악의 시나리오'를 만들어보자. 그리고 주로 거버넌스란 관점에서 위기대응에 초점을 맞춰 거기서 위기관리상의 과제를 찾아내보자.

우리들은 그렇게 생각하고 2012년 5월, 9개의 국가적 위기를 상정한 위기관리 프로젝트를 출범시켰습니다. 그러한 위기들의 '최악의 시나리오'를 그려내고, 시나리오대로 일이 일어났다고 가정했을 때 위기대응상의 맹점과 사각지대를 찾아내고 교훈을 도출하여 '최악의 시나리오'로 가는 것을 막기 위한 방책을 찾아보자, 이것이 프로젝트를 시작한 의도라고 할 수 있습니다.

다행히 각 분야에서 오랫동안 깊이 연구해온 17명의 전문가와 연구자들이 프로젝트에 참가하실 수 있었습니다. 멤버들은 여러 차례에 걸친 연구회를 통해 열심히 토론하면서 시나리오를 작성하였습니다. 또한 이 프로젝트를 추진하는 과정에서 일본 정부와 대기업에서 실제로 위기관리 업무를 담당한 실무자들을 초대하여 말씀을 들었습니다.

멤버 모두가 참가하는 전체회의 6회, 복수의 필자들이 참가하는 라운드테이블 13회, 담당 필자와의 개별 세미나 16회 등 도합 35회, 32명의 게스트들을 초대해 말씀을 듣고 철저하게 토론하였습니다. 이분들의 전문적 식견 덕분에 현실에 바탕을 둔 시나리오를 작성할 수 있었다고 자부합니다.

각 시나리오는 미래를 예측한 것도, 일어날 가능성이 높은 일을 그려낸 것도 아닙니다. 상상력을 발휘해 위기가 나쁜 방향으로 흘러가버릴 경우 도대체 어떤 최악의 사태가 벌어질 수 있는가 하는 사고의 폭을 넓히기 위한 것입니다. "이런 이야기는 공상이다. 일어날 가능성이 낮다"

6

고 무시하지 않고 만에 하나 그런 위기가 일어날 경우 현재 상태로 대응할 수 있는가를 분석하기 위한 사례로서 시나리오를 만들었습니다.

이 시나리오를 바탕으로 법제도, 관민 협조, 대외 전략, 총리 관저, 커뮤니케이션 등의 분야별 전문가들이 일본이라는 국가가 안고 있는 위기 관리상의 과제에 대해 집필해주셨습니다. 이를 토대로 사례 연구와 과제·제안을 합친 형태로 보고서를 만들었습니다.

게다가 이 작업을 해온 지난 9개월 동안 센카쿠 열도, 사이버 공간, 북한을 둘러싼 상황이 시나리오를 앞서가듯 전개되었습니다. 시나리오가 현실을 뒤좇는 듯한 불길한 예감도 들었습니다. 이 프로젝트의 중요성과 절박함을 새롭게 인식할 수 있었습니다.

사정이 있어 보고서에는 이름을 올리지 못한 분들도 계시지만, 분야별로 프로젝트에 참가해주신 분들께 감사의 마음을 전합니다. 그리고 외부에서 연구회에 참석해 귀중한 의견을 개진해주신 분들께도 깊은 감사의 말씀을 드립니다.

또한 9가지 시나리오의 원고 내용과 체제를 통합하고 편집하기 위해 저널리스트인 후지요시 마사하루(藤吉雅春) 선생님께 에디터 역할을 부탁드렸습니다. 읽기 쉽고 박진감 있는 시나리오가 된 것은 모두 후지요시 선생님 덕분입니다. 감사드립니다.

다행스럽게도 이 보고서를 신초샤를 통해 출판할 수 있게 되었습니다. 신초샤의 이토 유키히토(伊藤幸人) 홍보선전부장, 마사다 간(正田幹) 출판기획부 논픽션 담당 편집장, 하라 고우스케(原宏介) 씨께 깊은 감사의 말씀을 드립니다.

마지막으로 일본 재건 이니셔티브의 펠로이며 이 프로젝트의 스태프 디렉터를 맡았던 기타자와 케이(北澤桂) 씨와 마에다 미나(前田三奈) 어시스턴트에게 감사의 뜻을 표합니다. 또한 후지타 나쓰키(藤田夏輝) 씨는 사무국의 인턴으로서 많이 도와주었습니다. 감사했습니다.

2013년 1월 21일
일본 재건 이니셔티브 이사장
후나바시 요이치(船橋洋一)

일본 최악의 시나리오

9개의 사각지대

차례

9

05
커뮤니케이션

제1부

최악의 시나리오

지금까지 우리들이 체험한 위기에는 복선이 있다. 지금 눈앞에 있는 맹점에 눈을 뜨느나 그렇지 않느냐에 따라 미래의 피해는 확대될 수도, 최소한으로 줄 수도 있다. 미래는 현실을 직시함으로써 바꿀 수 있다. 제1부의 시뮬레이션은 각 분야 전문가들이 일본의 제도설계나 경향을 조사·분석한 현실의 연장선상에 있다. 최악의 패턴을 그려냄으로써 현재의 일본 사회가 안고 있는 문제점들을 분명하게 드러내고자 한다.

01

센카쿠 충돌

센카쿠를 둘러싼 공방이
초래한 의외의 결과

센카쿠를 노리고 공세를 강화하는 중국. 영토를 지키기 위해 군사력만이 아니라 외교력, 정치력, 경제력, 정보발신력 등 일본이 가진 모든 힘을 동원한 싸움을 각오하지 않으면 안 된다. 만약 거기서 패배하면 동아시아의 질서와 세력판도는 격변하게 된다.

사적 행동을 유인하게 된다. 2012년 최고지도자가 된 시진핑(習近平)에
게는 건강상의 문제가 있다는 소문도 들려온다. 중국의 통치 실태가 명확
하게 보이지 않는 상황에서 최악의 시나리오를 상정해 보고자 한다.

9월 18일 정오, 내각관방에 해상보안청으로부터 "우오쓰리시마(魚釣島) 등대 210도 6마일 부근(남남서 약 12km) 해상에 중국 선적으로 보이는 어선이 조업 중이며, 순시 중이던 순시선 '노바루' 호가 현장으로 급파 중"이라는 1보가 전해졌다. 6마일은 영해 내다. 내각 위기관리감은 계속 정보를 수집할 것을 지시함과 동시에, 총리에게도 1보를 보고했다.

그로부터 한 시간 뒤 총리 관저의 '정보연락실'은 정보수집 체제를 강화했다. 현장에 도착한 '노바루' 호의 경고를 중국 선적이 무시했기 때문이다.

관방장관은 "바빠질지도 모르겠습니다"라는 비서관의 말을 들었지만 흘려보냈다. 이때 먼 바다에서 일어나는 일이 위기의 '계기'가 될 것이라고는 상상도 하지 못했다. 그러나 점차 관방장관에게는 사태 대처를 위한 정보수집, 판단, 그리고 정부 대변인으로서의 업무가 쌓여갔다. 나아가 총리 관저의 '정보연락실'은 '관저대책실'로 격상되었다. 해상보안청으로부터 다음과 같은 연락이 들어온 것이다.

"중국의 트롤어선은 영해 밖으로 퇴거하라는 명령을 무시했으며, 정선(停船) 명령에도 응하지 않은 채 진로를 서쪽으로 틀었습니다. '노바루' 호가 지원해줄 순시선의 도착을 기다려서는 그대로 도주할 가능성이 있습니다."

관구 본부는 '노바루' 호에게 중국 어선에 대한 임검(臨檢)을 실시하라고 명령했다. 그러나 센카쿠 열도 영해라는 장소를 고려해 관구 본부는 총리 관저에 이에 대한 승인을 요청했다.

여기서 도주를 허용하면 중국의 행동은 더 확대될 것이라고 판단한 총리 관저는 임검을 승인했다. '노바루' 호는 어선에 강제 접현(接舷)을 시도했다. 보안관이 어선에 올라타려는 순간이었다. 어선의 선원이 뭐라고 큰 소리로 외치면서 긴 봉으로 보안관의 목 아래 부근을 찔렀다. 그리고 수염을 길게 기른 또 다른 어부가 보안관의 코앞에 얼굴을 가까이대고 침을 뱉었다. 이에 보안관이 몸을 돌리자 누군가 등 뒤에서 강하게 달려들었고, 보안관은 그대로 바다에 빠져버렸다.

어수선한 상황에서도 보안관들은 어선을 제압했다. 바다에 빠진 보안관은 구조되었지만, 오른쪽 손목 골절의 중상을 입었다. 보안관을 바다로 민 선원은 공무집행 방해 및 상해 혐의로 현행범으로 체포되었다. 그리고 중국 어선은 이시가키지마(石垣島)로 예인되었다.

줄다리기

정부는 이 사태를 어떻게 처리할지 판단해야 했다.

체포한 선원들을 어떻게 할 것인가, 서류 송치하기 전에 '강제 퇴거'라는 선택지가 있다. 그러나 공무집행 방해 및 상해 혐의가 명확한 자를 '경미한 죄라고 송치하지 않는다'는 것은 있을 수 없다. 그렇기 때문에 선원 전원을 나하(那覇) 지방검찰청에 송치했다.

나하 지검은 10일 간의 구류를 거쳐 9월 29일 선장과 현행범 선원만 기소하고 나머지 선원들은 어선과 함께 기소유예 처분해 석방했다.

예상한 대로 관방장관은 기자회견에서 질문공세에 직면했다.

"어디까지나 사법 절차에 따른 것입니다."

관방장관은 그 한마디뿐이었지만, 실제로는 중·일 외교관계에 미칠 영향을 최소한으로 막으려는 정치적 판단이 작용했다. 그러나 관방장관의 머릿속에는 '미봉책일지 모른다'는 생각이 남아 있었다. 경제관련 단체는 관방장관을 비롯한 요로에 중국 전역에서 벌어지는 반일(反日) 시위의 도화선이 되지 않도록 "일을 크게 벌이지 말아달라"고 요구하고 있었다. 그런 연유로 정치적 판단을 한 것이지만, 이게 과연 효과가 있을 것인가.

보안관이 부상당했기 때문인지 일본 국내여론은 강경론이 지배적이었다. 이것은 예상했던 대로다. 미디어들의 논조를 보면 '냉정한 대응'을 촉구하는 목소리도 있었지만, 당연히 '의연한 대응'을 주장하는 것이 대부분이었다.

여야 의원들은 외무성과 방위성 관료들을 당으로 불러 '대책을 마련하기' 위한 연구회를 시작했다. 2005년의 '우정개혁을 위한 중의원 해산 선거' 이후 여야를 막론하고 신진 의원들이 대거 국회로 들어왔다. 관료들이 "거기(초보적인 것) 서부터 강의해야 하는가"라고 할 정도로 수준이 낮았다. 정치가나 미디어가 제멋대로 쏟아내는 발언들을 중국이 병적이라 할 정도로 너무 깊게 생각하는 것이 문제였다. 일본의 언설만이 아니라 정치가, 학자, 평론가들의 인간관계까지 너무 깊게 파고들어 상황을 제대로 판단할 수 없을 정도였다. 일본이 잘못된 시그널을 보내지 않기 위해서는 정치가들에게 정중하게 시간을 할애해 대응하지 않으면 안 된다.

기자회견에서 '센카쿠 문제'에 대한 질문을 받은 관방장관도 초조함을 감추지 못했다.

"의연하게 대응한다는 것은 당연한 것 아니냐, 문제는 그 다음 수다."

총리 관저에서는 "다음에 중국이 어떤 행동을 취할 것인가?"가 논의되었다.

중국 정부는 선원들의 즉각 석방을 요구했다. 외교부 대변인은 일본의 '불법행위'를 강하게 비난했다. 동시에 중국 정부는 센카쿠 열도 해역에서의 자국 어선관리와 보호를 위해 '위정'의 순찰을 강화할 것이라고 발표했다. 이후 순찰이란 명목하에 2~4척의 '위정'이 상시적으로 접속수역을 침범하는 일이 계속되었다.

또한 중국 어선은 영해로 들어오지는 않았지만, 영해선 부근에서 활발하게 조업을 했다. 외교관계를 고려한 기소유예 처분이라는 정치적 판단은 전혀 효과가 없었다. 나아가 중국 국내에서는 대규모 반일시위가 각지에서 빈번해졌다.

관저 대책실에서는 반일시위를 분석하기 위한 작업이 시작되었다. 과거의 시위처럼 교외에서 시위대를 버스로 실어 나르는 '관제 시위'가 아니었다. 중국 당국이 반일시위에 어떻게 대처할 것인가, 그것이 문제라고 생각되었다.

■■■ 일본의 방침전환

9월 후반에 열린 유엔총회에서 일본 총리와 중국 국가주석이 서로 센카쿠 열도의 영유권을 주장하는 연설을 했다.

유엔에서 총리는 종전 방침과 다른 견해를 내놨다. 센카쿠 열도를 실효지배하고 있지만 "영유권 문제는 존재하지 않는다"는 종래의 정부 입장을 바꿔 "영토분쟁의 법에 의한 해결"을 요구한 것이다. 법에 의한 해결이란 방침은 중국을 동요시킴과 동시에 한계에 직면한 일본에게 남겨진 유일한 방법이기도 하다.

중국 국가주석은 법에 의한 해결에 대해 언급할 수 없었으며, 언제나처럼 국제사회에서의 가치관과 정당성을 둘러싼 싸움으로 일관했다.

"일본의 움직임은 중국과 미국이 함께 승리자였던 반파시즘 전쟁의 성과인 전후 민주적 국제질서에 대한 중대한 도전이다."

중국은 일본이 '영토 분쟁'에 한발 들여놓았던 것의 의미를 제대로 판단하지 못하는 것처럼 보였다.

에스컬레이션

선장과 현행범 선원의 기소가 결정되자 10월 들어 중국 국내에서 반일 시위가 격화되었다. 일부는 이전과 마찬가지로 일본계 기업의 점포와 공장 혹은 일본인 학교를 파괴하면서 폭도화해 갔다.

또한 홍콩의 '바오댜오(保釣) 행동위원회'는 항의행동 차원에서 10월 중순 센카쿠에 상륙하여 가능한 한 머물 것이라고 발표했다. 타이완에서도 같은 움직임이 있었다. 센카쿠 주변에서는 어선과 중국 공선(公船)의 활동이 더욱 활발해졌다.

중국 정부는 경제적으로 2010년과 같은 대항조치를 취했다. 희토류의 대일 수출절차를 늦추면서 일본에서 수입하는 부품 등의 통관 절차와 검사를 엄격하게 실시했다.

그렇지만 일본 기업들은 이미 이런 조치에 대응하기 위해 호주로부터의 수입을 늘리거나 재활용, 또는 희토류를 사용하지 않는 기술을 개발해 그 영향은 제한적이었다.

중국은 한발 더 나아갔다. 10월 중순 동해함대가 군사훈련을 실시할 것이라고 발표했다. 10월 10일부터 열흘 동안 상하이 부근 해역에서 사격과 미사일 발사훈련을 실시할 것이라고 예고한 것이다. 이것은 부근을 항해하는 선박과 항공기에 주의를 환기시키기 위한 것이다.

이에 대해 일본은 우선 센카쿠 주변에 해상보안청 소속 순시선 6척을 상시 배치해 경계를 강화하기로 했다. 이런 태세를 유지하기 위해 전국에 있는 관구 보안본부에서 순시선 11척이 11관구에 파견되었다. 해상자위대는 훈련 해역과 사키시마(先島) 방면으로 초계기 P-3C를 보내 감시를 강화했다. 또한 쓸데없이 상황을 악화시키지 않기 위해 난세이(南西) 제도 방면으로 호위함 2척을 보내 종전 태세를 유지하려고 노력했다.

정세 오판

반일시위가 통제 곤란할 정도로 확대되는 것을 우려한 중국 정부는 10월 중순 시위를 억누르려고 했다. 이것은 총리 관저 대책실이 예상한 대로였다. 관방장관은 간부직원들에게 이렇게 말했다.

"중국 지도부는 일본 때리기가 언제 자신들을 향한 폭동으로 바뀔지 모른다는 위기감을 갖고 있다. 자신들의 국가를 유지하려면 우선 자신들의 취약함을 생각해야 한다. 시위대가 난폭해질 만큼 난폭해지면 중국 정부는 억압에 나설 것이다."

예상대로 10월 중순 바오댜오 행동위원회가 빌린 배가 당국의 허가를 받지 못해 출항하지 못했다. 그러나 이때부터 예상하지 못한 일들이 벌어졌다.

일본 국내의 우익활동과 중국 당국에 의한 바오댜오 행동위원회의 출항 저지가 보도되자 인터넷에서는 일본에 대한 항의와 더불어 정부가 애국적 행동을 저지하고 있다는 글들이 급증했다. 선전(深圳)에서는 반일시위대가 폭도로 변해 지방정부 청사를 습격했다. 또한 이것이 인터넷에 올라가자 지방정부, 공안기관 청사에 대한 습격, 일본의 재외공관, 기업에 대한 습격도 격화되었다.

중국 정부가 반일시위를 억누르려고 했지만 통제가 불가능해지기 시작한 것이다. 중국 정부는 인민들에게 "정부는 확실하게 영토 회복을 약속한다. 따라서 국민들은 항의의사 표시를 질서 있게 해달라"고 호소하지 않을 수 없었다.

폭동 진압에 애를 먹은 중국 정부는 센카쿠 문제에서 구체적인 성과를 내지 못하면 사태를 진정시키기 힘들다고 판단했다. 그래서 결국 이전부터 준비하던 '댜오위다오 탈환' 계획의 실행을 결정하지 않을 수 없게 된 것이다.

중국 해군은 11월 상순에 각 함대가 참가하는 대규모 합동훈련을 실시한다고 발표했다.

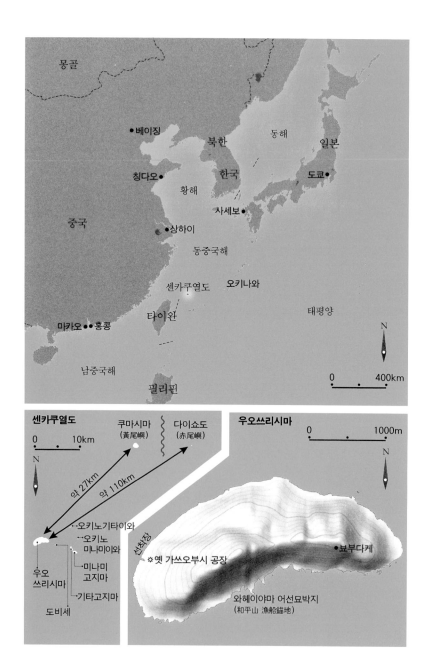

몽골

•베이징

북한   동해

칭다오   한국   일본

황해   •도쿄

사세보

중국   •상하이

동중국해

센카쿠열도   오키나와

마카오••홍콩   타이완   태평양

N

남중국해   0 ─── 400km

필리핀

센카쿠열도

쿠마시마
(黃尾嶼)   다이쇼도
(赤尾嶼)

0 ─── 10km

N

약 27km

약 110km

오키노기타이와

오키노
미나미이와

우오
쓰리시마   미나미
고지마

기타고지마

도비세

우오쓰리시마

0 ─── 1000m

N

산초장

☆옛 가쓰오부시 공장   •보부다케

와헤이야마 어선묘박지
(和平山 漁船錨地)

28

중국 북해함대 소속 구축함 몇 척으로 구성된 함대가 칭다오를 출항해 쓰시마 해협을 통과하여 동해로 들어왔다. 또한 동해함대도 구축함 몇 척이 함대를 이뤄 상하이 방면에서 출항해 오키나와와 미야코지마(宮古島) 사이를 통과하여 태평양으로 나갈 움직임을 보였다. 국가해양국 소속의 조사선 '샹양홍(向陽紅) 9호'도 태평양으로 진출했다.

1주일쯤 후 북해함대와 동해함대가 미나미다이토지마(南大東島) 동쪽에서 합류해 부근을 경계하기 시작했다.

해상자위대는 남서 방면에서 대기 중이던 호위함을 보내 경계하였으며, P-3C도 샹양홍을 감시하기 시작했다. 한편 상하이 부근에서는 미사일함정과 양륙함, 잠수함, 수상함의 활동이 활발해지고 있음이 확인되었다.

방위성 정보본부는 이런 움직임을 동해함대와 북해함대의 합동훈련이자, 센카쿠 문제로 양국이 대립하는 가운데 펼친 시위행동으로 평가했다.

상황의 긴장과 이에 대한 대처

중국의 하이젠 두 척이 우오쓰리시마 북방의 접속수역을 항행하자 해상보안청 순시선 두 척이 중국선과 나란히 항해했다.

그러자 거의 같은 시각 중국어선 30척이 센카쿠 주변에 나타났다. 센카쿠 주변의 접속수역에서는 일상적으로 볼 수 있는 움직임이었지만, 그들은 대열을 형성하고 있었다. 어선 선단이 15척씩 2개의 그룹으로 나뉘어 20km 정도의 거리를 두고 센카쿠에 접근했다.

첫 번째 그룹은 아침 5시경에 우오쓰리시마 서쪽에 도착해 우오쓰리시마 북동쪽 접속수역으로 진출해 경계를 시작했다.

1시간 뒤 두 번째 그룹이 우오쓰리시마 서쪽에 도착했다. 다른 순시선이 이를 감시했지만, 두 번째 그룹이 다시 둘로 나뉘어 그 중 하나가 우오쓰리시마 남쪽 영해로 침입해 동진했다.

해상보안청 순시선은 이 선박들의 진행 방향을 규제하면서 경계를 계속했다. 그러나 순시선이 멀어지자 다른 한쪽 그룹이 우오쓰리시마 북서해안의 구 선착장 부근에 접안했으며, 어선에서 어민 차림의 사람들 약 30명이 섬에 상륙했다. 그들은 상자 모양의 작은 물건을 육지로 날랐다. 이런 상륙상황은 11관구의 항공기에 의해 확인되었다.

그러자 다른 그룹을 감시하던 순시선이 방향을 바꿔 현장에 도착했지만, 이때는 이미 어민들을 상륙시켰던 어선이 현장을 벗어나 영해 밖으로 나간 뒤였다.

총리 관저에 긴급대책팀이 소집되었다. 해상보안청의 헬기가 섬 내부 상황을 상공에서 확인했는데, 30명 정도가 여기저기 왔다 갔다 하고 있었지만 자세한 것은 알 수 없었다.

이런 상황은 11관구 보안본부를 통해 해상자위대 제5항공군(群)과 오키나와 현(縣) 경찰당국에 통보되었다. 오키나와 현 경찰당국은 경찰관을 즉각 파견할 것인가를 검토하기 시작했다. 상륙한 어민 차림의 사람들이 30명이나 됐을뿐더러 소형 상자 모양의 물건도 확인되었다. 섬에서 뭔가 활동할 것으로 생각되었을 뿐만 아니라 상륙 형태도 지금까지와는 달랐다. 오키나와 현 경찰은 기동대 2개 소대의 파견을 결정했다.

도쿄에서는 방위성과 통합막료감부(우리의 합동참모본부)가 어떻게 대처할 것인가를 검토하고 있었으며, 정세를 다음과 같이 판단했다.

- 상륙 당시 상황이 조직적이었던 것으로 보아 추가적 상륙 가능성도 있다. 또한 일본의 대응에 대한 대항책으로 '자국민 보호'란 명목하에 최종적으로는 군사적 침공을 고려할 가능성도 있다.
- 현 상태는 어디까지나 경찰과 해상보안청이 대응해야 할 사태이지만, 대응 여하에 따라서는 사태가 일거에 확대될 가능성도 있다. 또한 자위대가 모습을 나타내면 상황이 단계적으로 확대될 수 있다. 따라서 사태의 확대를 막으면서 즉각 대응할 수 있는 태세를 갖출 필요가 있다.

이런 정세 판단을 바탕으로 방위당국은 다음과 같은 대응책을 강구하여 내각 관방에 보고했다. 동시에 비서관을 통해 총리와 관방장관에게도 전달했다.

- 육상자위대: 전 부대가 주둔지 내에서 다음과 같은 조치를 취한다. 서부방면 보통과(보병) 연대는 즉각 대응태세를 강화해 명령을 받는 대로 난세이제도 방면으로 전개가 가능하도록 태세를 확립한다. 수송헬기와 공격헬기(아파치)를 준비한다.
- 해상자위대: 동중국해 남쪽에서 단속적(斷續的)으로 경계업무를 수행하던 P-3C는 계속적인 경계로 업무를 변경한다. 항공자위대

의 YS-11E와 연계하여 EP-3 등 정보수집기를 통한 정보수집 활동을 강화한다. 1개 호위대군(群) 규모의 부대를 오키나와 동쪽 (태평양) 방면으로 전개한다. 육상자위대의 인원과 물자의 긴급 수송에 대비해 수송함 1척을 사세보(佐世保)로 보내 대기시킨다.

• 항공자위대: 육상자위대의 전개에 대비해 수송기를 준비한다. 해상자위대의 EP-3와 연계해 YS-11E의 정보수집 태세를 강화한다.

이런 조치들은 사태확대 방지와 즉각적 대응태세 확립이라는 관점에서 취해진 것이다. 정보수집 태세의 강화와 해상자위대 호위함의 전개 이외에는 표면적으로 눈에 띄지 않으면서 대응태세를 강화하려는 의도에서 취해진 조치들이었다.

이러한 대응은 총리 관저에 보고되어 승인을 받았다.

민간인인가, 군인인가

이틀째 오전 7시, 오키나와 현 경찰기동대는 해상보안청의 지원을 받아 우오쓰리시마에 상륙을 시도했다. 그러나 순시선에서 해안으로 이동할 때 섬에 상륙해 있던 중국인들의 격렬한 저항을 받아 가까운 곳에 상륙하지 못하고 조금 떨어진 곳에 상륙하게 되었다.

기동대원이 해안선을 따라 중국인들이 상륙했던 지점으로 이동할 때였다. 상공에서 감시하던 해상보안청의 헬기는 어민 차림의 남자들이 긴 칼을 가지고 기동대를 공격하는 모습을 목격했다. 더구나 몇몇 어민들은 자동소총 같은 것을 휴대하고 있었다. 기동대는 일단 바다로 물러났다. 해상보안청은 순시선 20척을 우오쓰리시마로 증파해 중국인들의 추가적인 상륙을 저지할 태세를 갖췄다.

중국도 이 해역으로 보내는 하이젠 수를 늘렸으며, 해상보안청 순시선이 우오쓰리시마 주변에 전개되는 것을 방해하고 항의했다.

사태는 일거에 긴박해졌다. 해상자위대의 경계감시기가 30척 정도의 중국 어선이 우오쓰리시마 방면으로 접근하는 것을 확인했다. 해상보안청은 이시가키, 미야코지마 방면에서 대기하던 순시선을 추가로 출동시켜 접근을 막으려 했다.

그러나 센카쿠 근해로 접근하던 중국의 하이젠, 어선 수가 늘어나고 있었기 때문에 해상보안청이 보유한 선박만으로 다른 해역까지 커버하기는 너무 어려웠다.

총리 관저는 대처 방안을 강구해야 했다. 사태는 심각해지고 있었다. 내각관방 부장관보(副長官補, 안전보장·위기관리담당) 실〔이른바 '안위실'(安危室)〕은 자위대의 치안출동 발령 가능성을 검토하기 시작했다. 상륙한 중국인들이 민간인인지 군인인지를 판단할 수 없는 상황에서 자위대가 동원되면 중국이 바라는 대로 사태를 확대시킬 수 있다. 중국이 설치한 '덫'이란 걸 알고도 자위대를 출동시켜야 하는가, 총리 관저는 주저했다.

판단의 공백

다음날이 되어서도 일본 정부의 대처방안은 정해지지 않았다.

자위대를 동원할 수 없는 이상 기동대가 재상륙을 시도할 수밖에 없었다. 기동대는 일부 어민들과 충돌했다. 기동대원 몇 명이 부상했으며 어민 측 피해는 알 수 없었다. 구속자도 없다. 기동대는 일시적으로 해안선 쪽으로 피했다.

바다 위에서도 작은 충돌이 발생했다. 중국 어선들이 영해 내로 침입해 해상보안청 보안관들이 어선에 강제승선을 시도했는데, 그 과정에서 보안관 몇 명이 바다에 떨어져 부상당했다. 그러는 사이에도 몇 척의 어선이 옛 선착장 부근에 도착했다. 상자 모양의 물건을 육지로 옮기면서 어민들의 상륙이 시작된 것이다.

중국 정부의 비난은 재빨랐다. "일본의 경찰과 해상보안청이 민간인들에 대해 폭력을 행사했다"는 항의 성명을 발표한 것이다. 그러자 이에 호응이라도 하듯 일본 국내에서는 "정부의 대응이 불충분하다"는 비난이 일었다.

총리와 방위성은 중국인이 처음 상륙하고 하루 반이 지난 밤에야 치안출동 발령을 발표했다. 사세보의 서부방면 보통과연대가 항공자위대 수송기를 이용해 이시가키지마로 이동을 시작했다. 오키나와 동쪽으로 전개하기로 돼 있던 해상자위대 호위함은 센카쿠 열도 방면으로 이동하기 시작했다.

"일본 측의 선전포고다."

치안출동 발령과 자위대 이동 사실을 접한 중국 측은 대항조치를 취할 것이라고 발표했다.

중국의 새로운 움직임에 대한 미국 측 정보가 일본에게 전달되었다. 구축함과 미사일함정을 중심으로 한 수상함정 부대가 상하이 방면에서 출항했다. 칭다오 방면에서도 양육함과 구축함을 중심으로 한 부대가 출항했다고 한다.

또다시 방위성과 총리 관저의 '안위실'은 정세를 분석하면서 무력공격이 예측되는 사태인지를 검토하기 시작했다.

중·일 간에 긴장이 고조되자 타이완 정부는 "댜오위댜오 열도는 중화민국의 영토이며, 이번 사태를 평화적으로 해결하기 위해 우선 일본이 육상으로 파견한 경찰관들을 신속하게 철수함과 동시에 자위대 투입을 즉각 중지해야 한다"는 성명을 발표했다.

이 성명을 본 관방장관의 머리에는 최악의 사태가 떠올랐다. '중·대(중국과 타이완) 합작'이다. '동중국해의 평화 이니셔티브'를 제창했던 타이완이 일본과 타이완 연대를 깨고 중국과의 연대로 방향을 전환한다면 … .

▨▨▨ 외교전의 시작

서부방면 보통과연대에 더해 서부방면대 소속 헬기 CH-47 및 UH-60J가 이시가키 공항 방면으로 전개되었다. 호위함 부대는 오키나와 본도 부근을 통과해 남하했다. 서부방면 보통과연대 가운데 2개 소대 약 60명이 CH-47 헬기 몇 대에 나뉘어 우오쓰리시마로 갔으며, 어민들이 있는 해안선에서 약간 떨어진 장소에 상륙했다. 이들은 어민들이 모여 있는 옛 가쓰오부시 생산공장 부근으로 전진했다.

얼마 되지 않아 중국 정부는 이시가키지마에 전개된 육상자위대의 동영상을 발표했다. 일본이 군을 투입했다고 강렬하게 비난하기 시작한 것이다. 또한 인터넷에서는 기동대와의 충돌로 부상을 입은 중국 어민들의 모습이 중국어, 영어, 스페인어, 프랑스어, 아랍어 사이트에 일본에 대한 비난과 함께 전송되었다.

더욱이 이는 SNS를 중심으로 "어민들에 대한 일본군의 폭력"이라는 텔롭(telop)과 함께 급속하게 전 세계로 확산되었다. 일본 정부의 반론은 이미 확산된 비난여론의 속도를 따라가지 못했다. 일본 정부에 대한 비난이 전 세계적으로 높아져갔다.

정보전에서 일본이 혼란을 거듭하는 동안 우오쓰리시마 북쪽 6마일 부근에 있던 중국 함정에서 헬기가 이륙했다. 헬기는 센카쿠 열도를 향해 날고 있었으며, 이를 견제하기 위해 항공자위대가 긴급 발진(스크램블)했다. 중국제 Z-8 수송헬기 2기였다.

항공총사령의 판단과 사전에 정해놓은 절차에 따라 영공을 침범한 헬기에 섬광탄으로 경고사격을 가했지만, 헬기는 그대로 날아가 우오쓰리시마에 일시착륙한 뒤 모함으로 돌아간 것이 확인되었다.

중국 외교부는 또다시 성명을 발표했다.

"댜오위댜오에 있는 우리 국민들에 대한 보급 임무를 수행하던 수송헬기가 일본국 항공자위대의 총격을 받았다. 즉각 불법적인 무력행사를 중지할 것을 요구한다."

내각 총리대신은 긴급 기자회견을 열었다.

"이번 사건은 중국에 의한 군사적 침공에 다름 아니며, 신속하게 철수할 것을 요구한다. 또한 우리나라는 적절한 조치를 신속하게 취할 것이다."

기자가 "무력공격 사태라고 보는가?"라고 묻자, 총리는 "그런 쪽으로 조정 중이다"라고 대답했다.

총리의 발언에 즉각적으로 이론을 제기한 것은 사민당과 공산당이었다. 〈무력공격 사태대처 기본방침〉이 승인되고 '방위 출동'이 발동되면 이는 현행 일본헌법 공포 이후 첫 번째 방위 출동이 될 것이다. 그러나 사민당과 공산당은 "실질적 피해가 발생하지 않은 현 단계에서 전쟁을 의미하는 방위 출동을 인정할 수 없다"면서 다음과 같이 덧붙였다.

"중국의 활동은 분명히 올바르지 않지만, (방위 출동을 할 정도로) 급박한 상황인가. 자위대가 무력을 사용해 중국 어민들을 배제하려 한다면 그것이 무력충돌의 도화선이 되어 사태는 점차 악화될 것이다. 중·일 간의 전면전으로 비화될 수 있다."

그러나 "중국에 대해 단호한 조치를 취해야 한다"는 여론의 압도적인 목소리를 배경으로 여야 모두에서 '방위 출동'을 승인해야 한다는 의견이 다수를 차지했다. 무력공격 사태대처 기본방침과 방위 출동은 국회의 사전 승인을 필요로 하지만, 긴급을 요하는 경우에는 사후 승인도 가능하다. 섬 안에 있는 어민 차림의 사람들에 대한 대처가 긴급을 요하는 일인지에 대해서는 정부 내에서도 의견이 엇갈렸지만 자위권 발동이 여론의 대세를 이뤘다.

기자회견에서 강경한 입장을 표명했던 총리는 관저로 돌아와서는 입장을 바꿔 불분명한 태도를 보였다. 총리 앞에 앉아 있던 사람은 고령의 방위문제 브레인이었다. 자위대 출신이며 매파 논객으로 알려진 그는 어깨를 쭉 펴며 험상궂은 표정으로 다음과 같이 말했다.

"중국은 '먼저 군대를 보내 민간인에게 위해를 가한 것은 일본이다'라는 캠페인을 펴고 있습니다. 방위 출동은 중국의 술수에 말려드는 것입니다. 총리는 도대체 결과가 어떨지 생각하고 있습니까?"

총리는 팔짱을 낀 채 방위문제 브레인의 말을 계속 들었다.

"지금 밖에서는 센카쿠에 대한 제한적인 군사행동을 요구하는 목소리가 크지만, 과연 그런 제한적인 섬 뺏기 싸움으로 끝날까요? 물론 중국도 전면전으로 확대시킬 의도는 없을 것입니다. 그러나 무슨 일이 일어날지 모르는 게 전쟁입니다. 제한적인 전투로 끝날 거라고 생각하는 것은 안이한 발상이 아닐까요? '타협점'을 찾기 전에 중국은 일본 기업의 조업정지, 일본을 향하는 민항기와 선박의 운항정지 등을 취할 가능성이 큽니다. 자국이 보유한 일본 국채를 매각할지도 모릅니다. 중국에 거주하고 있는 일본인들은 어떻게 됩니까? 구속되거나 신체에 위해가 가해지는 일이라도 발생한다면 … ."

총리는 반일시위로 일본 기업에 대한 방화가 발생했다는 뉴스 영상이 떠올랐다. 국민의 생명과 재산을 보호하는 것이 총리의 최대 의무라고 생각하자 총리의 생각이 흔들리기 시작했다.

방위문제 브레인은 "지금에 와서 이런 말을 해서는 안 되겠지만"이라면서 다음과 같이 말을 계속했다.

"일본이 영토나 국경을 정말로 지키려고 한다면 좀더 지혜를 짜낼 필요가 있었을 것입니다. 그런데도 지금이 평시냐 유사시냐 하는 생각밖에 없습니다. 현실에서 일어나고 있는 것은 상대가 민간인인지 군인인지도 모르는 불분명한 사태입니다. 그런 상황이 오래 지속되고 있습니다. 그런 중국의 움직임에 대해 지금까지와는 다른 발상으로 대처할 방법이 있지 않았을까요? 경찰이나 해상보안청을 합친 중무장 조직을 만들던가 하는 … ."

총리는 입을 비쭉한 채였다. 방위문제 브레인은 계속 자신의 지론을 폈다.

"이쪽의 의지를 좌절시키기 위해 자위대 기지에 미사일을 발사하는 일도 있을 수 있습니다. 미군이 지원한다고 해도 그럴 경우 유사법제는 종이 위의 법이 되는 건 아닌지요?"

전면전 상황이 되면 미국은 전투기 배치를 위해 3천 미터 활주로가 있는 민간공항을 빌려달라고 요구할 것이다. 민간공항이나 도로, 항만을 유사시 이용하도록 하는 〈특정 공공시설 이용법〉은 2004년에 제정되었다. 그러나 유사시 구체적으로 어떻게 운용할지가 중요한데, 지방자치단체의 반발을 우려해 도상훈련에서는 공항의 이름조차 미국에 알리지 못했다.

현장의 자위대는 미군과 연계하여 활동할 수 있을 것이다. 그러나 지금 상태에서는 사령탑인 내각 관방이 혼란에 빠지지 않을까.

총리가 선택한 결론은 결국 무력공격 사태대처 기본방침 및 방위 출동을 승인하지 않고 "외교적 수단으로 해결한다"는 것이었다.

일본 정부는 중국 정부에 차관급 협의를 제안했다. 그러나 중국은 "협의를 시작하기 위해서는 우선 센카쿠 열도가 중국의 주권하에 있다는 것을 일본이 승인하는 것이 전제"라고 응수했다.

당연히 일본은 받아들일 수 없었으며, 협의는 시작조차 되지 못했다.

그러는 사이 총리 관저, 방위성, 해상보안청 모두 제대로 된 명령이나 지시를 내리지 못했다. 사태는 중국 측의 생각대로 흘러갔다.

외교에서의 패배

일본 정부는 유엔 안전보장이사회(안보리)에 중국의 침략행위에 대해 논의해줄 것을 요구했다. 미국, 영국, 프랑스 모두 이를 지지했다. 그러나 유엔에서는 상임이사국인 중국이 일본보다 우월한 지위에 있는 것이 분명했다. 유엔헌장 제27조에는 분쟁당사국의 의무적 기권이 규정되어 있다. 이사국이 분쟁당사국인 경우 안보리 표결에 참여하지 못하게 되어 있다.

그러나 중국은 이때 매월 알파벳순으로 찾아오는 의장국이었다. 중국은 이번 사건을 다룰 것인가를 검토하는 비공식 협의조차 소집하려고 하지 않았다. 일본과의 영토문제를 안고 있는 러시아도 안보리 토의에 소극적인 자세를 보였다.

결국 이 문제는 안보리에 회부도 되지 못했으며, 안보리를 통해 일본의 정당성을 확보한다는 일본의 의도는 실현되지 못했다. 일본은 유엔총회의 긴급 개최를 요구했으며, 세계 각국의 지지를 얻기 위해 분주했다. 그러나 중국과의 경제관계를 중시하는 아프리카 국가들, 일부 유럽 국가들, 아시아 국가들에 대한 중국의 공작이 이미 펼쳐지고 있었다. 이들 국가들은 태도를 명확하게 하지 않았으며, 결국 긴급총회도 소집되지 못했다.

예상하지 못한 최악의 시나리오의 결말

1개월 후 중국 측은 센카쿠 열도에 소규모 부대가 숙박할 수 있는 간이 시설을 완공했다.

국제사회를 대상으로 한 여론공작에 성공한 중국이 한 발 더 나아가 센카쿠 열도를 실효지배할 수 있었던 것은 타이완과의 공동투쟁 덕분이었다. 다시 말해 일본이 타이완과의 대화와 연계를 너무 늦게 시도한 것이다.

중국이 센카쿠 열도를 탈취한 목적 중 하나는 중국 해군이 태평양으로 나가는 출구를 막고 있는 일본열도라는 제1열도선을 돌파하는 것이었다. 서태평양을 자신들의 바다로 만들기 위해서는 타이완과의 긴장을 더욱 더 완화시키고 연계하는 수밖에 없다. 센카쿠 문제를 둘러싸고 이해가 일치하면 중국과 타이완의 통일로 동중국해와 남중국해를 잇는 것도 가능하다. 그러면 동아시아에서 미군의 영향력은 극적으로 저하될 것이다.

일본이 센카쿠 열도를 상실한 것은 동시에 오키나와와 본토를 완전히 둘로 쪼개놓았다. 중국이 서태평양을 자신들의 정원으로 만들면서 미군과 충돌할 가능성은 당연히 높아졌다. 미·중 사이에 낀 오키나와가 선택한 길은 중립화였다. 미군기지 반대운동이 격화되어 "미군이 타이완 방어를 할 필요가 없어졌기 때문에 오키나와에서 나가도 좋다"는 논조가 등장한 것이다.

일본이 센카쿠를 빼앗김으로써 지정학적 위험성은 한층 높아졌다. 센카쿠의 상실은 미·중 사이에 낀 오키나와를 옴짝달싹 못하게 만들었을 뿐만 아니라 본토와 오키나와 간의 균열을 메울 수 없게 만들었다. 센카쿠의 상실은 오키나와의 '상실'(喪失)이기도 했던 것이다.

과 제

- 센카쿠 위기 시나리오를 최소화하기 위해 중요한 포인트는 중국의 상륙행동을 미리 저지하거나 일본 측이 신속한 초기행동을 하는 것이다. 그것을 가능케 하는 시스템이 갖춰져 있는가?

- 중국에게 센카쿠문제는 대외전략문제인 동시에 국내에서의 권력투쟁, 내셔널리즘의 문제이기도 하다. 중국 국내를 대상으로 일본의 정당한 주장을 어떻게 전달하고 이해를 얻어야 하는가?

- 국제사회에 대해 일본은 무엇을 발신하고 어떻게 이해를 얻으면 좋은가? 또한 국내 여론에는 어떻게 대처해야 하는가?

- 사태 발생 후 총력을 기울인 정부의 전략적 대응에 잘못된 점은 없었는가?

국채 폭락

일본이 안고 있는
'끓는 냄비 속의 개구리' 위험

GDP의 200%가 넘을 정도로 늘어난 일본 정부의 채무. 이제는 소비세 10%로 감당할 수 없는 수준이다. 그렇기는 해도 거대한 경제규모와 제조업의 경쟁력 때문에 남유럽형의 급격한 경제파탄은 회피할 수 있겠지만, 그 결과 기다리는 것은 …

2018년까지 일본 경제가 부활하는 모습을 그려보라는 질문에 답하는 것은 그리 어려운 일이 아니다. "미래의 모습을 그림으로 그려보라"는 말에 아이들이 차가운 고층빌딩과 푸른 하늘을 나는 로켓을 그리듯이 미래는 이미 아는 사실의 연장선에서 그려지는 법이다.

리먼 쇼크, 유럽의 금융위기, 동일본 대진재(大震災)로 이어진 부(負)의 쇼크를 극복한 일본 경제가 2018년 초에 회복되었다고 하자. 그때 경기가 회복된 원인에 대해 다음과 같은 해설이 이어질 것이다.

"우선 국내 요인으로는 엔고 대책의 일환으로 정부가 시행한 수출진흥정책과 중소기업지원책을 들 수 있을 것이다. 그리고 비전통적인 금융정책을 적극적으로 추진한 일본은행의 존재도 큰 역할을 했다. 2013년 일본은행은 물가목표정책(인플레 타깃)을 정식으로 도입함과 동시에 장기국채와 주식, J-REIT(일본판 부동산투자신탁)의 매입 규모를 확대하여 대량 구입하는 쪽으로 방향을 틀었던 것이다."

그렇지만 위에서 언급한 것 이상으로 중요한 것이 외적 요인이다.

"경기회복의 최대 요인은 이웃 아시아 국가들의 높은 실적이었다. 서구 국가들로 눈을 돌리면, 남유럽 몇 개국이 유럽 금융위기의 영향을 아직도 받고 있기 때문에 유럽은 전체적으로 저성장을 계속하고 있다. 그러나 미국 경제는 리먼 쇼크 이후 10년 가까이 계속된 경기 침체에서 벗어나 본격적인 경기 회복을 이루고 있다. 미국의 경기 회복, 그리고 신흥국가들의 적극적인 인프라 투자에 견인되어 세계경기도 확실한 호전 징조를 보여왔다. 그것이 외수(外需) 회복이라는 형태로 일본 경제의 부활에 크게 공헌했던 것이다."

한편 이런 세계적인 경기회복 기조하에서 금융시장에도 큰 변화가 나타날 것이다. 수출 회복과 병행하여 엔-달러 환율은 전년 봄부터 완만하게 상승하기 시작했으며, 그 뒤 약간 가속되어 110엔대 직전까지 일거에 엔저가 진행됨에 따라 엔의 실질 환율은 15% 가까이 절하되었다.

미국의 장기금리는 자국 실물경제의 경기회복과 함께 조금씩 상승하여 3.5% 가까운 수준까지 회복될 것이다. 독일 장기금리도 유럽의 본격적인 금융 멜트다운 가능성이 낮아짐에 따라 2%대까지 상승할 것이다. 이에 수반하여 일본의 10년 만기 국채금리도 1%를 상당히 상회하는 수준으로 상승했다.

그리고 장기금리의 완만한 상승을 전후하여 유럽의 일부 국가를 제외하고 세계적인 주가 상승이 일어날 것이다.

왕성한 외수에 이끌려 2016년부터 2017년까지 일본의 실질 GDP는 평균 2% 성장할 것이다. 금융기관 등이 발표한 2018년의 경기예측은 대체로 2%를 상회하는 성장률이 제시되어 경우에 따라서는 2.5%를 넘을 가능성조차 나타나고 있다.

그렇다면 이런 경기회복은 이후 무엇을 가져다줄 것인가?

경기회복에 따른 현안의 부상

40대 후반의 자동차부품회사 관리직인 스즈키는 어느 날 해외출장에서 돌아오는 길에 나리타공항에서 친한 친구를 우연히 만났다.

스즈키는 외국계 금융회사에 다니는 친구와 나리타 익스프레스를 같이 타고 오면서 옛이야기로 웃음꽃을 피웠다. 스즈키는 갑자기 생각이 나 "그러고 보니 자네 아들 이제 중학생이 되지 않나?"고 물었다. 스즈키는 친구의 대답이 무슨 말인지 알 수 없었다.

"어, 우리 아이는 일본 학교를 그만두고 스위스의 로제에 보냈어."

로제? 와인학교인가?

그날 밤 스즈키는 집에서 오차즈케를 먹으면서 "친구의 아들이 로제라는 와인 같은 이름의 국제학교에 다니는 것 같아"라고 아내에게 말했다. 그러자 집에 돌아와 있던 고등학교에 다니는 장녀가 평상시와 달리 이야기에 끼어들었다.

"와인이요? 아빠 무슨 말 하는 거예요. 그거, 로제라는 초명문 기숙학교를 말하는 거예요. 최근 돈도 있고 어느 정도 머리가 좋은 애들은 네 명 중 한 명꼴로 외국의 보딩스쿨(기숙학교)에 다녀요."

이번에는 아내가 딸의 말에 맞장구를 쳤다.

"그러고 보니 네 초등학교 동창 미즈타는 미국 고등학교에 다니지?"

"걔는 필립스 아카데미."

"두 개 있지 않아. 어느 쪽이니?"

"뉴햄프셔 쪽으로 알고 있는데, 잊어버렸네."

스즈키는 아내와 딸의 이야기를 들으면서 '어떻게 그렇게 잘 알아.

모르는 건 나뿐이네' 하는 생각이 들었다. 이것은 2018년까지 GDP 2% 수준의 성장이 계속되는 사이 일어날 수 있는 몇 가지 현상 중 하나다.

우선 스즈키의 친구가 가볍게 이야기한 대로 부유층의 인적 자산이 일본을 탈출하기 시작한다. 사람이 해외로 흘러가는 이상 금융 자산이 따라 움직이는 것은 당연하다. 개인투자가에 의한 외화 예금과 투자 신탁이 계속 늘어나고, 소득이 3천만 엔 이상인 세대는 금융 자산의 30% 이상을 해외 자산으로 보유하고 있다는 조사결과가 발표되었다. 비교적 리스크가 크다고 생각되는 신흥국의 주식과 회사채에 대한 투자도 지난 5년 사이에 붐은 아니지만 줄어드는 경향은 보이지 않는다.

이런 현상이 일어나는 것은 언젠가 엔저는 불가피할 것이라는 인식이 부유층에 널리 확산되어 있기 때문이다. 그런 우려가 본격적인 경기 회복과 병행하는 형태로 표면화하고 있다. 그때까지 기업은 오랜 디플레 경제하에서 투자 설비를 축소해왔다. 그러나 경기가 회복되면서 한꺼번에 설비 투자가 증가했다. 그것이 자금 조달의 급격한 증가를 가져온 것이다. 이런 현상과 더불어 인구의 고령화로 인한 가계 저축의 감소가 이미 일어나고 있었다. 고령화만이 아니라 장기간에 걸친 소득 저하 또한 가계저축 감소에 영향을 줬다. 설비투자의 증가와 가계저축의 감소가 함께하면서 국내의 민간(가계와 기업) 저축이 큰 폭으로 저하된 것이다.

말할 필요도 없이 국내의 민간저축은 예금이나 연금, 보험의 형태로 금융기관에 모여 국가의 막대한 부채(국채)를 지탱해왔다. 저축이 크게 줄어들면 국채를 안정적으로 소화할 수 없게 된다.

심각한 재정상황이 언제 문제를 일으킬 것인가는 시간문제였다.

2012년 노다 요시히코 내각하에서 소비세 증세법안이 시행되었지만 사회보장제도의 개혁은 좀처럼 진전을 보지 못했다. 일본의 채무 잔액이 GDP 대비 200%를 넘는 상태가 계속되고 있다. 그리고 엔고나 에너지 가격 상승에 대한 대책의 일환으로 중소기업과 지방에 대한 보조금 지출이 계속 늘고 있다. 이 때문에 재정 재건은 전혀 이뤄지지 않아 적자 국채의 발행을 국내에서 충분히 소화할 수 있을까 하는 본격적인 우려가 나오기 시작했다.

국내 민간저축의 감소와 재정적자의 증가, 이러한 현상은 거시경제 전체의 투자·저축 밸런스의 관점에서 보면, 경상수지 흑자의 저하 경향을 의미한다.

만약 경상수지가 적자로 돌아서면 국내 수요가 부족해져 시장에서 이율을 결정할 때 외국의 영향을 강하게 받게 될 것이다. 시장에서 외국계 거래의 비율이 커질 것이며, 금리 결정에 미치는 영향 또한 커질 것이다. 만약 이율이 급등하면 은행이나 생보사 등 국내 기관투자가들의 대차대조표에 악영향을 미친다. 일본 국채의 등급이 하락하면 리스크 관리상 국내 대형 금융기관이 국채를 팔지 않을 수 없게 될지도 모른다. 따라서 시장 관계자들은 경제지표 가운데 경상수지 발표에 특히 주목하고 있었다.

한편 스즈키가 일하는 자동차산업은 2010년대 초반 무렵 언론들도 견조(堅調)하다고 강조했지만, 2010년대 중반이 되자 선진국 시장에서 한국 자동차의 신뢰도가 점차 높아지기 시작했다. 일본 자동차가 우위를 지키는 분야는 고급차, 스포츠카, 에코자동차뿐이었다. 게다가 2010년대 전반의 엔고 경향이 계속되었던 것이 박차를 가해 일본의 자

채무잔액 국제비교(GDP 대비)

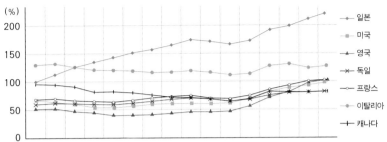

출처: 일본 재무성 자료

일반회계세수, 세출총액 및 공채발행액 추이

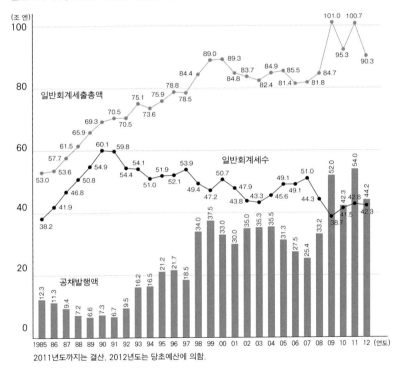

2011년도까지는 결산, 2012년도는 당초예산에 의함.

출처: 일본 재무성 자료

동차산업은 곤란한 상황에 처했다.

기업들의 경영노력 덕분에 일본 자동차산업의 수익성은 회복되었지만, 가격경쟁에서 이기기 위해 저가격 차종이나 경자동차 부문에서는 눈사태처럼 해외생산이 확대되었다. 스즈키가 다니는 부품회사도 해외에서 생산하게 되었으며, 이익의 대부분이 해외에 재투자되었다. 즉, 일본 자동차산업 전체의 급속한 공동화(空洞化)가 진행되어 무역수지만이 아니라 경상수지의 적자 전환이 예상보다 빨라지려 했다.

2018년 봄 : 혼란의 전조

2018년 2월, 수입 원자재 가격상승 등의 영향으로 엔저 경향에도 불구하고 2017년의 경상수지가 거의 제로였다고 발표되었다.

출근 전차에 오른 스즈키는 선동적인 주간지 표지를 봤다.

"일본 경제, 내리막길의 A급 전범"

"침몰하는 일본 경제가 중국으로 헐값에 팔려갈 X-데이"

스즈키는 '코스트푸시 인플레이션에 들어갈 것'이라고 생각했다. 원유 등 화석연료 가격은 동일본 대진재 이후 거의 내려가지 않았다. 에너지 가격 상승에 따른 물가 상승을 코스트푸시 인플레이션이라고 하지만, 코스트가 상승하면 샐러리맨의 급여는 실질적으로 줄어들게 된다.

스즈키가 조간신문을 펼치자 어느 학자의 논평이 실려 있었다.

"경상수지 흑자가 줄어드는 데는 고령화의 영향도 있지만, 이는 일본 경제의 성숙을 의미하는 것이기도 하다. 일본은 거대한 대외자산을 축

2012년도 일반회계예산

〈세출내역〉

2012년도 일반회계예산은 약 90조 3천억 엔이었으며, 중기 재정 프레임에 정해진 세출대강(기초적 재정수지 대상 경비)인 약 68조 4천억 엔 이하를 견지했습니다. 이 가운데 세출을 보면 국채의 원리금 상환에 충당하는 비용(국채비), 지방교부세교부금 등과 사회보장관련비가 세출 전체의 약 70% 이상을 차지하고 있습니다.

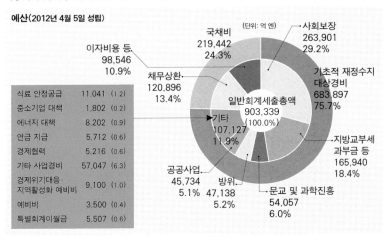

예산(2012년 4월 5일 성립)

(단위: 억 엔)

국채비 219,442 24.3%

이자비용 등 98,546 10.9%

채무상환 120,896 13.4%

식료 안정공급	11,041	(1.2)
중소기업 대책	1,802	(0.2)
에너지 대책	8,202	(0.9)
연금 지급	5,712	(0.6)
경제협력	5,216	(0.6)
기타 사업경비	57,047	(6.3)
경제위기대응·지역활성화 예비비	9,100	(1.0)
예비비	3,500	(0.4)
특별회계이월금	5,507	(0.6)

일반회계세출총액 903,339 (100.0%)

기타 107,127 11.9%

공공사업 45,734 5.1%

방위 47,138 5.2%

사회보장 263,901 29.2%

기초적 재정수지 대상경비 683,897 75.7%

지방교부세 과부금 등 165,940 18.4%

문교 및 과학진흥 54,057 6.0%

〈세입내역〉

2012년도 일반회계예산의 세입 가운데 세수는 약 42조 엔을 예상하고 있습니다. 이는 일반회계예산의 50%에도 미치지 못하는 것으로, 나머지 50% 정도를 미래세대에게 부담이 되는 차입금(공채 수입)에 의존하고 있습니다.

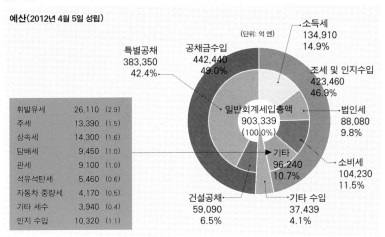

예산(2012년 4월 5일 성립)

(단위: 억 엔)

특별공채 383,350 42.4%

공채금수입 442,440 49.0%

휘발유세	26,110	(2.9)
주세	13,390	(1.5)
상속세	14,300	(1.6)
담배세	9,450	(1.0)
관세	9,100	(1.0)
석유석탄세	5,460	(0.6)
자동차 중량세	4,170	(0.5)
기타 세수	3,940	(0.4)
인지 수입	10,320	(1.1)

일반회계세입총액 903,339 (100.0%)

기타 96,240 10.7%

건설공채 59,090 6.5%

기타 수입 37,439 4.1%

소득세 134,910 14.9%

조세 및 인지수입 423,460 46.9%

법인세 88,080 9.8%

소비세 104,230 11.5%

적하였기 때문에 이것이 경제위기로 이어질 가능성은 없다."

스즈키는 다시 중간에 있는 광고 문구에 눈이 갔다. 스즈키는 '도대체 어느 쪽이야!'란 생각이 들어 어처구니가 없었다.

이즈음 시장관계자들 사이에서는 환율 상황과 상관없이 경상수지 적자경향이 정착하는 것은 아닌가 하는 우려가 높아지고 있었다. 시장의 장기금리가 조금씩 상승하기 시작한 것이다.

"재원은 어떻게 할 것입니까?"

경제재정자문회의 후 재무대신은 총리의 말에 표정을 바꿨다. 총리가 에너지 가격 대책의 일환으로 새롭게 보조금을 지급하자고 재무대신에게 귀엣말을 한 것이다.

"여론을 무시할 수는 없지 않나."

에너지 가격이 고공 행진을 하면서 어려움에 직면한 가계와 중소기업을 중심으로 한 여론을 무시하면 정권 유지에 악영향을 미친다. 후쿠시마 제1원전의 해체나 사용 후 핵연료의 재처리 비용이 더해지면서 에너지 환경관련 예산지출은 눈덩이처럼 불어나고 있었다. 그렇다고 여론을 무시할 수도 없다. 총리의 고뇌는 재정 문제에 관한 우려로 나타났으며, 국채 시장의 시장 참가자들의 불안을 부채질하였다.

■■■■ 2018년 여름 : 방아쇠를 당긴 것은 무엇인가?

"어떻게 하지."

총리 집무실에 모인 총리와 정권의 주요 간부들이 TV 뉴스를 보고 얼떨결에 소리를 냈다. NHK가 3저(低)에 관한 속보를 내보내고 있었다.

2018년 7월, 1사분기 경상수지가 대폭적인 적자를 기록했다고 발표되었다. 이로써 2분기 연속으로 적자가 늘어났다. 이 보도를 계기로 대거 발행되는 국채를 국내에서 어느 정도 소화할 수 있을지에 대한 비관론이 일제히 확대되었으며, 10년 만기 국채금리가 하루에 30bp(0.3%)나 상승했다.

"이 정도의 금리조정은 예상범위 내"라고 일본은행과 재정당국은 나란히 성명을 발표했다. 그러나 이젠 이런 성명으로는 일본 경제의 미래에 대한 불안감을 불식시킬 수 없다. 주가가 크게 떨어지고 환율도 3엔 이상 떨어진 것이다.

총리가 "셀 저팬(sell Japan)이 가속화될지 모르겠다"고 탄식해도 모두 입을 다물었다. 이번 엔저로 수입 물가가 상승할 것으로 예상되었으며, 그 다음 1주 동안 금리가 더욱 상승했다. 7월 말까지 장기금리가 2%대 전반에서 움직이는 사태가 벌어졌다.

8월이 되자 해외 헤지펀드들의 투기적 공세에 대한 보도가 늘어났다. 스즈키가 보는 심야 TV 경제프로그램에서 해외 헤지펀드 매니저가 인터뷰에 응했다.

"우리 예측으로는 일본 정부의 채무는 2~3년 내에 GDP 대비 250%에 달할 것이다. 이것은 2010년대 초반 재정위기에 직면한 유럽의 어떤 나라보다도 높은 수치다. 우리는 이런 상황을 내다보고 꽤 오래 전부터 '셀 저팬' 입장을 견지해왔다. 물론 본격적 위기가 발생하기까지는 예상보다 훨씬 긴 시간이 걸렸지만, 경상수지 적자 경향이 정착되면서 앞으로 추가적인 국채금리 상승과 엔저는 피할 수 없다."

이야기를 듣던 캐스터가 게스트로 스튜디오에 나와 있던 금융기관 관계자와 경제평론가에게 코멘트를 요구했지만, 모두 그 자리에서 "정말로 심각한 금융위기나 재정파탄으로 이어지지는 않을 것"이라고 대답했다.

일본과 해외공장을 왔다 갔다 하는 스즈키로서는 '정말로 그렇게 생각하느냐?'는 생각이 들어 안타까웠다. 재정상황이 어려운 나라를 많이 봐왔지만, 모두가 "괜찮다"고 말하는 것은 정신적 측면에서 그렇든가 아니면 "위험하다"고 선동하는 늑대소년으로 불리는 것을 피하기 위해서일 거라는 생각이 들었다. 그런 생각을 하고 있을 때 TV에서 한 평론가는 "정책 대응을 잘못하면 만에 하나의 일이 일어날 가능성이 없다고도 말할 수 없다"고 덧붙이는 것을 잊지 않았다.

그 후 금리 급등에 온통 관심을 빼앗긴 사이 환율은 더 떨어졌다. 엔저의 영향에 대해서는, 중기적으로는 수출을 늘려 일본의 경제성장에 플러스 요인으로 작용할 것이지만, 단기적으로는 에너지 수입가격을 더욱 상승시키는 부정적 요인으로 작용할 것이라는 게 경제전문가들의 공통된 견해였다.

2018년 가을 : 일본 금융위기 가능성

시장의 대혼란은 여름휴가가 끝나면서 일단락되었지만, 이것은 완만한 도미노의 시작에 불과했다.

"중소 지방은행과 신용금고, 신용조합은 괜찮을까?" 하는 목소리가 점차 강해졌다. 장기금리는 2%대 후반 수준이었지만, 국채금리의 급격한 상승, 즉 가격의 대폭적인 하락이 국내 금융기관의 대차대조표에 미칠 영향에 대한 우려가 들려오기 시작한 것이다. 리먼 쇼크 이후 중소 지방은행과 신용금고, 신용조합은 계속해서 국채를 매입하고 있다. 기업에 대한 융자처가 없는 상태가 오랫동안 계속되면서 금융기관들은 모두 국채를 사들여왔다. 또한 중소 연금기금의 대부분은 '사고 정지'라고 조소를 받을 정도로 국채 중심으로 운영되고 있었다.

9월의 금융청 발표에 따르면, 중소기업 대상 금융기관, 농림수산 계열 금융기관, 중소 연금기금과 생명보험사는 국채 가격이 급락하면서 상당한 범위에 걸쳐 커다란 손실을 본 것이 확인되었다. 금융청 발표에는 '약간의 우려'라는 조심스런 표현이었지만, JGB(일본 국채) 시장이 다시 꿈틀거렸다. 장기금리가 쉽게 3%대를 돌파한 것이다.

더 이상 금리가 급등하지는 않았지만, 금융기관의 주가는 일제히 하락했다. 추가적인 엔저와 금리상승 압력이 발생했다. 그러더니 마침내 10월에 들어서자 중간 규모의 지방은행, 20개가 넘는 신용금고와 신용조합 경영진이 금융당국에 지원을 요청했다.

금융기관만이 아니다. 중소 민간 연금기금의 재무상황이 나빠졌다는 말이 나돌기 시작했다. 2000년대에 들어와 메가뱅크 등 대형 금융기관들은 국채 보유비율을 상대적으로 줄이거나 철저하게 리스크를 관리했다. 반면 중소금융기관이나 연금기금은 주가의 저조가 영향을 미쳤다고는 해도 일본 국채의 보유비율이 높아졌다. 이 경우 금리 리스크에 대단히 취약할 수 있다는 점이 지적되었다.

외국 신용평가회사가 일본 국채의 신용등급을 일제히 내렸다는 뉴스를 보고 있을 때 스즈키는 코웃음이 나올 뻔했다. 많은 애널리스트가 "신용등급 하락 자체는 예상되었던 것으로 시장에 커다란 영향을 미치지는 않을 것으로 본다"는 코멘트를 내놓은 것이다.

스즈키는 '이 나라는 어쩌면 끓는 냄비 속의 개구리일지 몰라. 뜨거운 물의 온도가 위험할 정도로 상승하고 있는데도 정말로 그걸 모르고 있는 거 아냐'라는 생각이 들었다.

▰▰ 2018년 겨울: 위기는 일단 끝나다

2018년 연말, 거실에서 한가롭게 한류 드라마를 보는 아내를 보며 스즈키는 "끓는 냄비 속의 개구리가 되는 것도 어쩔 수 없는 거 아냐"라고 중얼거렸다.

왜냐하면 국채시장과 금융기관은 혼란스러웠지만, 일본의 실물경제는 견조했기 때문이다. 자동차산업에 종사하는 스즈키는 그것을 피부로 느끼고 있었다. 연초 이후 엔저 경향이 계속되면서 제조업 수출은 이전보다 훨씬 호조를 보인 것이다. 내년 이후 세수가 증가할 것도 분명했으며, 대폭적인 국채발행 증액 가능성도 낮아졌다. 동시에 엔저로 인한 수입 감소가 3사분기에 들어와 현저해졌기 때문에 하반기에는 경상수지 적자에 제동을 걸 수 있을 것으로 예상되었다. 공매도를 하는 외국계 헤지펀드도 거의 없었다. 일본 국채의 경우 시장이 너무나 커서 공매도가 기능하지 않았던 것이다.

스즈키는 '경제위기는 갑작스럽게 엄습해오는 것은 아니네'라고 생각했다. 위기는 지나갔지만 개구리가 들어 있는 뜨거운 냄비의 온도는 계속 올라가고 있다. 재무성과 금융청이 골머리를 앓고 있던 것은 국채 가격의 하락이었으며, 적립금 부족에 직면한 중소 연금기금이 문제였다. 경상규율을 중시한다면서 지방은행이나 신용기금, 신용조합을 무차별적으로 구제하지는 않았지만, 그것과 비교할 수 없는 다양한 압력이 연금기금을 압박했다. 고령자들의 목소리를 배경으로 한 정치적 압력은 물론 노동조합도 마찬가지였다. 정부는 직접 개입하지 않을 수 없는 상황에 빠졌다.

▓▓▓ 2년 후인 2020년: 러시안 룰렛의 재정재건

"파탄한 연금기금을 구제하기 위해 국민들의 혈세를 써도 좋은가."

매스컴들이 이렇게 비판하기 시작한 것은 국채금리가 급등하고 2년이 지난 2020년의 일이었다. 연금기금만이 아니라 에너지 관련 지출이 증가하고 고령화에 따른 사회보장비와 의료비가 상승한 것도 비판에 직면했다. "재정재건을 이루지 못하면 국채 등급이 또다시 강등되어 2년 전의 패닉 상태가 재연될 것"이라는 논조가 급속하게 퍼져갔다.

재정을 악화시키는 원흉은 사회보장비와 의료비다. 정치가들은 최대 유권자인 고령자에 대한 급부를 크게 줄이고 싶어하지 않았다. 그러나 지방분권 추진을 호소하는 새로운 정치세력과 국민들의 자조노력을 중시하는 신자유주의 세력들이 등장했다. "삭감하는 우선순위를 결정하자"는 풍조가 확산되고 있다.

우선 제일 먼저 대상이 된 것은 생활보호급부의 삭감과 적용 요건을 엄격하게 하자는 것이다. 여기에는 매스컴과 NGO가 반대했다. 경제학자나 관청의 전문가들도 "생활보호급부의 삭감이나 요건의 엄격한 적용은 틀린 말은 아니지만 재정재건을 위한 정책으로서는 맞지 않으며 해결책이 되지 않는다"고 지적했다.

다음으로 부상한 것이 과잉 상태인 노인의료비를 효율화하고 압축하자는 것이었으며, 그 첫 사례로 떠오른 것이 '위루형성술'(胃瘻形成術, *Gastrostomy*)의 재검토다. 이는 입으로 식사를 하지 못하는 노인들의 위에 구멍을 내고 튜브를 삽입해 음식이나 약, 영양제를 흘려보내는 것이다. 일본은 위루형성술을 받는 고령자가 세계에서 가장 많아 오랫동안 문제가 되어왔다. 수술을 받지 않으면 체력이 떨어져 금방 사망할 것이라는 설도 있고, 본인이 희망하지 않는데도 가족이 연명시키고 있을 뿐이라는 의견도 있다. 특히 서구에서는 본인의 승낙 없이 위루형성술을 하는 것은 있을 수 없다.

위루형성술을 대상에서 제외하자는 안이 부상한 것은 튜브로 이어져 말을 못하는 노인들의 모습이 너무 고통스럽다는 의견이 TV에 소개되었기 때문이다. 그렇지만 재검토 의견에 반대하는 목소리도 있었다. 부모의 위루에 튜브를 연결해준 사람들이 미디어에 등장한 것이다. 그들은 "당신들은 자신의 부모를 죽일 수 있습니까?"라고 말한다. 또한 "그렇다면 75세 이상의 인공투석도 자비로 해야 한다"며 화살을 다른 곳으로 돌리는 사람들도 나타났다.

정부는 자조(自助), 공조(共助), 공조(公助) 등 세 가지로 구분하자고 제안했다. 혐연가들이 "지나친 흡연으로 인한 폐암은 자기책임"이라고 말하면, 애연가들은 "그렇다면 당뇨병도 자기관리를 잘못한 것이 원인"이라고 반발했다. 재정재건을 위한 정책의 우선순위를 정하자는 논의는 환자와 노인을 러시안 룰렛으로 빨리 죽게 하려는 것으로밖에 생각되지 않았다. 이런 논의에 대해 매스컴에서는 '노인 버리기' 논쟁이라는 이름을 붙였다.

결국 어둡고 비참한 논의가 공전을 거듭했을 뿐, 그로 인한 상처는 그대로 남겨졌다.

또 하나 방치된 문제가 불을 뿜었다. 여야 모두 찬성하던 지방분권화의 추진이다.

2010년대부터 도시부에서 경제격차가 확대된 것과 동시에 지방의 고령화와 과소화(過疎化)가 가속된 것이다. 지방에는 일자리가 없기 때문에 일할 수 있는 젊은 세대 인구가 도시부로 집중되는 반면, 지방에는 수입이 끊긴 고령자만의 커뮤니티가 형성되고 있었다. 지방의 활기를 되찾자는 슬로건하에 지방분권 개혁이 추진되고 있지만, 지방교부세 제도가 담당하던 지역 간 소득재분배 기능을 어떻게 새로운 지방재정제도 속에 편입시킬 것인가에 대해서는 결국 어느 정치세력도 명확한 비전을 갖고 있지 못했다. 재원이 만성적으로 부족한 가난한 지방자치단체에 대한 중앙정부의 자금 공급이 임시적인 정치적 조치로서 개혁 후에도 존속되었던 것이다.

가난한 지방자치단체 적자의 상당 부분을 중앙정부가 부담하는 것은 중앙정부의 재정적자 증가에 박차를 가했다. 또한 그렇게 해도 여전히 재원이 부족한 일부 지방자치단체는 지방채 발행을 늘렸지만, 이것도 암묵적으로 국가가 채무보증을 하는 것으로 간주되어 시장에서의 지방 채금리는 국채금리와 크게 다르지 않은 수준이었다.

지방으로의 재원 이양은 대도시부 이외의 지방자치단체에 아무런 발전도 가져오지 않았다. 산업진흥책이나 젊은이들의 귀향(U-턴) 촉진에 예산이 사용되었지만, 국가 전체를 뒤덮고 있는 소자 고령화(少子高齡化)의 물결 속에서 특정 지역이 이를 막을 수는 없었다.

가난한 지방자치단체가 천천히 그리고 확실하게 쇠퇴할 운명에 직면해 있다는 것은 분명했다. 이런 현(縣, 우리나라의 도에 해당)들의 재정은 예외 없이 대규모 채무초과에 빠져 있었으며, 발행하는 지방채의 등급도 크게 떨어졌다. 그로 인해 지방채의 대부분을 인수하던 지역 대형 은행들조차 재무상황이 더 나빠지는 것을 피하기 위해 더 이상의 채권을 인수할 수 없게 되었다. 그 밖의 금융기관은 국채보다 훨씬 높은 이율로밖에 지방채를 인수하려 하지 않았다. 이제는 대폭적인 지방 세출 삭감 이외에 다른 대응방안은 없었다.

2022년 GDP 대비 정부 채무비율은 250%를 넘었다.

2023년 : 재정파탄과 스태그플레이션

"아직은 괜찮을 것이라는 생각에 처리를 뒤로 미뤄놓은 사이 어쩌면 재정파탄을 막을 수 있는 임계점을 이미 지나쳐버렸는지도 모른다."

스즈키가 그렇게 생각한 것은 일본의 수출이 다시 정체되기 시작하던 때였다. 2020년까지 완만하게 회복을 계속하던 미국 경기가 후퇴기로 돌아서 세계경제도 감속하기 시작한 것이다.

2021년에 들어서자 정부는 재정출동을 통한 경기대책 가능성을 모색하기 시작했다. 그러나 정부의 재정적자가 큰 폭으로 늘어날 가능성이 있다고 보도되자마자 장기금리가 30bp(0.3%)나 뛰어올랐다. 예전과 달리 금리는 재정상황 발표에 민감하게 반응했다.

일본의 재정파탄은 이제 피할 수 없게 되었다. 경상수지 적자 확대로 엔저가 한꺼번에 달러당 150엔까지 진행됐다. 에너지가격도 높은 수준에서 멈춰 있었기 때문에 인플레이션 압력이 일본 내에서 점차 강해지기 시작했다.

실질금리에 예상되는 인플레이션과 재정파탄 리스크 프리미엄을 더한 명목 장기금리는 4%를 크게 웃돌았다. 이로 인해 정부는 비용이 많이 드는 장기국채를 통한 자금조달을 포기하고 만기 3년 이하의 국채발행을 늘리기로 했다. 그러나 그것은 단기국채의 이율을 끌어올릴뿐더러 대환 시에 자금을 조달하지 못할 가능성을 높이는 요인이 되기도 한다. 이제 국채발행에 의한 자금조달은 정부가 위험지역으로 돌입하는 것을 의미하였다.

2023년 여름, 재무성 간부에게 한 통의 전화가 걸려왔다. 통상 신용

평가기관은 전 세계에 신용등급을 공표하기 몇 분 전 전화로 일본 정부에 이를 통보한다.

"일본 국채, 트리플B로 강등"

전화를 받은 재무성 간부로부터 보고를 받은 재무대신은 "뭐라고?"하며 목소리를 높였다. 그리고 "급격한 강등이 필요했었는지 의문"이라고 신용평가기관에 항의하기 위한 자료를 작성하라고 지시했다. 그러나 몇 분 뒤 등급 강등이 보도되자 170엔 가까이까지 엔저가 진행되었다. 등급 강등에 따라 시장에서의 국채금리 상승 압력은 정부나 일본은행이 대응할 수 없는 상황이 돼버렸다.

5년 전 위기를 극복했던 일본의 금융기관은 한순간에 궁지로 내몰리게 됐다. 금리가 단기와 중기 구분 없이 상승하기 시작한 것이다. 신용평가기관은 3대 메가뱅크 가운데 두 군데의 등급을 두 단계, 한 군데의 등급을 세 단계나 한꺼번에 강등시켰다.

"인생에서 피하고 싶은 운명에는 반드시 조우한다는 말이 정말이네."

스즈키는 신문 1면의 톱기사를 보고 그렇게 생각했다.

"경기후퇴를 수반한 급격한 스태그플레이션"

신문에 '스태그플레이션'이라는 말이 등장한 것은 반세기 전인 1차 석유쇼크 이후 처음이다. 일본이 피하려고 뒤로 미뤄온 운명은 예상보다 훨씬 나쁜 것이 되어 돌아왔다. 실업률이 10%를 넘었으며, 이듬해 3월이 되자 대학 졸업자의 반 이상이 시간제 일자리를 찾아야 하는 사태에 직면했다.

심각한 것은 재정난에 허덕이던 '가난한 지방자치단체'였다. 헌법에

서 평등을 약속받은 국민에게 주어진 것은 격렬한 지역격차였다. 현
(縣)에 따라서는 초등학교와 중학교 교원, 경찰관과 소방관을 포함한
지방공무원의 신규채용조차 하지 않는 곳도 생겼다. 치안이나 생활의
질이 떨어지는 현이 등장할 것은 뻔했다.

국제통화기금(IMF)과 경제협력개발기구(OECD)는 일본에 긴급 사절
단을 파견했다. 그렇지만 그들이 내놓은 처방전이란 "소비세율의 추가
인상과 사회보장비·의료비의 대폭적인 삭감을 통해 재정재건을 이루
고, 금리의 대폭적인 인상을 통해 인플레이션을 억제한다"는 흔하디흔
한 것이었다. 외국의 어떤 저명한 경제학자는 TV에 나와 다음과 같이
비꼬아 말했다.

　"IMF는 유효한 대책을 내놓지 못합니다. 첫째, 유럽에서 위기가 발
생한 2010년대의 그리스, 아일랜드와 달리 일본은 해외에서 빌린 돈을
갑자기 갚지 못하게 된 것이 아닙니다. 일본은 네트(순채무)로 보면 현
시점에서도 최소한의 해외 채무만을 가지고 있습니다. 그러나 지금의
생활수준을 유지하려고 한다면 앞으로 많은 돈을 빌려야 합니다. 그러
나 어차피 갚을 수 없다는 것이 분명하기 때문에 누구도 빌려주지 않을
것입니다. 부채를 탕감하려고 해도 일본의 경우 부모가 자식에게, 남
편이 처에게 차용하고 있는 상태와 같습니다."

　일본경제의 규모가 너무 큰 것도 IMF 구제를 불가능하게 했다.

　재정파탄을 막는 대책이 없었던 것은 아니다. 그러나 그 어떤 대책에
도 딜레마가 있었다. 어떤 학자는 이렇게 단정해버렸다.

　"일본이 예전의 그리스처럼 작다면 지금 단계에서도 IMF나 OECD

같은 국제기관이 중심이 되어 어느 정도의 자금을 해외에서 조달해 지원함으로써 재정 상태를 한꺼번에 호전시킬 수 있을지도 모릅니다. 그러나 일본은 세계 3위의 경제대국이며, GDP는 환율에 따라 다르지만 거의 독일과 스페인을 합친 것과 같습니다. 이런 절대적인 경제규모를 전제로 한다면 IMF가 일본경제를 위해 필요한 금액을 조달한다는 것은 아무리 애를 써도 불가능합니다."

지금까지 "기초재정수지를 흑자로 만들고 국채발행도 억제할 것"이라고 표명했던 총리는 있었다. 그러나 재정재건에는 법적인 강제권이 없다. 더구나 1997년 금융위기 이후 정권이 빈번하게 바뀌는 것이 일상다반사였기 때문에 이는 '말뿐인' 상태다. 한편, 법적인 강제권을 만들어버리면 미국처럼 의회에 발목을 잡혀 움직일 수 없게 되는 딜레마도 있다.

일본 국채는 언젠가는 반드시 일본 내 수요만으로 감당할 수 없게 된다. 재무성은 일본 국채를 해외에서 팔기 위해 세계 각국을 돌아다니고 있지만, 해외 보유비율을 높이면 금리에 좌우되기 쉽다는 딜레마가 생긴다. 또한 재정재건을 미루면 미룰수록 세대 간의 부담 불평등은 더 커진다. 일본경제가 자율적으로 회복하기는 어려우며, 성과가 좋은 아시아 국가들의 성장에 의존하는 측면이 있다. 그렇기 때문에 아시아 국가들의 실적이 좋을 때 재정재건을 했어야 했다. 그러나 유럽의 위기와 동일본대진재가 겹쳐 "이런 시기에는 증세에 의한 재정재건보다 성장전략이 먼저"라는 반대의견에 눌렸다. 실질 연율 3%의 경제성장을 '확실하게' 달성할 성장전략이 있으면 문제는 거의 해결되지만, 그런 요술지팡이 같은 정책은 없다. 재정재건과 성장전략을 병행할 필요가 있으며,

재정파탄의 리스크를 국민들에게 부담시킬 방안을 강구했어야 했다.

IMF의 정책 유효성에 의문을 제기했던 학자가 TV에 나와 다음과 같이 계속 말했다.

"결국 일본은 자신의 일을 스스로 돌볼 수밖에 없습니다. 그것은 정치적으로는 어려운 일이지만 근본적인 재정·연금개혁을 하든가, 아니면 심각한 스태그플레이션이라는 형태의 리스크를 감수하면서 인플레이션에 의한 자동적인 조정 메커니즘에 몸을 맡기든가 둘 중 하나입니다. 지금까지 25년 동안 몇 번이나 기회가 있었지만 연금개혁을 하지 못한 이상 지금에 와서는 후자의 선택지밖에 없다는 생각이 듭니다만."

▩ 국가에 의한 경제 통제

2024년, 스즈키는 나리타공항에서 출장을 나가며 외국인들의 모습이 줄었다는 것을 느꼈다. 공항의 짐꾼이나 편의점, 음식점 점원으로 일하는 아시아인들도 보이지 않았다.

"인플레율이 40% 가까이 되니 당연하지."

엔저로 본국으로의 송금액이 큰 폭으로 줄어든 데다 일본 내 생활비도 크게 상승했다. 이에 외국인이 자기나라로 돌아갔기 때문에 정부가 도입을 추진했던 개호사(介護士) 등의 의료서비스나 3D 직종으로 불렸던 산업폐기물처리장 등에서도 외국인들은 줄고 일본 젊은이들의 모습을 볼 수 있게 되었다.

스즈키는 공항 내 레스토랑에서 완두콩을 사먹으려 했을 때 가격이 두 배로 오른 것에 놀랐다. 수입의존도가 높은 농산물이나 식료품 가격이 크게 상승했으며, 물건에 따라서는 1년에 50% 이상 가격이 상승한 것도 있었다. 대두를 원료로 한 식품의 가격도 모두 올랐으며, 편의점에 있는 낫토 초밥 가격도 두 배나 올랐다.

스즈키의 처는 쇼핑할 때마다 진열장 앞에서 스마트폰을 만지작거리면서 계산을 한다는 불평을 남편에게 늘어놨다. 양을 줄인 식품이 늘어나기도 했다. 한 병에 200엔인 드링크(200cc) 옆에 170엔(150cc) 짜리가 있기도 하다. 소비자는 쇼핑을 할 때마다 어느 쪽이 득인지 머리를 굴려야 할 지경이다.

이런 여파는 고령자들에게도 영향을 미쳤다. 연금의 실제 수급액이 평균 20% 가까이 줄었다. 의료비도 올라 70세 이상 세대의 4분의 1 가까이가 사실상 나라가 제공하는 최소 수준의 의료개호서비스에 만족하지 않을 수 없게 되었다. 이 비율은 지방으로 가면 더 높아져, 50% 가까이 되었다.

자산에 여유가 있는 사람들에게도 불편한 일이 생겼다. 해외여행지에서 신용카드를 사용할 수 없게 된 것이다. 출장지인 베트남에 도착한 스즈키는 자동차를 빌리기 위해 신용카드를 내밀었지만 거절당했다. 일본 정부가 3일간 모든 은행거래를 동결하고 신용카드의 사용한도를 일률적으로 결정해버렸다고 한다. 인플레 억제를 위해 디노미네이션(새로운 화폐 발행)을 단행한다는 것이다.

"렌터카 비용이 사용한도를 넘은 것도 아니고 지금 당장 디노미네이션을 단행하는 것도 아니라 시간이 있지 않느냐."

스즈키는 가지고 있던 카드를 바꿔가면서 건네봤지만 베트남인 점원은 외국계 금융기관 카드라도 일본 이외의 본점이나 지점 계좌에서 결제되는 카드가 아니면 받지 않는다고 말한다. 좀처럼 화내지 않는 스즈키였지만 화를 내고 혀를 찼다. 스즈키만이 아니었다. 같은 시기 파리의 호텔과 뉴욕의 레스토랑에서도 일본 신용카드가 거부당하는 일이 일어났다.

"일본인에 대한 모욕이다."

분개하는 일본인에게 "이것이 현실"이라는 말이 돌아왔다.

'도대체 어떤 현실로부터 도피를 계속해온 거야.' 그렇게 생각하게 하는 말로 들렸다.

과제

• 눈앞의 번영 속에 다음에 일어날 위기의 씨앗이 내포된 경우가 있다. 막을 수 있는 위기를 예측하기 위해 무엇을 인식해야 하는가?

• 일본의 장래에 필요불가결한 사회보장제도와 연금 개혁을 뒤로 미루려는 정치가들의 판단에 대해 국민들이 논의할 필요는 없는가?

• 급격히 팽창하는 의료비를 어떻게 해야 하는가? 정치가와 관료에 의한 '위로부터의 개혁'만이 아니라 '아래'로부터 논의를 하려면 어떻게 하면 좋은가?

• 개혁의 기회를 놓쳐온 배경은 무엇인지 검증할 필요가 있는 것은 아닌가?

03

수도직하지진

아마존형 사회의 붕괴

30년 이내에 직하형 지진이 도쿄를 강타할 확률은, 장소에 따라 다르지만, 70%를 넘는 곳도 있다. 한신·아와지(阪神·淡路)대진재, 동일본대진재를 교훈삼아 대책을 마련하고 있지만, 그 발상은 최악을 상정하지 않은 '안이하게 만들어진 시나리오'에 지나지 않아 실효성을 발휘할지 의문이다.

"바바라 터크만의 《8월의 포성》을 읽어봤는가?"

백악관 집무실에서 케네디 대통령이 측근에게 말을 건넨 것은 쿠바 위기 때였다. 제3차 세계대전이 발발할지도 몰랐던 긴장의 14일 동안, 케네디 대통령이 떠올린 것은 제1차 세계대전의 발발을 그린 역사서 《8월의 포성》이었다. 면밀한 전투계획도 현실적으로는 오해와 곡해, 예상하지 못한 잘못된 대응으로 파탄해갔다. 기로에 섰을 때 지옥에 떨어지는 길은 어느 쪽인가? 침로(針路)는 역사의 교훈에서 배워야 한다는 케네디의 물음이었다.

동일본대진재 후 도쿄 도는 도민들에게 '서바이벌 시간'을 의식하게 하는 조례를 제정했다. 모든 사업자는 종업원들이 먹을 물과 식량 3일치를 비치하도록 했는데, 이는 집에 돌아가기 어려운 사람들을 위한 대책이었다. 3일 동안 어떻게든 혼자 살아남는다면 그 사이에 공적 지원체제가 갖춰질 것이라는 발상이 배경에 있다. 3일간, 즉 72시간이란 것은 인간의 생사를 갈라놓는 결정적 시간이다.

그러나 당신은 스스로 묻게 될 것이다. 정말로 72시간 동안 혼자서 살아남을 자신이 있느냐고 말이다. 도시재해 시에는 작은 맹점이 복합적인 과정을 통해 2차 피해를 일으킨다. 그리고 수도의 피해는 전 국민을 개미지옥처럼 끌어들여 국가 위기로 파급해간다. 재해는 인간이 생각하는 것처럼 합리적으로 진행되지 않는다. 해상보안청 출신자는 수도직하형 지진에 관한 일본의 대응에 대해 "정부는 언제나 최악의 시나리오를 상정하고 있다고 말하지만, 현장 감각이 결여되고 발상 자체가 '안이한 시나리오'다"라고 단정 짓는다.

동일본대진재가 미친 영향을 고려하지 않더라도 수도직하지진이 발생할 확률이 높아지고 있다. 방재과학기술연구소에 따르면, 30년 이내에 진도 6이 조금 넘는 지진이 일어날 확률은 신주쿠 구(區) 도쿄도청 부근이 23.2%, 스미다 구 도쿄 스카이트리 부근이 73.7%로 평가된다. 매그니튜드(M) 7의 수도직하지진이 강한 바람이 부는 겨울에 일어났을 경우 최악의 시나리오가 우리에게 어떤 영향을 미칠지 시뮬레이션 해보자.

눈을 떴을 때 40세의 회사원 가네다 신조는 자신이 어느 회사 복도에 몸을 움츠리고 있다는 것을 알았다. 눈앞에는 입추의 여지가 없을 정도로 많은 사람들의 발이 보인다. "괜찮으세요?" 젊은 여성이 가네다의 얼굴을 쳐다봤다.

양복에 묻은 먼지를 털고 상반신을 일으키자 가네다의 기억이 되살아난다. 거래처 사무실에서 열린 신년인사회에 참석했을 때 거대한 지진이 일어나 머리에 강한 충격을 받고 쓰러졌던 것이다. 거래처 여직원은 "사무실 캐비닛 위에는 떨어질 것 같은 물건들을 놔둬서는 안 된다는 규칙이 있는데, 오늘 신년인사회에 많은 사람들이 참석하기 때문에 공간을 넓히려고 사무기기와 서류함을 올려놔 가네다 씨 머리 위로 떨어졌습니다"라고 사과했다.

가네다가 손목시계를 보자 바늘은 오후 1시를 가리키고 있었다. 정신을 잃고 나서 1시간이 지났다. 1월 오사카에서 전근해온 가네다에게 연초가 되자마자 지진이 일어난 것은 불운하다고밖에 할 수 없지만, 그는 처와 초등학교 1학년인 아들이 걱정됐다.

'정신 차려, 이래선 안 돼. 돌아가야지'라고 생각한 가네다가 출구를 찾으려 하자 여직원이 어깨를 잡았다. "지진이 일어났을 때 이동해서는 안 됩니다. 도쿄 도의 조례입니다. 더구나 여기는 30층입니다. 엘리베이터는 멈췄습니다."

그때 창문 쪽에서 여성의 비명소리가 들렸다. 창 쪽에 많은 사람들이 몰려 있었다. 가네다도 발끝으로 서면서 간신히 그쪽으로 가봤는데, 창 건너편의 도쿄 만(灣) 에 오렌지색 불기둥이 보였다. 그것은 검은 소용돌이 기둥으로 바뀌어, 검은 연기가 육지로 번져가고 있었다.

'이런 곳에 있을 때가 아니지.'

가네다는 몸을 일으켜 비상구를 찾았다. 72시간의 서바이벌이 시작되었다.

가네다가 정신을 잃었을 때 가네다의 아들은 오오타 구에 있는 초등학교 도서관에서 여자 담임선생님의 허리를 움켜쥐고 있었다.

담임선생님은 가네다의 아들을 보고 있었지만 어떻게 하면 좋을지 몰랐다. 24명의 학생들이 불안한 얼굴로 그녀를 쳐다보고 있었다. 이 아이들을 빨리 운동장으로 피난시켜야 한다고 초조해 했지만, 쓰러진 책장 밑에 여자아이 한 명이 깔려 있었다. 더구나 격렬한 흔들림에 놀란 네 명의 아이가 기절해 있었다. 다섯 명의 아이들을 그냥 둔 채 다른 아이들을 운동장으로 데려가야 하는가?

우왕좌왕할 때가 아니라는 것은 그녀도 알고 있었다. 아까부터 쓰러진 책장을 들어 올리려고 안간힘을 썼지만 꼼짝도 하지 않는다. 도서관은 교실이 있는 건물에서 떨어져 있어 누구도 도와주러 오지 않았다. 이러는 사이 여진이라도 일어나 책장에 깔리는 아이들이 늘어나거나 화재가 발생하면 어떻게 해야 하나? 모두가 희생되기 전에 무사한 아이들을 먼저 도와야 하는가?

방재훈련 때에는 아이들을 어떻게 빨리 운동장으로 데려갈 것인가 하는 훈련은 하지 않았다. 어떻게 해야 하는지 훈련을 통해 판단해본 적이 없었다. 방재훈련 때에는 모든 것에 답이 있었다. 그렇지만 지금 이 자리에는 답이 없다. '누군가 도와주었으면 ….' 그녀는 평정심을 찾기도 힘들었다.

도쿄가 '육지의 고도(孤島)'가 되는 날

지진 발생 후 1시간이 지난 오후 1시, 총리 관저 지하에 있는 위기관리 센터에 모인 사람들은 어떻게 해야 할지 고민하고 있었다. 대형 스크린 에는 도쿄 만 여기저기에서 불타오르는 영상이 흘러나오고 있었다.

"총리, 침착해주세요."

관방장관은 흥분한 총리를 달랬다. 조금 전부터 총리는 "말이 다르지 않냐?"고 화를 내고 있었다. 그는 도쿄 만의 석유 콤비나트는 내진설계 가 되어 있지 않느냐고 따져 물었다. 위기관리감은 흔들렸다. 지금은 원인규명을 할 때가 아니다. 이치에 맞지 않으면 좀처럼 앞으로 나가지 못하는 사람들도 있다. 급할 때 가장 곤란한 유형이다.

화재 원인은 여러 가지일 수 있다. 동일본대진재 때처럼 탱크에 있는 석유를 빼내고 대신 물을 넣어 새는지 검사했을 가능성이 있다. 물을 넣으면 탱크는 보통 때보다 무거워지고 지진 때문에 다른 곳으로 굴러 가 주위에 있는 탱크를 망가뜨리기도 한다. 거기서 불이 확대되거나 지 진으로 인해 액상화(液狀化) 현상이 일어나 붕괴됐을지도 모른다. 호 안(護岸)을 강화하는 공사가 급하게 진행되었지만, 일단 액상화가 시 작되면 지반은 50미터나 수평 이동하는 경우도 있다.

슬로싱(sloshing, 탱크 내부에 저장된 액체의 요동에 의해 발생하는 충격) 의 가능성은 없는가? 요동으로 용기가 파손되고 석유가 튀어 넘치는 슬 로싱을 막기 위해 2007년에 규칙을 바꿔 저장 가능한 석유 양을 줄였 다. 파이프에서 흘러나온 석유 때문에 화재가 발생할 수 있다는 점은 이전부터 지적되어 왔지만 예상 시나리오에서 빼버린 것이다. 100%

74

완벽한 방재란 있을 수 없다.

원인규명보다 더 큰 문제는 도쿄 만에 석유 탱크가 5천 기 이상 있다는 것이다. 지바(千葉) 현 이치가와(市川) 시와 후나바시(船橋) 시에 있는 게이요(京葉) 임해북부지구에 230개, 지바 시와 이치하라(市原) 시에 있는 게이요 임해중부지구에 2,888개, 도쿄 도 오오타(大田) 구에서 가와사키(川崎) 시와 요코하마(横浜) 시에 걸쳐 있는 케이힌(京浜) 임해지구에 2,082개가 위치해 있다. 이미 여러 곳에서 화재가 발생해 기름이 도쿄 만으로 대량 유출되었다. 이로 인해 해상보안청 소속 배가 요코하마의 해상방재기지에서 도쿄 만 안으로 들어갈 수 없게 되었다. 즉, 바다에서 소화활동이나 구조를 하러 갈 수 없게 된 것이다. 수도권은 바다라는 피난처를 잃었다.

총리와 관방장관이 스크린을 보면서 이야기를 하고 있는데, 갑자기 영상이 흔들렸다. 화면에 오렌지색 불기둥이 나왔다. 스태프 전원이 일손을 멈췄다. 다음 순간 일시에 전화와 마이크를 든 스태프들이 바쁘게 정보 수집을 시작했다.

한 직원이 위기관리감에게 "도쿄 만의 탱커에서 폭발이 있었습니다. 기름이 유출되어 예인선이 항만 밖으로 피난해 LNG선이나 화학탱커들이 항만 안에 그대로 남겨진 상태"라고 귀엣말을 했다.

기름 유출로 해상화재 발생 가능성이 높아졌기 때문에 예인선이 잇달아 탈출을 시도했다. 탱커는 그대로 남겨진 상태다. 위험한 배부터 차례로 항만 밖으로 이동시킨다는 내용은 재해 시 매뉴얼에는 없었다. 위험한 대형 탱커들이 방치되어 있다는 것은 도쿄 만이 화약고와 같은 상태라는 것을 의미했다.

"풍속은?"

"15미터입니다."

이런 이야기를 듣고 있던 관방장관은 "기자회견을 열어 검은 연기의 영향에 대해 알릴 것인데, 육지 사람들에게 어느 정도 유해한가?"라고 물었다.

누구도 대답하지 못했다. 지금 단계에서 유해가스일 가능성이 있다고 공표해야 하는가. "지금 위험한 정보를 공표해 쓸데없이 패닉상태를 일으켜서 뭣 하는가?"라고 주저하면서 관방장관실로 돌아오자 복도에는 국토교통성을 비롯한 정부 부처의 차관과 국장들이 브리핑을 하려고 줄 서 있었다. "도시고속도로 칸죠(環狀) 7호선과 8호선 사이에 이어져 있는 목조주택단지에서는 지진의 영향으로 큰불이 일어났다"고 보고하는 사람도 있고, "육지는 내진과 불연, 연소차단막이 설치되어 있어 사망자가 예상보다 상당히 줄고 있다"고 말하는 사람도 있었다. 한편에서는 "도쿄 만에서 도심 방향으로 유해가스가 흘러가고 있다"는 설명도 있었다. 경찰은 칸죠 7호선의 신호를 모두 적신호로 바꿔 차들이 도쿄 중심으로 들어오는 것을 막고 모두 외곽으로 나가게 했다. 관방장관은 '바다와 육지의 화재로 도심부는 협공상태 아닌가. 칸죠 7호선과 8호선을 따라 발생한 화재로 인해 도쿄에서 육로로 탈출하는 것은 위험할지도 모른다'고 생각했다. 게다가 가스를 피해 나가는 사람들이 몰리면 도로는 꽉 막혀버릴 것이다.

"회견 시간입니다"라는 직원의 말에 브리핑은 갑자기 끝났다. 오늘만 네 번째인 회견을 앞두고 있었다. 총리 관저 1층에 있는 기자회견장으로 향하는 엘리베이터 속에서 비서관이 노트패드를 보면서 예상 질의응

76

답문을 설명했다. 그러나 관방장관의 머릿속은 회견 내용과 사태에 어떻게 대처할 것인가 하는 생각으로 혼란 상태였다.

도쿄 만의 화재가 자연 진화되려면 1주일 가까이 걸릴 것이다. 일본이 해외에 의존하는 에너지, 식료품, 공업원료의 35%가 도쿄 만 안으로 수송된다. 도쿄 만이 기능하지 않는다는 것은 일본이 기능불능 상태에 빠진다는 것을 의미했다.

압사(壓死)인가, 소사(燒死)인가

"길이 막혔을 때보다 초조해 하지 마라."

가네다는 30층에 있는 거래처 사무실에서 비상계단을 이용해 내려오기 시작했지만, 점차 계단을 이용하는 사람들이 많아져 천천히 내려올 수밖에 없었다. 그냥 사무실에 남아 있는 게 현명했을지도 모른다는 생각이 들기 시작했다.

가네다의 옆을 걷던 젊은이가 "피난훈련 할 때에는 29층에서 1층까지 내려오는 데 20분 걸렸는데, 벌써 1시간 지났다"고 작은 목소리로 혼잣말을 했다.

가네다는 "지금 이 건물에 불이라도 난다면 엄청나겠네요"라고 젊은이에게 말을 걸었다.

"불이 나도 조금도 이상하지 않지요. 라디오에서 말했는데, 지진으로 발전소 송전이 자동적으로 정지되어 있기 때문에 대규모 정전사태가 벌어지고 있다고 합니다. 그런 상태에서 갑자기 전기가 들어오면 브레이커가 내려가는 것이 아니라 불이 날 가능성이 있답니다. 한신대진재 때도 그게 문제였다고 합니다."

가네다는 그 얘기는 몰랐다. 지진을 감지하는 브레이커는 법적으로 설비가 의무화되어 있지 않기 때문에 이를 설치한 건물은 별로 없다. 젊은이의 불평은 이어졌다.

"도대체 정부가 내진을 의무화해서 어중이떠중이 모두 내진강화 공사를 했습니다. 그래서 한신대진재 때처럼 건물이 붕괴해 압사할 가능성은 줄었죠. 그런데 지진 감지 브레이커를 설치하지 않아 불이 날 가능성은 남은 거죠. 붕괴와 압사에만 신경을 썼는데, 화재라도 나면 어떻게 하죠?"

도쿄 사람들은 모두 이렇게 방재에 대해 잘 아는가 하고 생각하면서 가네다는 몸서리를 쳤다. 젊은이가 계속 말했다.

"피해예상이라는 게 원인부터 예상하는 거죠. 피해가 발생한 지점이 위이기 때문에 아래에서 일어나는 진짜 피해는 모르는 겁니다. 게다가 사린 방지법이란 거 알고 계세요? 지하철 사린가스 사건이 일어난 뒤 사린을 제조하거나 소지하는 것을 금지한 법률 말입니다. 사건이나 사고가 나고 나서 하나씩 대처하는 것밖에 정치가들은 생각하지 않습니다. 법제화란 거 행차 후의 나팔이라니까요."

가네다를 비롯한 몇 사람이 빌딩에서 나온 순간 밖으로 나온 사람들이 "하늘에서 사람들이 떨어졌다"고 외치면서 일제히 비상계단 쪽으로 되돌아갔다. 화재로 인한 화염회오리가 돌풍처럼 흘러가는 것을 봤다고 비명을 지르는 사람들에 떠밀려 가네다도 계단을 뛰어올라갔다. 이는 화재선풍(火災旋風)이라 불리는 것이었다.

수도직하지진이 발생하면 화재만으로 6천 명 이상이 사망할 것으로 예측되었다. 그러나 복잡하게 늘어선 빌딩이 많은 도심에서는 예측 불가능한 강풍으로 인한 피해가 늘어날 가능성이 있다는 점이나 '화재선풍'으로 인한 피해는 상정되어 있지 않았다. 초속 1백 미터, 최고온도 1천 도로 알려진 화재선풍은 소용돌이 형태로 하늘로 올라가는 화염회오리다. 산소가 없어져 상승기류가 발생하며, 거기서 산소가 있는 방향으로 떨어져 내려온다.

유명한 사례가 1923년의 관동대지진이다. 지진 발생 1시간 후부터 34시간에 걸쳐 화재선풍이 1백 개 이상 확인되었다. 화재선풍의 높이는 1백 미터에서 2백 미터로, 수백 명이 공중으로 끌려올라갔다가 바닥에 떨어져 죽었다. 도쿄대공습 때에는 여기저기서 거대한 화재선풍이 발생해 많은 사람이 양동이로 불을 끄려다가 화염에 휩싸여 죽었다.

화재선풍을 일으키는 상세한 메커니즘은 아직 해명되지 않아 어떻게 손쓸 수가 없기 때문에, 이는 '방재'라는 발상 밖에 존재한다. 화재선풍과 도쿄 만의 기름 유출, 이 두 가지를 상정하기 시작하면 완벽한 방재계획은 세울 수가 없다.

도쿄 만에는 시나가와(品川) 화력발전소와 오오이(大井) 화력발전소 등 12군데의 화력발전소가 있다. 지진방재전략에 따라 도쿄전력은 전력설비의 내진화와 송배전시스템의 다중화를 꾀하고 있다. 가령 정전이 되어도 수도에 있는 중추기관에는 하루 이내에 전력을 공급할 수 있다고 한다.

그러나 완벽한 방재태세에는 언제나 맹점이 있게 마련이다. 자신들의 시설을 절대적으로 안전하게 만들어도 주위 시설이 그렇지 않으면 이에 휘말려버릴 수도 있다. 도쿄 만에 기름이 유출되어 화력발전소는 바다에서 물을 구하지 못하게 됐다. 도쿄전력은 서둘러 갖고 있던 2천 미터 길이의 오일펜스를 설치하기 시작했다. 그렇지만 이미 유막이 형성되었다. 지진에는 끄떡도 하지 않았던 발전소가 다른 곳에서 일어난 사고로 발전이 불가능해지려 하고 있었다.

■■■ 천황을 터부시하는 방재계획

가네다는 해가 저물어 거리로 쏟아져 나오는 사람들의 물결에 떠밀려 오오타 구에 있는 자택으로 향했다. 어디서 불이 났는지 타는 냄새가 재와 함께 떠다닌다. 라디오를 듣던 사람들이 뉴스를 해설이라도 하듯 지나가는 사람들에게 큰 소리로 전해주기도 한다.

그 목소리를 들으면서 가네다는 '정말로?'라고 생각했다. 마치 어린 시절 봤던 재난영화처럼 말이다. 지나가던 사람의 말에 의하면, 총리가 기자회견에서 말했다고 한다. 도쿄 만에서 화재와 폭발이 일어나 유독가스가 발생할 가능성이 있으며, 주변의 자치단체는 단체장의 독자적인 판단에 따라 경계구역을 발령하거나 실내로 주민들을 대피시키라는 것이다. 그러나 "국민 여러분들께서는 안심하십시오"라는 말도 덧붙였다고 한다.

경계구역이라고 해도 후쿠시마 제1원전 주변의 자치단체와 달리 오오타 구 인구만 69만 명이나 된다. 어떻게 피난시킬 것인가. 또한 라디

수도직하지진 발생 시 화재로 인한 피해 예측(도쿄 만 북부 진도 M7.3도, 겨울 오후 6시 풍속 8m)

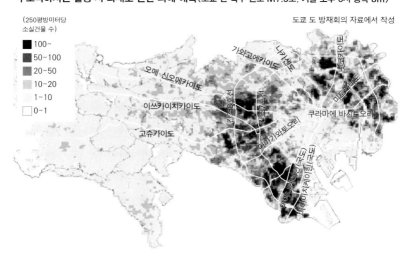

(250평방미터당
소실건물 수)

■ 100~
■ 50~100
■ 20~50
░ 10~20
░ 1~10
☐ 0~1

도쿄 도 방재회의 자료에서 작성

가와고에카이도
나카센도
오메·신오메카이도
이쓰카이치카이도
고슈카이도
쿠라마에 바시도오리

도쿄 만 연안의 석유비축탱크 수와 화력발전소

도쿄 도
시나가와 화력발전소
오오이 화력발전소

게이요 임해북부지구 230기

지바 화력발전소
고이 화력발전소

게이요 임해중부지구 2,888기

도쿄 만

가와사키 화력발전소
히가시오기시마 화력발전소
요코하마 화력발전소

아네가사키 화력발전소
소데가우라 화력발전소

케이힌 임해지구 2,082기

미나미요코하마 화력발전소

네기시 임해지구 290기

게이요 임해남부지구 62기

가나가와 현

도미쓰 화력발전소

지바 현

N

구리하마 지구 14기

0   10km

요코쓰카 화력발전소

오에 따르면 10만 명이 피난할 수 있는 신주쿠교엔(新宿御苑)에는 입구가 세 군데밖에 없어 큰 혼란이 일어나고 있다고 한다. 가네다는 배가 고팠다. 낮에 거래처에서 샌드위치를 먹었을 뿐 그 후로 아무것도 먹지 않았던 것이다. 모든 편의점과 슈퍼의 식료품 코너에서 상품이 사라졌다. 일본 전체에 있는 생수 재고를 모두 수도권에 투입해도 9일밖에 버티지 못한다는 시뮬레이션도 나와 있다. 육지의 고도(孤島)가 된 도쿄에서 상품이 사라지는 것도 당연했다.

한편 총리 관저의 집무실에는 무거운 분위기가 흘렀다. 수도에서 대지진이 일어났을 때 필수적인 것이 '업무지속계획'(Business Continuity Plan, 이하 BCP라 함)이다. 각 부처는 일본의 중추로서 업무를 계속해야 한다. 특히, 이번처럼 해상화재가 발생할 경우 수송과 인프라의 안전 여부를 확인할 필요가 있다. 그렇지만 각 부처가 본부기능을 대체할 거점으로 삼았던 장소에 문제가 있었다. 기능은 하고 있었지만 말이다. 예를 들면, 국토교통성의 백업 거점이 된 구단(九段)에 있는 국토지리원 관동지방측량부와 방위성 사이에 연락이 되지 않았다. 방재용 회선이 없었던 것이다. 어떤 곳과는 연결되지만 다른 곳과는 연결되지 않아 정보가 서로 전달되지 않는 상황이 발생한 것이다. 재해는 자신들이 일하는 부처에서밖에 발생하지 않는다고 생각한 것일까. 횡적인 연락체계가 갖춰지지 않았고, 대체시설도 종적 관계로만 연결되어 있었다.

관방부장관(副長官)이 총리에게 진언했다.

"총리 관저의 기능도 다치가와(立川)에 있는 방재기지나 사이타마(埼玉)의 부도심으로 옮기시죠. 중추기능이 괴멸하기 일보직전이라는 뉴스가 해외에서 나오기라도 하면 국가의 신용이 흔들립니다. 대체거점에서 강력한 진용을 짜서 대응해야 합니다. 국가 존망이 걸린 문제입니다."

총리는 고개를 옆으로 흔들었다.

"그렇게 하면 더욱 신뢰를 잃게 된다. 도쿄에 유독가스가 만연해도 천황 폐하는 황실을 다른 곳으로 옮기지 않을 것이다. 전쟁 중에도 그랬고 동일본대진재 때에도 황실은 움직이지 않았다. 폐하는 국민을 버리지 않을 거라는 생각 때문에 다른 곳으로 옮기지 않는데, 총리가 도쿄를 떠나봐라. 국민들을 버렸다는 말을 들을 거다. 여기서 이를 악물고 정신력으로 버티는 수밖에 없지 않나."

방재계획에 황실에 관한 것은 들어 있지 않다. 천왕이 재해에 직면한다고 상정하는 것 자체가 터부인 것이다. 황실이 도쿄를 떠나지 않기 때문에 정치가는 대체시설에서 집무하는 것을 꺼린다. 결국 방재계획에 있는 총리 관저의 BCP는 그림의 떡인 셈이다.

재해 이틀째: 그것은 주민의 에고인가?

밤 12시를 넘겨 집에 도착한 가네다는 어두운 현관에서 처가 놔둔 손전등을 찾았다. 거기에는 "아들을 찾으러 초등학교로 간다"는 처가 쓴 메모가 있었다. 이사한 지 얼마 되지 않아 초등학교가 어디에 있는지 모르는 그는 무엇을 해야 할지 아무 생각이 나지 않았다.

진짜 시련은 재해 이틀째부터 찾아왔다.

이튿날 아침 눈을 뜨자 세면대 수도꼭지에서 물이 나오지 않는다는 걸 알았다. 뭔가를 먹으려 해도 가스가 안 붙는다. 전기와 전화도 끊긴 상태다. 전기가 나간 냉장고를 열고 햄, 치즈, 단무지를 꺼내 입에 넣었다. 그러고 나서 아직 자택에 머물러 있던 이웃사람들에게 길을 물어 학교로 향했다.

가네다는 도중에 편의점에 들렀지만, 역시 먹을 것은 아무것도 없었다. 매일 아침 어디서나 유효기한이 지난 도시락과 반찬들을 대량으로 버리는 것을 목격했는데, 도내에서 하루아침에 일제히 식료품이 사라졌다는 것이 믿기지 않았다.

동일본대진재 때에도 도쿄에서 사재기가 있었지만, 실제로 사재기를 한 사람은 소수에 불과했다. 아주 적은 사람들이 사재기를 했을 뿐인데도 진열대에서 물건들이 사라진 것은 인구가 밀집한 도회지의 숙명이기도 했다.

한편, 무너진 빌딩과 화재현장에서의 구조활동은 도쿄소방청 등이 철야로 진행했다. 소방청장관은 지진이 일어난 후 즉시 긴급소방원조대의 출동을 지시했다. 전국 규모로 부대가 결집되고 있었지만, 화재현장에서는 예상하지 못한 일들이 일어나고 있었다.

방재계획에는 주택밀집지역이나 도로의 구획정비가 이뤄진다는 전제하에 화재로 사망하는 사람들을 2천 명 정도로 막는다는 계획이 포함되었다. 그러나 실제로는 계획과는 반대로 사망자가 늘어날 기세다.

목조밀집지대의 방재대책이 예상보다 너무 늦어진 것이 원인이었다. 이 지역에는 고령자들이 많아 피난을 꺼려했기 때문에 협의하는 데에도 어려움이 많았다. 법의 강제력보다도 '개인'의 권한이 보호되기 때문에 관청은 "저들이 떠날 때까지는 아무것도 할 수 없다"면서 세대교체를 기다리려는 듯했다. 게다가 건조한 겨울에 풍속 50미터의 강풍이 부는 상황에서 지진이 일어나버린 것이다. 화재선풍 발생으로 피해가 예상을 뛰어넘어 확산돼 다수의 소사자가 발생하였다. 침해받고 싶지 않은 개인의 재산권과 발생이 불확실한 재해발생 시의 리스크, 이 중에서 어느 쪽을 우선해야 했는가. 화재선풍으로 사망한 사람들에게는 가혹한 문제제기였다.

가네다는 피난처로 지정된 초등학교에 들어선 순간 너무 놀라 어이가 없었다. 사람들이 너무 많아 다 들어가지 못하고 넘쳐났다. 운동장에 설치된 수십 대의 임시 화장실은 아침이기도 해선지 장사진을 이뤘다. 하늘은 맑았지만 공기는 찼다. 건물로 들어가지 못한 노부부와 휠체어를 탄 장애인들이 건물 처마 밑에 쭈그리고 앉아 있었다. 가네다는 자기도 모르게 말을 건넸다.

"할머니! 이런 곳에 있지 말고 안으로 들어가면 좋잖아요."

할머니는 고개를 가로로 흔들었다. 들어보니 살고 있던 낡은 공단주택이 지진으로 붕괴돼 출입이 금지되었다고 한다. 동네 사람들이 피난처로 데려다주었지만, 할아버지가 밤중에 건물 안을 배회하고 용변을 지려 남들에게 피해를 주는 것 같아 밖으로 나왔다고 한다.

가네다는 "대도시는 살기 힘들어" 하고 한숨을 쉬었다. 더욱 그를 놀라게 한 건 아내와 아이를 찾기 위해 건물 안으로 들어갔을 때다. 둘러보니 모두 노인들뿐이었다. 일본이 고령사회라는 것은 익히 알고 있었지만, 마치 임시노인요양시설 같았다.

교사 안으로 더 들어가자 악취가 코를 찔렀다. 운동장에 있는 임시 화장실까지 걸어가기 어려운 노인들이 수돗물이 끊긴 화장실에서 용변을 본 것이다. 분뇨가 넘쳐나는 데도 노인들은 계속 화장실로 사용했다. 이것이 초고령화 사회의 현실이다.

"이건 피난처가 아니라 비위생적인 생지옥 아냐."

가네다는 구청 완장을 찬 중년 여성을 발견하자 "정화조 청소를 하지 않느냐?"고 물었다. 완장 찬 여성은 몇 번이나 같은 질문을 받았을 것이다. 두 번 다시 오지 말라는 얼굴로 "하지 않았다"고 대답했다. 가네다는 "건빵이나 뭐 먹을 것 비축해둔 것 없습니까? 어디를 가도 먹을 게 없어서 참을 수가 없습니다"라고 호소했다. 그러자 여성은 의미를 알 수 없는 대답을 했다.

"비축은 하고 있지만, 물건은 아무것도 없습니다."

아마존형 사회의 붕괴

비축은 하고 있지만 물건은 없다. 가네다가 갔던 피난처만이 아니라 도쿄 도내 각지에서 같은 일들이 벌어지고 있었다. '유통비축'이라는 시스템이 원인이었다. 많은 자치단체가 모포와 건빵, 생수를 어느 정도 비축하고 있다. 그러나 매년 유효기간이 지난 것을 처분해야 하기 때문에 비용이 들어간다. 그래서 재난에 대비해 편의점이나 대형 소매업자와 협정을 맺어 재난발생 시 물자를 실시간으로 공급받기로 했던 것이다. 인터넷 서점 아마존에서 책을 주문하는 것처럼 연락만 하면 물자를 조달할 수 있는 편리한 협정이다. 방재계획에는 유통비축은 "비축을 한 것으로 간주한다"고 되어 있다. 도쿄 도도 나라도 모두 인정하고 있다.

86

그러나 어느 자치단체에도 물자는 아무것도 도착하지 않았다. 원인은 쉽게 예측할 수 있다. 우선 재해 때문에 유통업자들이 제 기능을 하지 못하는 것이다. 물류창고는 도쿄 만 연안에 많다. 지반의 액상화와 화재로 창고 자체가 붕괴되거나 소실되었을 가능성이 있었다. 가령 창고가 제 기능을 하고 있더라도 도로가 끊겨 수송하는 데 지장을 초래하였을 것이다.

또한 "물류자동화 장비가 제대로 기능하지 못하게 됐다"는 의견도 있었다. 무인화한 최근의 창고는 컴퓨터로 필요한 물자를 높은 곳에서 꺼내게 되어 있는데, 물류자동화 장비라는 것은 이것을 가리킨다. 인간이 지게차로 물자를 운반하는 것은 과거의 일이다. 그런데 컴퓨터로 제어하는 창고는 지진의 흔들림으로 물건 하나가 높은 곳에서 떨어지거나 하면 모든 게 정지된다. 높은 곳에 올라가는 비계공이 위치가 달라진 물건들을 원래대로 돌려놓지 않으면 컴퓨터만으로는 아무것도 움직이지 않는다. 하이테크 방재시스템의 함정이다.

더욱이 유통비축의 최대 문제점은 각 자치단체가 민간업자들과 따로따로 협정을 맺는 과정에서 자치단체 간의 조정이 이뤄지지 않았다는 점이다. 그렇기 때문에 협정은 대개 대형업자에 집중되어 한 회사가 복수의 시·군·구를 커버하는 경우가 많다. 한 회사가 제 기능을 하지 못하면 모든 게 헛수고다. 지진은 행정구역별로 일어나지 않는데도 협정의 조정이 광역 차원에서 이뤄지지 못한 것이다. 더구나 협정은 법적 효력이 있는 것도 아닐뿐더러 물자 공급도 확약되어 있는 것이 아니다.

물류업자의 종업원이나 가족들도 재해를 당한 상황에서 "어째서 빨리 물자를 가져오지 않느냐?"고 화를 낼 수 있는가. 유통비축은 평시에 방치했던 문제였다. 위기 시 관민이 연계하는 것은 바람직한 모습이다. 그러나 '협정'은 이름뿐이며 그 본질은 '하청에 떠맡기기'라는 발상이다. 왜냐하면 업자들은 평상시에도 많은 어려움에 직면해 있다. 피해지역 가까운 곳에서 물자를 조달하는 것은 신속한 지원을 위한 기본이지만, 수도권은 땅값이 비싸 비축 거점을 도쿄 도내에 확보하기는 어렵다. 원래라면 세금 우대 등의 인센티브를 업자들에게 부여해야 하지만, "세금은 공평해야 한다"고 반대하는 목소리가 강해 비축창고를 지바나 이바라기(茨城) 등 먼 곳에 두는 경우가 많다. 평상시의 협력 없이 유사시 협력한다는 것은 애초부터 불가능했다. 어쩌면 외부에 맡겨두고 안심하고 있던 것은 아닐까.

또 하나 유통비축이 심각한 영향을 미치는 곳이 병원이었다. 도내에 있는 병원은 비축 공간이 협소해 식료품만이 아니라 약품들도 유통비축을 했다. 보존이 불가능한 수혈용 혈액은 더욱 곤란했다. 병원들은 붕괴나 화재로 인한 피해자들이 실려와 환자들이 늘어나는 데도 약도 식료품도 충분하지 않았다.

재해 이틀째부터 사망자가 늘어나기 시작했다. 응급환자분류(triage) 실패가 원인이다. 재해가 발생하면 이재민들의 중증도와 병원의 레벨에 맞게 치료 순위를 적절하게 분류하는 응급환자분류가 중요하다. 그러나 교통이 마비된 데다 부상자 수가 너무 많아 경미한 환자들밖에 치료할 수 없는 병원에 중증환자들이 찾아오기도 한다. 역으로 중증환자를 치료할 수 있는 대형병원에 경증환자들이 집중되기도 한다. 이로 인해 목숨을 건질 수 있는 환자들이 목숨을 잃게 되었다. 2차적인 요인으로 사망자 수가 늘어난 것이다.

총리 관저 긴급재해대책본부에는 부르지도 않은 여야 정치인들이 "총리나 관방장관을 만나게 해달라"면서 모습을 보였다. 그들은 식료품과 휘발유가 부족하기 때문에 자신들의 선거구에 "가능한 한 빨리 보내달라"고 부탁하러 찾아온 것이다. 젊은 의원들은 스마트폰을 스태프에게 보여주면서 "여기 이 트위터를 봐라. 물이 없어 곤란한 사람들이 있다. 빨리 음료수를 보내라고 해라"고 제멋대로 지시하기도 한다.

총리 관저는 목소리 큰 정치인들 때문에 수도권의 피해상황이나 구조활동을 총괄하지 못할 정도로 혼란스러웠다. 그러나 멋대로 나타난 정치인들의 행동도 따지고 보면 물자가 부족한 주민들이 정치가를 심부름꾼으로 생각해 "어떻게든 해봐라" 하고 요구했기 때문이었다. 선거민의 몸종으로 전락한 정치인들이 대책본부의 업무를 방해하고, 그 결과 재난지역의 구조활동을 제때 지시하지 못하는 악순환에 빠져들었다.

▮▮▮ 재해 3일째 : 일본, 개미지옥이 되다

도쿄에는 먹을 것도 없고 수세식 화장실도 사용할 수 없는 사태가 벌어졌다. 지진의 직접피해를 면했다고 해도 식사와 배설이라는 난제에 직면한 것이다. 먹지 못하고 배설하지 못하면 인간은 쇠약해진다. 인프라가 끊겨 난방이 안 되는 것도 사태를 더욱 악화시켰다. 노약자를 중심으로 사망자들이 늘어갔다.

원래 수도 대책에는 한계가 있었다. 도쿄 도내 23개 구의 단수율은 동쪽으로 갈수록 높다. 수도직하지진 시 단수율이 70%를 넘은 구도 많다. 그렇지만 수도의 방재와 복구는 쉽지 않다. 건물 내 배관은 건물주의 재산이므로 수도사업자는 내진과 배관의 이전에 관여할 수 없기 때문이다.

마침내 도쿄 도는 정부에 도움을 요청했다. 각 구청은 도쿄 도에 물자조달을 요구했으나, 도쿄 도는 이를 감당할 만한 여유가 없었다. 자위대원 11만 명이 수도권에서 동원되었지만, 자위대가 도심에 남겨진 8백만 명의 주민들에게 식료품을 전달한다는 것은 불가능했다. 그래서 도쿄 도는 정부에 지원을 요청한 것이다.

그렇지만 정부도 종래의 방재계획으로는 사태에 대응할 수 없었다. 비상시의 물자를 전국에서 모으는 정부의 광역집하거점은 도쿄 만의 매립지 히가시오기시마(東扇島)에 있었다. 화학공장이 인근에 있어 도쿄 만이 계속 불타는 상황에서는 아무런 의미가 없었다.

총리는 재해대책기본법 제109조에 따라 긴급조치를 선언했다. 이에 따라 생활필수물자의 배급과 물가통제가 결정되었다. 예를 들면, 식품회사는 정부에 상품을 공출해야 한다. 이재민들을 생각하면 민간업자도 반대할 수는 없었다. 그렇지만 그것은 피해를 입은 수도권 이외 지역으로 상품이 나가지 않는다는 것을 의미한다.

이 긴급조치로 물과 식료품이 수도권으로 잘 유입되는 것은 아니다. 심각한 것은 가솔린 같은 석유제품이다. 지바, 도쿄, 가나가와 등 세 곳에서 전국에서 사용하는 석유제품의 24%가 생산되고 있다. 말할 필요도 없이 대부분이 도쿄 만에서 생산된다. 그 24%가 궤멸되었기 때문에 전국에서 가솔린을 모아야 했다. 동일본대진재 때 미야기(宮城) 현에 있는 정유시설이 쓰나미로 파괴되어 도심에서 가솔린 부족현상이 발생했다. 그러나 당시 미야기 현의 정유시설이 전국에서 차지하는 비율은 2%에 지나지 않았다. 겨우 2%였는데도 도심 주유소에 긴 줄이 생겨 주유소 직원들이 손님들에게 얻어맞는 폭행사건도 다발했다. '끈끈한 정'을 말하면서도 물자부족이 인간의 얼굴을 어떻게 바꾸는지를 보여주는 사회적 공포의 한 단면이다.

피해를 입은 수도권으로 물자를 모으면서 일본 전국에서 물자부족 현상이 발생하면 사회는 어떻게 될 것인가. 수도권의 혼란으로 일본의 모든 곳이 개미지옥으로 변해갈 것이다. 피해를 입지 않은 지역 사람들의 생활터전이 모래처럼 무너져 내릴 것이다. 총리에게 남겨진 선택지는 두 가지다. 전 국민에게 희생을 강요하던가, 아니면 수도권의 피해 주민들에게 좀더 참으라고 하는 수밖에 없었다. 그러나 수도를 지키지 못하면 국가가 침몰한다. 수도 기능을 대체할 곳은 어디에도 없다.

이때 가네다는 간신히 피난처에서 아내와 아들을 만났지만 거기서 이상한 광경을 목격했다. 가족을 데리고 식료품이 없는 피난처를 막 나오려고 할 때 자위대 트럭이 도착했다. 자위대가 과자와 빵을 나눠주려는 순간 자치회장이 중지하라면서 다음과 같이 말했다.

"과자와 빵이 사람 수만큼 있지 않다. 모자란다. 나눠주면 불공평하기 때문에 지금 배분하지 말자."

그것을 듣고 있던 주민이 큰 소리를 치며 말했다. "당신 맘대로 결정하지 마. 피난장소의 배분이든 뭐든 도대체 당신이 뭔데 결정하는데. 지금까지 우리들은 그게 불만이었다. 당신이나 나가라."

자치회장은 '고뇌에 찬' 결정이라며 당혹스러워 했다. 이게 계기가 되어 주민들 간의 대립이 표면화했다. 자치회장은 "새로 온 주민들은 하고 싶은 말만 한다"고 어깨를 내려뜨린 채 말했다. 가네다가 보기에 불공평하다고 물자를 나누어줄 수 없다는 발상은 아무래도 일본인들의 나쁜 평등주의로밖에 생각되지 않았다. 가네다는 처에게 "피난장소가 붕괴하기 전에 빨리 오사카로 돌아가자"고 귀엣말을 했다.

하늘을 쳐다보니 검은 연기가 끊이지 않았다. 도쿄 만에서 나는 연기는 주민들 건강에 피해를 줄 수 있다.

주민들의 생사는 구청장 한 사람에게 달려 있었다. 정부는 "경계구역을 빨리 설정해 주민들을 대피시켜주십시오"라고 몇 번이나 구청장에게 요청했다. 물자가 오지 않는 곳에 있기보다는 주민들을 물자가 있는 곳으로 옮기면 적어도 노약자들에게는 도움이 될 것이다. 정부로서도 주민들을 다른 곳으로 대피시키는 것이 지원하기도 쉽다.

이는 구청장으로서는 마지막 선택지였다. 경계구역의 설정은 대피권고와 달리 강제력을 수반한다. 사실상의 피난명령이며, 주민들은 따라야 한다. 행정 책임자로서 절대로 하고 싶지 않은 선택일 것이다. 1923년의 관동대진재 때 지방 출신자들은 도쿄를 떠나라는 권고를 받았고 전차도 무임승차가 가능했다. 피해자들을 지방으로만 송출한 것이 아니라 멀리 남미로 이민 보내는 사업으로 발전하기도 했다. 그 수가 80만 명이나 되었다고 한다. 이런 주민 추방정책을 자치단체 수장이 할 수는 없다. 그러나 사람들의 생명과 건강이 위협받고 있다. 사이타마 현의 한노우(飯能) 시와 치치부(秩父) 시, 이바라기 현의 쓰쿠바 시 등 피난민들을 수용하기로 수락한 지역으로 대피시켜야 하는가? 그렇지만 어떻게 69만 명이란 사람들을 이동시킬 것인가?

게다가 피난을 강제하면 피난생활이 언제까지 계속될 것인지, 언제가 되면 돌아갈 수 있을지 주민들이 물어도 대답할 수 없다. 피난이 길어질 가능성이 있는 한 사업자들이 생업을 보상하라고 요구해올 것은 두말할 필요가 없었다.

생활을 포기하라는 것은 주민들에게 "과거의 인생은 버리고 다시 시작하라"는 말과 같다. 구청장은 방재무선 마이크를 잡고 망설였다. 쉬운 선택이 머릿속에 아른거린다.

주민 여러분들 스스로 결정해주십시오. 대도시에서 재해를 당했을 때 남겨진 길은 혼자 살아남는 서바이벌뿐이다. 구청장은 그렇게 결단한 것이다.

과 제

• 정부의 피해 예측에서 빠져 있던 도쿄 만 봉쇄와 전력공급 중단이라는 시나리오를 진지하게 검토해야 하지 않을까?

• 최악의 시나리오에서 수도 기능을 어디로 어떻게 이전할 것인가를 검토할 필요가 있지 않을까?

• 라이프라인이 끊겨 발생하는 대규모 이재민들의 생활을 어떻게 지원할 것인가? 피해지역으로 지원물품을 보낸다는 발상만이 아니라 피해주민들을 피해지역 밖으로 이동시킨다는 발상의 전환이 필요하지 않을까?

• 도·현과 시·구를 잇는 광역 행정을 어디서, 누가, 어떻게 관리할 것인가?

• 정부의 발표가 오해나 패닉을 불러오지 않게 하려면 어떻게 해야 하는가?

• 평상시부터 강구해야 할 리스크 대책비용 부담을 어떻게 생각해야 하는가?

04

사이버테러

공격목표는 도시 인프라

이스라엘, 북한, 그리고 중국 등 일부 국가는 해커들을 끌어 모아 극비리에 사이버공격부대를 이미 결성했다고 한다. 라이프라인을 담당하는 주요 인프라를 마비시키려는 새로운 전쟁이 시작되고 있다.

총무성이 발표한 심각한 숫자가 있다. 2011년 일본의 방위 분야와 에너지 등 중요한 산업, 입법기관, 행정기관에 대해 정보 탈취를 목적으로 한 '표적형 공격메일'이라고 불리는 사이버공격이 발생했다. 그 이름대로 특정한 기업이나 개인에게 메일을 보내 부정한 프로그램에 감염시켜 정보를 빼내려는 것이다. 미국 회사 시만텍에 따르면, 2011년 1월 전 세계에서 하루 26건의 표적형 공격이 발생했다. 그러던 것이 12월이 되자 하루 평균 154건으로 늘었다.

표적에는 특징이 있다. 일부 중요기업에 대한 공격을 보면, 방위관련 기업을 노린 것은 10% 정도로, 나머지 90% 가까이가 전력 및 원자력 관련 에너지 분야에 집중되었다. 확인된 것은 공격의 진원지가 대부분 중국과 어떻게든 관계가 있다는 점이다.

중국의 '863계획'이 만들어낸 인간들

우선 중국의 '국가 863계획'에 대해 언급해두고 싶다. 863이라는 명칭은 1986년 3월 3일 베테랑 과학자(王大珩, 王淦昌, 楊嘉墀, 陳芳允) 네 명이 중국 공산당 중앙위원회에 건의서를 제출한 것에서 유래한다.

"첨단기술 분야에서 중국이 세계에 뒤처지지 않기 위해서는 중국 내의 하이테크 기술을 발전시켜나갈 필요가 있다"는 그들의 호소를 중시한 것은 덩샤오핑이었다. 덩샤오핑은 "곧바로 결정해야 하며 미뤄서는 안 된다"면서 지시를 내려 계획이 시작되었다.

1986년 11월 18일 국무원은 '고도기술연구발전계획개요'를 승인했다. 863계획은 생물, 우주, 정보, 레이더, 오토메이션, 에너지, 신소재 등 일

96

곱 가지(1996년에 해양기술을 추가)를 중점 분야로 지정했다. 이들 중점 분야에서 세계 최첨단 수준을 목표로 우수한 기술력을 결집해 선진국과의 기술격차를 줄이고 우수한 인재를 양성한다는 것이 목적이었다.

그 뒤 '863계획'에 따라 고도로 발전된 기술과 애국주의 사상에 입각한 교육을 받은 젊은층, 특히 대학생 인터넷 사용자 일부가 '애국적 해커'로 활동을 시작했다. 중국에서 해커는 '헤이커'(黑客)로 불리지만, 애국적 해커는 '홍커'(紅客)로 불린다. 그들이 감행한 대규모 사이버공격으로 널리 알려진 사건이 1999년 5월에 일어났다. 유고슬라비아 분쟁 당시 수도 베오그라드에 있던 중국대사관에서 북대서양조약기구(NATO) 군의 오폭으로 사상자가 발생했다. 그러자 중국 미디어가 강한 논조로 NATO를 비난했다. 중국 대학생들이 격노했다. 그러자 애국적인 해커 '홍커'가 NATO와 미국에 대한 대규모 사이버공격을 시작한 것이다.

2년 뒤인 2001년 4월 1일, 중국 하이난 섬에서 중국 군용기와 미 해군 정찰기가 공중에서 충돌하는 사건이 발생했다. 중국기가 추락하고 파일럿이 행방불명됐다. 또다시 '홍커'가 반응했다. 그들은 일제히 미국에 대한 대규모 사이버공격을 감행했다. 3개월 뒤인 7월 13일, 홍커와의 관련성은 확인되지 않았지만 미국의 마이크로소프트사 제품을 타깃으로 한 '코드 레드'로 불리는 바이러스의 일종인 웜이 나타났다. 7월 19일, 피해는 최고조에 달했으며, 전 세계 네트워크에 트래픽이 급증했다. 어떤 인터넷에도 연결되지 않는 '인터넷이 마비된 날'이었다. 이 웜은 감염된 컴퓨터 시스템 화면에 "Hacked by Chinese!"라는 문자를 남겼다.

이때 홍커의 해킹 기술을 높이 평가한 조직이 있었다. 중국 인민해방군이었다. 군은 그들 가운데 일부를 채용해 활동능력을 강화했는데, 그들은

'정보전 민병'으로 불렸다. 타이탄 레인(Titan Rain)이라고 불린 미 국방부에 대한 공격사건(2003년)을 비롯해 현재까지 중국은 서방국가들에 대한 사이버공격을 감행해왔다.

인민해방군이 참신한 사이버 전술을 추구하게 된 계기는 미국의 이라크·아프가니스탄 전쟁이었다. 두 전쟁에서 중국은 정보화된 미군의 압도적인 전력과 화력을 목격했다. 미군의 장대한 병참선과 지휘명령체계는 네트워크에 크게 의존하고 있었다. 그러나 이것이야말로 미군의 약점이 될 수 있었다. 해방군은 네트워크를 공격할 수 있는 능력을 갖자는 쪽으로 방침을 변경했다.

인민해방군은 작전 초기에 사이버공격을 감행해 상대방을 혼란스럽게 한 뒤 통상무기로 공격을 가한다는 정보 공방전을 상정하고 있었다. 이것은 그들 전략의 핵심목표 가운데 하나인 "정보우세는 항공우세와 해상우세 획득을 위한 조건"이라는 이론과 부합한 것이다. 이러한 사이버전의 기본구상은 '통합네트워크전자전'이라고 불리었으며 작전 초기 전자영역에서의 우세 획득을 노린 것이다. 인간에 비유해 말하자면 사이버전으로 상대방의 뇌수, 눈, 귀, 코를 마비시키겠다는 것이다.

그러나 사이버공격은 방어가 가능하다. 2012년 이스라엘 정부는 1주일 동안 무려 4,400만 건의 사이버공격을 받았다. 팔레스타인 자치구인 가자지역 공습에 반대하는 국제적인 해커 '어나니머스'(Anonymous)가 범행 성명을 발표했다. 이스라엘은 실전과 사이버전 양쪽에서 싸워야 했다. 그렇지만 이스라엘의 슈타이니츠 재무장관은 "피해는 제한적이며 10분 동안 한 개 사이트가 정지되었을 뿐"이라고 말했다(CNN 보도). 일본에도 지점이 있었던 이스라엘 민간회사가 강력한 사이버 방위 시스템을 구축해 놓

왔기 때문이다. 이스라엘의 국방군 8200부대(통신감청, 암호해독, 사이버 공격과 방어가 주 임무)와 관련이 깊은 회사다. 8200부대 출신들이 보안관련 기업을 설립하는 예가 많다.

사이버공격 능력이 높은 나라는 공격과 방어 능력이 일체화되어 있다. 유일한 예외가 북한이다. 북한은 사이버공격 태세를 갖추고 있지만, 반격을 받을 우려는 없다. 사이버공격을 받을 리스크가 있는 네트워크 시스템이 극단적으로 적기 때문이다.

파악하기 어려운 최초 공격

그럼 앞에서 언급한 총무성의 숫자로 돌아가보자. 표적형 공격이 급증하며, 이 중 90%가 에너지 관련산업 대상이라는 것은 무엇을 의미하는가? 좀더 관련이 있는 퍼즐 조각을 모아보자. 역시 최근 사례들이다.

- 표적형 공격메일로 중국은 에너지 관련산업의 내부 정보를 탈취한다. 획득한 방대한 정보를 분석하고 축적해둔다.
- 미・일을 중심으로 산업계에서 개발과 운용 경험이 있는 인재들을 중국으로 모으고 있다.
- 정보전 민병이 갖는 사이버 기술능력을 향상시키고 있다.

특히 주목해야 할 것은 2011년 인민해방군이 관찰하고 분석한 바이러스다. 이 바이러스는 미국과 이스라엘이 공동 개발한 스턱스넷(Stuxnet)이다. 이것은 인터넷과 격리되어 있는 산업용 제어 시스템을 감염시켜 위해

를 가하는 컴퓨터 바이러스로, 이란의 핵시설을 공격했다고 보도된 적이
있다. 미국이 이란을 공격했던 바이러스에 대해 중국이 독자적으로 연구
한 것이다. 거기서부터 그들이 만약 산업용 제어 시스템을 공격하는 새로
운 바이러스 개발에 성공했다면 어떤 일이 벌어질까? 상정 가능한 시뮬레
이션으로 검증해보자.

인민해방군 총참모부 조직도(필자 작성)

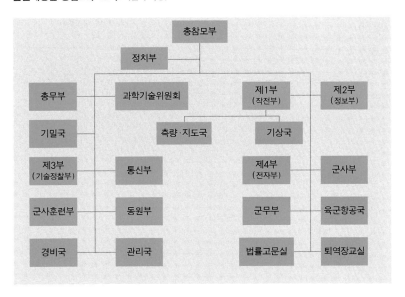

컴퓨터 바이러스(W32/Stuxnet) 감염 확산지도

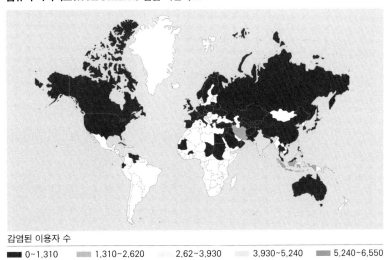

감염된 이용자 수

■ 0~1,310   ▨ 1,310~2,620   ▨ 2,62~3,930   ▨ 3,930~5,240   ■ 5,240~6,550

출처: http://www.securelist.com/en/blog/272/Myrtus_and_Guava_Episode_3

이른 아침 샤워를 하던 85세 노인이 혈압 급상승으로 쓰러져 구급차로 실려 간 것은 2015년 4월 9일의 일이었다.

병원으로 달려와 있던 아들 부부는 의사에게 "어떻게 된 건지 아버지가 아침부터 찬물로 샤워를 한 것 같습니다"라고 설명하면서 "아직 추운 계절인데 왜 찬물로 샤워를 하셨지?" 하며 고개를 갸우뚱했다. 부부가 그 원인을 안 것은 집으로 돌아온 지 두 시간이 지난 뒤였다. TV 뉴스를 켜보니 많은 호텔, 음식점, 공장이 "왜 가스가 켜지지 않느냐?"며 가스회사에 항의했다고 한다. 며느리는 부엌으로 가서 가스레인지를 켜봤지만 분명히 불이 켜지지 않았다. 부부는 "이 마을 전체에 가스가 고장이 나 뜨거운 물이 나오지 않았구나"라고 납득했다.

그렇지만 가스는 고장이 아니었다. 그 지역 도시가스 회사인 'X가스'가 조사해보니 가스 수송 파이프라인 망 몇 군데에 있는 정압기 수치가 이상을 보여 감지시스템이 자동으로 공급을 중지시킨 것이다. 이상한 것은, 수치는 이상했지만 실제 가스의 유량과 압력에는 이상이 없었다는 점이다.

일본의 파이프라인 망은 인터넷 등 정보통신기술을 이용한 '원격감시시스템'에 의해 가동되고 있기 때문에 원격감시시스템의 문제라는 생각이 들었다. X가스는 곧바로 운용보수 계약을 맺은 위탁벤더에 의뢰해 '장애복구' 작업을 시작했다.

위탁벤더에 장애복구를 의뢰했던 것은 전기나 가스 등 일본의 에너지 사업자가 독자적인 제어시스템을 구축해 보수하는 일이 적기 때문이다. 여기에는 높은 수준의 전문성이 필요하기 때문에 회사 내부에서 필요한 인재를 교육할 수 없다. 때문에 위탁벤더가 시스템의 구축과 보수

를 담당하며, 긴급 시에도 벤더에 의존하는 경우가 대부분이다. 100%
벤더에 의존하고 있는 상태이며, 사실 이것이 일본의 약점이다.

"소프트웨어적인 문제라는 생각도 듭니다."

벤더 측은 그렇게 판단했지만 원인은 알 수 없었다. 시스템 소프트웨
어 교체와 구동 시험을 할 필요가 있었기 때문에 완전 복구까지는 꼬박
이틀이 필요했다.

그런데 1개월 뒤인 5월, 같은 지역에서 완전히 똑같은 상황이 발생했
다. 이번에도 위탁벤더가 어디서 장애가 발생했는지 조사해봤지만 역
시 원인을 규명하지 못했다. X가스는 경제산업성의 산업보안감독부에
사고 발생에 대해 보고했다. 전문성이 높은 다른 벤더에 자세한 원인규
명을 의뢰했다.

5월 10일, 산업보안감독부는 원인규명과 재발방지 대책을 X가스에
요청했다. 그러나 새로 의뢰를 받은 벤더도 원인을 규명하지 못했다.
그래서 X가스는 다시 보안관련 전문회사에 원인규명을 의뢰했다.

X가스 담당자는 보안회사에서 온 A씨에게 "작년 우리 회사 정보시스
템이 표적형 공격메일로 큰 피해를 입어 감지 성능이 좋은 안티바이러
스 소프트웨어로 교체하고 직원 교육도 강화했습니다. 그렇게 했는데
도 어째서 정보시스템 컴퓨터가 공격을 받았으며, 원격감시시스템이
오작동 했는지 전혀 알 수가 없습니다"라고 설명했다.

그렇지만 A씨는 바이러스 대책을 세웠다던 컴퓨터에서 고도의 지능
형 멀웨어(malware)의 감염 사실을 발견했다.

"혹시 USB메모리를 사용했습니까?"

A씨가 물었다. 예상대로 원격감시시스템과 정보시스템 컴퓨터 사이

에 USB메모리로 데이터를 주고받았다는 것을 알았다.

"정보시스템 컴퓨터에 USB메모리를 꽂는 순간 안티바이러스 소프트웨어로는 감지 못하는 바이러스가 USB메모리에 복사되었습니다. 이 USB메모리를 원격감시시스템에 꽂았기 때문에 감염이 확대된 것입니다."

A씨는 "초보적인 실패"라고 말하고 싶었지만 꾹 참으면서 "큰일이 벌어질지도 모르겠다"고 경고했다.

"무슨 말이죠?" X가스 담당자가 묻자 A씨는 이렇게 설명했다.

"국가를 뒤흔들 수 있는 사이버공격의 특징이 발견되었습니다. 최근의 사례를 보면, 2010년 이란 핵시설의 제어 시스템을 노린 스턱스넷 (Stuxnet), 2011년 특정 산업용 시스템 제조회사의 내부 정보를 빼내려한 듀큐(Duqu), 2012년 석유 관련 조직의 내부 정보를 노린 플레임 (Flame) 등의 악성 소프트웨어가 발견되었습니다. 모두 내부의 폐쇄시스템(closed system)을 타깃으로 한 아주 지능적인 멀웨어입니다. 더 조사를 해봐야겠습니다."

담당자는 '스턱스넷'과 같은 것이 자기 회사에서 일어났다는 것을 알고 졸도할 뻔했다. 미국과 이스라엘이 개발한 '스턱스넷'이 "이란의 핵개발을 2년 전으로 돌려놨다"는 기사는 어디에선가 읽어 알고 있었다.

스턱스넷의 목적은 이란 핵시설에서 원심분리기능을 파괴하는 것이라고 알려졌다. 원심분리기의 회전속도에 관한 제어시스템에 특정한 지령을 내렸지만 이란의 나탄즈 핵시설의 시스템 관리자에게는 모든 것이 정상적으로 작동하는 것처럼 보이게 함으로써, 몇 년 동안 나탄즈의 일부 시설이 기능하지 못하게 하는 데 성공한 것이다. 기능정지 원인을 규명하지 못한 이란의 나탄즈 핵시설은 약 8,400개의 원심분리기의 가동을 중지시켰다고 한다.

부시 대통령이 허가했다고 알려진 이 일련의 활동은 '올림픽 게임'이라는 코드명으로 불렸다.

원래 스턱스넷은 이란의 나탄즈에 있는 우라늄 농축시설 내에 남겨둘 생각이었다. 이 시설의 네트워크는 외부 네트워크와 격리되어 있어 쉽게 출입할 수 없기 때문이다. 그렇지만 나탄즈 핵시설 내에 있는 독립(*stand-alone*)형 네트워크와 외부 인터넷에 접속하는 네트워크 사이를 컴퓨터나 외부기억장치(USB메모리 등)를 매개로 이동해 외부 인터넷으로 나와 버렸던 것 같았다.

보안전문회사의 A씨는 추가 조사를 통해 X가스가 감염된 시기는 1월이며, 원격제어시스템만이 아니라 같은 네트워크시스템에 접속되어 있던 다른 시스템도 감염되었을 가능성이 있다는 분석결과를 내놨다.

X가스는 이런 내용을 산업보안감독부에 보고했다. 그리고 모든 시스템을 교체하기로 결정했다. 작업 기간 중에는 네트워크에 의존했던 모든 일들을 사람이 직접 하지 않으면 안 되었다. 정압기가 있는 거점에 직원을 보내 가스 수송용 파이프라인의 감독과 제어를 하도록 했으며, 전화로 운용 실태를 감시하기로 했다. 말하자면 인간의 수작업에 의존하는 것이다. 이로 인해 수송량의 변동에 대응하기 위한 의사결정능력이 극단적으로 저하되었으며, 가스 수송능력도 저하되었다. 이 시스템 모두를 교체하는 데에는 몇 개월이나 걸렸다.

산업보안감독부는 이 시스템 장애에 관한 정보를 공개하기로 결정했다. 또한 X가스의 바이러스 감염을 내각관방정보보안센터(이하 NISC) 에도 보고했다. 일거에 보도전쟁이 벌어져 다양한 보도가 시작되었다.

미디어가 다양한 분석을 내놓으면서 해외 주요 국가의 사이버전 전문가들의 활동이 눈에 띄게 활발해졌다. 그들은 자신들의 분석 결과 "중국 인민해방군 소속의 일부 정보전 민병들의 폭주에 의한 것"이라는 견해를 내놓았으며, 이 보고를 계기로 보도는 더욱 가열되었다. 그렇지만 분석에 참여했던 해외 전문가들은 "일본 내에는 이러한 사이버공격의 주체에 관한 대외적인 정보를 적극적으로 수집·분석하는 조직과 부서가 분산되어 있다. 게다가 경제산업성, 내각관방, 경찰청 등 한 에너지 사업자에 대해서 사이버공격을 담당하는 부처가 너무 많고, 어디서 사태의 수습을 담당하는지도 알 수가 없다. 또한 정부기관에 이런 공격에 대해 풍부한 지식과 경험이 있는 책임자가 없기 때문에 정부의 통일적인 인식이나 대응 방향을 제시할 수 없다"는 우려를 제기했다.

일본의 경우 사이버공격에 대한 방어와 관련한 법률은 많지만, 대처의 '필요성'과 '태세'에 대해서만 언급할 뿐이다. 더 큰 문제는 인재다. 미디어는 "사이버 범죄에 대응할 수 있는 인재를 육성해야 한다"고 빈번하게 보도했다.

이런 논조에 해외 전문가들은 고개를 저었다. 예를 들면, 2012년 7월 라스베이거스에서 열린 DEFCON이라는 해커들의 세계대회에 키스 알렉산더 미 육군대장이 나타났다. 그는 늘 입는 군복이 아니라 티셔츠 차림이었다. 국가안전보장국 중앙보안부의 책임자이며 2010년에 창설된 미 사이버사령부의 사령관이기도 한 알렉산더는 "저는 여러분들께 도움을 청하고자 여기에 왔습니다. 사이버스페이스의 안전을 위해 여러분들의 힘을 빌려주십시오"라고 연설했다. 3개월 뒤인 10월, 그는 60명이나 되는 해커들을 고용하는 데 성공했다.

또한 러시아에는 정부가 공인한 해커들이 800명 정도 등록되어 있으며, 한국에서는 국가정보원이 인정한 해커 450명이 활동하고 있다. 전 세계에서 우수한 해커들의 채용과 즉각적인 획득이 이뤄지고 있지만, 일본 미디어들이 말하는 육성이라는 느긋한 발상은 어디서도 찾아볼 수 없다.

에너지 공급 불안정 도미노

일본 미디어가 빈번하게 보도한 "중국 인민해방군 정보전 민병의 폭주에 의한 것"이라는 견해에 중국 정부는 곧바로 반발했다. 대변인은 격렬한 말투로 "2012년에 중국은 해킹을 위법화한 법률을 정비했다"고 반론했다.

물론 인민해방군은 '홍커'를 적극적으로 활용하는 것을 못마땅해 했다. 애국적이기는 하지만 자유를 추구하는 홍커는 규율을 중시하는 조직인 군의 지휘통제 면에서 문제가 있었다. 이것은 해커를 채용한 어떤 나라에서도 공통된 두통거리였다. 또한 해킹을 위법화했기 때문에 정보전을 국책으로 전면에 내세우는 것도 피하게 되었다. 그런 가운데서도 2002년 광저우 군구의 정치지도부는 새로 창설된 정보전 민병부대를 군사작전에 참가시킬 것이라고 발표했다. 나아가 유능한 해커나 해커로 활동했던 이들이 설립한 기술력이 뛰어난 회사를 정보전 민병으로 군에 편입시킨 것이 확인되었다.

　사이버공격에 대해 인민해방군은 "적의 판단을 방해하는 네트워크 공격은 핵무기에 필적하는 전략적 억지력"이라는 명확한 인식을 갖고 있었다. 즉, "분쟁의 확대를 억지하기 위한 제한된 공격으로 가장 먼저 선택할 수 있는 소규모 전투이며, 대규모 전쟁 발발로 이어지지 않을 것이라고 판단되는 범위 내에서 사용할 수 있다"는 것이다.

　한편 일본에서는 우려했던 사태가 도미노처럼 벌어지려 했다. 파이프라인의 수송능력이 저하되고 시스템 교체도 몇 개월이나 걸린다는 발표는 전력회사들에게 커다란 타격을 주었다. 왜냐하면 발전용 LNG(액화천연가스) 수요가 급증했기 때문이다. 동일본대진재 이후 일본 내 원자력발전소는 정지되었으며, 전력회사들은 전력부족 대책으로 발전소 부지 내에 가스터빈·디젤발전설비를 증설했다. 사실상 화석연료에 의존하는 것으로, 2011년도의 LNG 수입량은 전년부터 1,262만 톤이나 증가했다. 나아가 일반 소비자가 가정용 연료전지인 에네팜(ene-farm, energy와 farm의 합성어)을 사용하면서 가스 사용도 늘었다. 가스의 수요가 눈에 띄게 늘어난 것이다.

　미디어가 보도를 시작하고 1주일도 지나지 않은 6월 5일, B전력이라는 에너지 사업자는 가스터빈 발전에 필요한 가스를 도쿄 만의 임해 LNG저장탱크에서 파이프라인으로 조달하지 않고 차량으로 직접 수송하기로 했다. 사이버공격으로 파이프라인의 가스 유량이 저하됨에 따라 취한 긴급조치였다. 그러나 이것으로는 파이프라인에 의한 공급을 따라갈 수가 없었다.

　"발전용량을 줄이는 조치를 취할 수밖에 없다."

B전력 간부회의에서 나온 발언에 아무도 이의를 제기하지 않았다. 그렇지만 불운이 겹쳤다. 이해 여름의 무더위로 가스발전의 출력이 저하된 것이다. 기온 상승으로 가스터빈에 흡입되는 공기의 밀도가 저하된 것이 원인이었다. 투하 연료량도 공기량에 따라 제한되었다.

이어 X가스의 도시부 가스공급시스템은 컴퓨터 바이러스에 감염된 것으로 판명되었다. 모든 시스템을 교체해야 하는 사태가 벌어졌다. 이렇게 X가스 담당지역에서는 연쇄적인 영향으로 장기간의 에너지 부족현상이 발생했다.

산업보안감독부는 전국의 모든 에너지 사업자들에게 컴퓨터 바이러스 감염 여부를 확인하라고 지시했다. 그렇지만 예상했던 대로 에너지 사업자들에게서 "국가는 현장의 시스템이 어떻게 되어 있는지 상황을 이해하지 못하고 있는 것 아니냐"는 불평이 새나왔다.

"원래 에너지 사업자들은 위탁벤더에 확인을 시켜 그 결과 보고에 의존할 뿐이다. 게다가 벤더 측도 제어시스템에 대한 영향 여부는 확인도 할 수 없다."

"산업보안감독부나 관련 업계로부터 명확한 기술적 정보가 전달되지 않기 때문에 기존 시스템에 대한 확인 작업은 거의 눈으로 할 뿐이다. 완전한 확인이라는 건 어렵다."

8월 15일, X가스와 같은 제어시스템을 사용하는 에너지 사업자 네 곳의 원격제어시스템에 에러 표시가 떴다. 회사별로 보안전문회사에 조사를 시켜봤더니 마찬가지로 같은 해 1월부터 2월에 걸쳐 X가스의 경우와 유사한 바이러스에 감염되었다는 것이 확인되었다. 어떤 것도 안티바이러스 소프트웨어로는 검지(檢知) 할 수 없는 바이러스였다.

더욱이 8월 18일부터 20일 사이에 X가스와 같은 제어시스템을 도입한 10개의 에너지 사업자들에게도 똑같은 상황이 발생했다. X가스 담당자는 이전에 보안회사의 전문가 A씨가 했던 말이 생각났다. 그때 A씨는 이렇게 말했다.

"사이버 안전문제를 담당하면서 체득한 경험칙이 있습니다. 그것은 정보통신기술을 많이 사용하면 할수록 사이버공격이 가능한 안전상의 취약성이 증대된다는 것입니다."

일본의 모든 업자들이 에너지를 효율적으로 관리하기 위해 인터넷으로 공급량의 균형을 맞추는 정보통신기술에 의존하고 있다. X가스의 담당자는 '기업의 재정상태가 나쁜 상황에서 효율화는 어쩔 수 없는 면이 있다. 그렇지만 인터넷 의존은 에너지 분야에 국한된 이야기는 아니지 않은가'라는 생각이 들었다.

사이버공격에 대한 일본 정부의 대처

이를 명백한 사이버공격이라고 판단한 산업보안감독부는 NISC에 보고하고 대책을 협의했다. 우선 NISC는 대책 마련에 필요한 정보 입수를 위해 산하의 '정보공유기구'를 이용해 관련 정보의 수집을 강화하기로 했다. 이것은 NISC가 2006년부터 정비해온 '셉터'(CEPTOAR) 라는 것이다. 셉터는 정보시스템의 기능불능으로 장애가 발생하고 이것이 국민생활이나 사회경제활동에 중대한 영향을 미치지 않도록 중요한 인프라 분야마다 설치한 IT 장애대책 향상을 위한 '정보공유·분석기능'을 가리킨다. 이것은 중요한 10개 인프라 분야(정보통신, 금융, 항공, 철도, 전력, 가스, 정부·행정, 의료, 수도, 유통)에 설치되어 있다. NISC는 보안관련 정보를 횡적으로 공유하기 위해 만들어진 임의단체인 '셉터협의회'를 통해 정보수집 활동을 했다.

그러나 선량한 해커들은 NISC의 활동에 우려를 갖게 되었다. 그들은 "NISC, 경제산업성, 경찰청이 각각 독자적으로 정보를 모아도 이 정보를 일원적으로 관리하고 분석·평가하는 기능을 담당하는 정부기관이 존재하지 않는다. 결국 각 부처의 독자적인 판단으로 대책이 마련될 것"이라고 예측했다.

그렇지만 정부는 선량한 해커들의 목소리에 귀를 기울이지 않았다.

X가스의 벤더는 각 부처가 내놓은 대책을 보고 고민에 빠졌다. 벤더는 X가스에게 "어느 부처를 봐도 독자적으로 수집한 정보가 대체로 비슷합니다. 좀 이상하다 싶어 봤더니 결국 X가스가 각 부처에 제공한 정보가 각각의 정보공유기구로 전달되었을 뿐입니다"라고 흘렸다.

더구나 원 정보는 벤더가 X가스에 보고한 정보였다. 놀란 표정을 지으면서 X가스 담당자는 초조해 했다.

초조해 하는 X가스는 거들떠보지도 않고 벤더는 속으로 생각했다.

'X가스같이 대도시에 있는 재무상태가 좋은 회사는 어쨌든 대책을 마련하여 점차 안정적인 공급을 할 수 있을 테니 괜찮다. 문제는 전국에 수백 개 넘게 있는 중소 에너지 사업자다. 그들은 위탁벤더에게 계약범위 내에서밖에 부탁할 수 없다. 공공기관들은 해결 모델을 갖고 있지 않으며, 결국은 누구한테도 도움을 받을 수 없기 때문에 중소기업들이 문제를 해결하는 데에는 훨씬 더 많은 시간이 걸릴 것이다.'

기업의 능력에 따라 에너지 복구시간에 차이가 생겨 지역별 에너지 격차가 발생할 우려가 있던 것이다. 그러나 도미노처럼 계속된 위기의 연쇄는 끝내 예상도 하지 못한 커다란 도미노 패를 쓰러트리려 하고 있었다.

도시 인프라 시스템 기능의 손실과 저하

2015년 9월, 가스와 전기의 안정적인 공급이 저하되면서 국민 전체에 에너지 불안이 초래되었다. 대책의 일환으로 부상한 것이 급속하게 확대되던 '스마트 커뮤니티'라는 정보통신기술을 활용한 절전제품의 생산과 서비스 제공이었다.

후쿠시마 제1원전 사고 이후 제한된 에너지를 효율적으로 제어하는 '스마트 그리드'(전력과 정보를 쌍방향 네트워크로 연결해 리얼 타임으로 에너지의 수급을 조정하는 지능형 전력망)와 관련한 시도와 제품 개발이 활발하게 진행되고 있다. 알기 쉽게 말하면, 가정용 에너지관리 시스템(HEMS)을 사용해 자택의 에어컨이나 조명기구를 원격으로 관리하는 것이다. 스마트 미터로 불리는 통신기능이 내장된 전력 미터로 전력회사와 사용자를 연결시켜 전력 사용량 등의 데이터를 주고받거나 가전제품과 접속해 에너지 사용량을 제어할 수 있다. 이것은 경제산업성이 보조금제도를 도입해 추진한 것이다.

이와 같이 에너지 불안 때문에 스마트 그리드를 활용한 도시의 스마트 커뮤니티화가 추진되었지만, 거기에는 이미 서구에서 지적된 함정이 있다. "스마트 그리드에는 사이버 보안상의 문제가 내재되어 있다"는 것이 그것이다.

2015년 10월, 단계적으로 정비되어온 스마트 커뮤니티를 구성하는 시스템에 경미한 장애가 발생했다. X가스 등 에너지 사업자에 대한 사이버공격이 끝나지 않은 상태에서 설상가상의 상황이 벌어진 것이다.

시간이 경과하면서 곧바로 장애가 해소된 것도 있었지만, 어떤 시스템은 기능정지를 수반한 심각한 장애로 발전했다. 어느 것이나 탑재된 소프트웨어의 취약성을 악용한 것이었다. 공격의 종류나 수가 방대했으며 공격은 동시다발적이었다. 혼자서 원인을 규명하지 못한 시민들은 개별적으로 국민생활센터에서 상담하거나 가전 메이커에 항의전화를 했다.

한편 공공기관은 정보 취합을 서둘렀을 뿐 명확한 대응방침을 내놓지 못했다. 방치할 수 없다는 것은 정부도 잘 알고 있었다. 예전에 뉴질랜드에서 구급차 배차시스템이 해킹으로 인해 10시간이나 멈춘 적이 있다. 이로 인해 긴급 이송이 불가능해져 몇몇 환자가 생명을 잃을 위기에 직면하기도 했다. 또한 2011년에는 네덜란드에서도 스마트 커뮤니티의 취약성이 드러나는 사건이 발생했다. 자동차, 빌딩, 하수도 등 세 가지가 같은 시스템에 묶여 있었는데, 학생이 사이버공격으로 한 시스템을 건드리자 순간적으로 다른 곳으로 파급되어 시스템이 모두 정지된 것이다.

1개월 후 정부는 과감한 결단을 하지 않을 수 없었다. 이미 도시기능이 저하되고 산업활동이 위축되고 있었다. TV를 켜면 매일같이 전력회사에 대한 불만을 토로하는 영세공장 경영자들이 뉴스에 나왔다. 사이버공격에 대한 끝없는 대처가 반복되는 상황에서는 문제해결을 위해 일부 정보통신기술의 사용을 멈추고 기능을 정지시켜야 한다. 어떤 것을 정지시킬 것인지를 선정하는 데 많은 시간이 할애되었으며, 시스템이 완전 복구될 때까지 일부 지역에서는 철도 운행 축소, 공공시설 에스컬레이터와 엘리베이터의 일부 운행 정지, 일부 상업시설 영업 중단 등의 조치가 취해졌다. 인터넷과 컴퓨터로 시스템을 효율화한 결과 아이러니하게도 인간들의 생활이 아날로그화돼 버렸다.

한번 온라인에 의존해 효율화를 이룬 사회가 다시 원래대로 돌아갈 수 있을까. 사원을 줄여 효율화를 추진한 기업은 사람들을 다시 고용하지 않으면 안 된다.

불안한 것은 전기와 가스만이 아니었다.

금융, 교통, 수도 등의 사회인프라도 정보통신기술에 대한 의존도가 높아지고 있다. 이런 분야에 대한 사이버공격 우려가 이미 지적되어왔다. 특히, 직접적으로 인명과 신체에 위험을 줄 수 있는 철도나 항공 등의 교통시스템은 겹겹으로 안전대책이 마련되어 있지만, 편리성과 효율성을 추구하는 과정에서 정보통신기술에 대한 의존도가 높아졌다. 사회 스스로 리스크를 높여버린 것이다.

많은 국민들이 눈앞에 펼쳐진 사회기능을 모두 신용할 수 없게 되었다. 해외에서 보낸 본 적도 없는 바이러스가 금융, 교통, 수도, 아니 사회적 공간 그 자체를 시스템다운 시켜버리고 있지 않은가. 전혀 상상도 하지 못한 세계다. 일본인들은 그런 공포와 함께 살아갈 수밖에 없게 됐다. 에너지가 사이버공격을 받았던 단계에서 정부는 다음 피해를 예측할 수 있지 않았느냐는 의심을 받게 되었다.

정부는 이에 대한 대책을 마련하고자 '조사보고서'를 작성했다.

"최근 사이버공격에 의해 나타난 현상들은 사이버공격의 극히 일부가 노출된 것에 지나지 않는다. 그 밖의 것들은 진정한 목적 달성을 위해 잠재되거나 은폐되어 있을 가능성이 높다는 것을 이번에 알았다. 일부 현상을 보고 사이버공격 메커니즘의 전체를 파악하는 것은 매우 어렵다. 평상시에 적극적이고 계속적인 정보수집, 축적, 평가분석을 해야 하며, 긴급한 상황에는 정부 각 기관이 신속하고 원활하게 정보를 일원적으로 집약할 수 있는 체제를 만드는 것이 급선무라고 판단했다. 공격 메커니즘을 파악하고 이해하려면 고도의 기술과 함께 다양한 분야의 지식과 운용시스템 구조를 이해하는 것이 필요하다. 이러한 인재를 확보해 정부기관에서 일하도록 하는 것이 필요하다."

이런 조사보고서를 읽은 해킹 전문가들은 쓴웃음을 지었다. 인재확보라 해도 일본의 관청은 아침 9시부터 오후 5시까지라는 업무시간을 강요한다. 그렇지만, 해커들이 원하는 것은 돈이 아니라 자유다. 애초부터 정부는 해커라는 이해할 수 없는 사람들을 받아들일 생각이 없을 것이다. 이단아(異端兒)들을 국가의 '자산'으로 만들지 못하는 정부의 태도는 사회의 단면을 보여주는 거울이라고 할 수 있다. 이질적인 것을 배제하고 싶어하는 폐쇄적인 나라의 모습이다.

그래서는 보이지 않는 적에 대항할 수 없다. 이미 인프라 마비 이상의 '다음 공포'가 짙은 안개처럼 사회를 떠돌아다니기 시작했다.

과제

• 우리들의 생활과 직결되어 있는 국가나 기업의 중요 정보가 급증하는 사이버공격에 의해 도난당하고 있다. 일본 내 대응체제의 맹점은 무엇인가?

• 일본에도 세계에 뒤지지 않는 우수한 해커들이 있다. 일본을 방어하기 위해 그들을 등용하는 데 무엇이 장애가 되는가?

• 거국적으로 대항하기 위해서는 정부기관이나 관청이 어떤 점들을 개혁해야 하는가?

• 현대사회는 온라인에 대한 의존도가 높아 이에 따른 리스크도 높아지고 있다. 편리성과 리스크의 균형을 어떻게 분석하면 좋은가?

• 사이버테러 상황에서는 애초부터 적을 특정하기 매우 곤란하다. 정보수집(*intelligence*) 기능을 강화하려면 어떻게 하면 좋은가? 해외 정보기관과의 협력이 필요하지는 않은가?

05

판데믹

의사가 사라진 날

미지의 바이러스가 맹위를 떨치는 가운데 인공호흡기 등의 의료기기와 의사, 의료 스태프의 부족으로 의료현장은 붕괴 위기에 직면한다. 문제해결의 실마리는 '죽는 순서'를 정할 수 있는가 아닌가 하는 것이지만 …

"대단히 죄송하지만, 선생님 자제가 죽어주는 것이 저희들에게는 큰 도움이 됩니다."

병원에서 흰 가운을 입은 진지한 얼굴의 의사로부터 그런 통고를 받는다면 누구나 의사의 정신상태를 의심할 것이다. 그러나 "만약 사회에 '죽는 순서'가 정해져 있다면"이라는 상정은 결코 황당무계한 것이 아니다. 미국 뉴욕 주에서 인공호흡기를 사용하는 우선순위를 시민들에게 제시하고 의견을 물은 적이 있다. 최근 몇 년마다 발생하는 전염병의 집단 발병이나 판데믹(전염병의 세계적인 대유행)이 발생했을 때의 혼란에 대처하기 위해서다.

환자가 폭발적으로 급증하는 판데믹 발생 시 일본의 의료기관들은 제대로 대응할 수 있을까. 행정기관이나 의사들은 판데믹으로 '생존 우선순위'라는 난제에 직면하게 될 것이라는 점을 알고 있다. 일본에서는 터부시되어 법적으로 정비되지 않은 테마다. 그러나 가까운 장래에 치료 우선순위를 정하는 것이 의사의 판단에 맡겨지게 된다면 다음 상황에서 여러분들은 어떻게 할 것인가?

인공호흡기가 부족하다

당신은 지금 대학병원 중환자실 앞에 와 있다. 어제 초등학교 졸업식을 마친 무남독녀가 덤프트럭 뒷바퀴에 깔려 중태다. 옆에 있는 아내는 거의 실신 상태다. 인공호흡기를 찬 딸이 침대 위에 누워 있는 것이 보인다. 혼란스런 당신에게 수술을 마친 의사가 눈을 내리뜨고 설명을 시작한다. 최근 의사들은 환자 가족들의 소송을 피하기 위해 지나칠 정도로 정중하게 설명한다. 그러나 아무리 설명을 한다 해도 딸이 다 죽어가고 있다는 것에는 차이가 없다.

병원 복도에서 기적이 일어나길 하늘에 바라고 있는데, 다른 의사들이 당신 앞에 나타났다. 그들이 제안한 것은 믿기 어려운 일이었다.

"따님의 인공호흡기를 양보해주시지 않겠습니까?"

그들은 머리를 깊숙이 숙이면서 이렇게 설명했다. 전염병이 맹위를 떨치면서 중환자들이 계속해서 병원으로 실려 오고 있다. 여명(餘命)이 얼마 안 되는 분들의 인공호흡기를 떼어내어 살 가망이 높은 전염병 중증환자들에게 옮기고 있다고 한다.

당신은 엉겁결에 흥분한 채 말한다.

"이렇게 어린아이의 목숨을 빼앗는 것보다 오랫동안 자리보전하고 있는 노인들이 있지 않습니까."

그러나 의사들은 이렇게 말한다.

"인공호흡기를 1년 이상 차고 있는 환자 가족들에게는 이미 허락을 받았습니다. 내일 이후 호흡기를 사용하는 수술도 모두 중지합니다. 그러나 그렇게 해도 부족합니다."

인공호흡기는 이제 몇 대 남아 있지 않다고 한다.

"30분 이내에 결정해주시기 바랍니다."

의사는 황급하게 설명을 하고 돌아갔다. 아무것도 생각할 수 없는 당신이 대합실로 가자 눈에 들어온 것은 복도를 가득 메운 전염병 환자들이다. 마스크를 한 많은 얼굴들. 어슴푸레한 형광등 밑에서 많은 눈들이 일제히 이쪽을 쳐다본다. 온몸으로 시선을 느낀 당신은 내내 서 있었다. 많은 의사들이 말없이 당신에게 결단하라고 재촉하는 것처럼 보인다. 마스크 속에서 나는 작은 기침소리들이 마치 "빨리 인공호흡기를 양보해줘"라고 말하는 것처럼 들린다. 말없는 사람들이 기다리는 것은 '살아있는 제물'이 아닌가 하는 생각이 들었다. 그러나 왜 자신의 딸이 희생양이 되지 않으면 안 되는가?

대합실을 나오자 넥타이를 맨 젊은 남성이 두려워하면서 당신에게 다가와 명함을 내민다. "이렇게 힘드실 때 정말로 죄송합니다." 머리를 숙이는 젊은 남자는 TV 방송국 기자라면서 당신이 판단할 때까지의 경위를 밀착취재하고 싶다고 말한다. 병원에 따라서는 의사들이 욕을 먹는 곳도 있다고 한다.

원래라면 중환자, 경환자, 비감염자 등을 응급환자 분류순서에 따라 분류해야 했지만, 환자들이 몰려와 지금은 패닉상태다. 어느 병원이나 섞여 있는 중환자와 경환자를 분류하는 데 시간이 걸린다고 한다. 기자의 말을 듣고 있자 아쿠타가와 류노스케(芥川龍之介)의 《거미줄》(蜘蛛の糸) 같은 그림이 떠올라 숨이 막힐 것 같았다.

기자는 취재 이유를 또 하나 말했다. 인공호흡기를 기다리는 환자 중에는 제약회사의 신약개발연구자가 있다고 한다. 통상 최우선적으로 백신을 접종받는 사람은 의료종사자, 구급대원, 의약품 제조판매업자다. 당신은 눈살을 찌푸리며 "우선순위에 관한 이 가이드라인을 인공호흡기에 적용해도 좋습니까?"라고 말했다.

"게다가 제약회사의 연구자가 만연하는 전염병 백신을 개발하는 인간인지 아닌지도 모르지 않습니까. 가이드라인을 융통성 없이 적용해도 되는 겁니까."

그렇게 말하는 사이에 당신은 점차 감정적이 돼버려 "마치 내 딸이 세상에서 가치가 없는 것처럼 생각하지 않느냐"며 분노했다.

"사회적 입장에서 목숨을 판단해도 좋습니까. 딸도 12년 동안 열심히 살아왔습니다. 의료종사자를 최우선하고 소방대원이나 자위대원, 경찰관 등을 우선한다는 가이드라인을 그대로 받아들이면 딸처럼 목숨이 위태로운 약자들은 버리라는 거 아닙니까."

당신은 조금 전 의사에게 "오랫동안 자리보전하고 있는 노인들이 있다"면서 딸과 노인을 저울에 올려놨던 것을 잊고서 분노하며 떨었다.

손목시계 바늘을 보자 결단할 시간이 다가오고 있었다. 이미 딸의 생사가 자신의 의사와 상관없이 한쪽 방향으로 조금씩 흘러가는 듯한 느낌이 들었다. 당신은 기자에게 물었다.

"당신은 그래도 좋다고 생각합니까?"

기자는 아무 대답도 할 수 없었다. 긴급 시 우선순위를 생각하는 데 사회적 입장은 고려되어야 하는가. 만약 이 아버지 이야기를 보도하면 "공(公) 보다 개인을 우선했다"는 매정한 비판이 그를 향해 쏟아져 인터넷에서는 신상털기가 시작될 것이다. 아무도 이 아버지와 자신의 입장을 바꿔놓고 생각하려 하지 않고 쉽게 비판해버리는 것이 최근의 풍토다. 그렇지만 보도하지 않으면 국민들 사이에서 이 문제에 대한 깊은 논의가 이뤄지지 않는다. 누구도 직시하지 않았던 문제가 지금 눈앞에 있다. 생각도 해보지 않았던 사태를 접한 기자는 그냥 지켜보는 수밖에 없었다.

64만 명이 사망한다는 '정부 시나리오'

의사가 환자를 도울 수 없다. 그런 날이 올 것을 정부는 실제로 우려하고 있다. 2009년 8월 28일 후생노동성이 각 도도부현과 보건소가 설치된 시의 위생담당부서에 문건 하나를 내려보냈다. "신종인플루엔자 환자 수 급증에 따른 의료 제공체제 확보 등에 대하여"라는 이름의 이 문서는 마침 세계적으로 확산 조짐을 보였던 판데믹에 관한 것이었다. 4개월 전인 2009년 4월 멕시코와 미국에서 국지적으로 발생한 돼지인플루엔자는 '판데믹(H1A1) 2009'로 불렸다. 5월, 일본에서도 캐나다에서 귀국한 고등학생들이 감염된 사실이 나리타공항 검역과정에서 확인되었으며, 그 뒤 잘 알려진 것처럼 '신종인플루엔자'가 일본 전역으로 확대되었다. 일본에서만 1,816만 명이 감염되어 약 200명이 사망했다. 미국에서의 사망자는 약 1만 2천 명에 달했으며, 전 세계적으로 28만 명이 사망했다.

그런 가운데 후생노동성이 각지로 보낸 문서에는 한 가지 질문이 포함되어 있었다. 인공호흡기의 보유 대수와 가동상황이다. 이때 후생노동성은 인공호흡기의 부족 사태에 신경을 곤두세우고 있었다.

문서에는 인공호흡기만이 아니라 의료기관별로 비어 있는 병상 수에 관한 조사와 보고, 신종인플루엔자의 '유행 시나리오'가 포함되어 있었다.

'유행 시나리오'는 현 상태 분석에 입각한 예측이 아니라 어디까지나 가정이지만, 이에 따르면 일본 인구의 20%, 즉 약 2,500만 명이 발병할 것으로 예상되었다. 최대 30%, 특히 도시부 등 인구과밀지역은 그 이상의 높은 발병률을 보일 것으로 판단했다.

시나리오에는 입원 비율, 중증 비율 등도 제시되었으며, 소아와 유아가 감염되면 인플루엔자 뇌증이 증가할 가능성이 있다고 지적되었다. 절정 시의 하루 신규환자는 약 76만 명이며, 최악의 경우 64만 명이 사망할 것으로 내다봤다.

상정된 엄청난 숫자보다 먼저 생각해야 할 것은 그때 사람들이 어떻게 움직일 것인가 하는 점이다. 절망에 빠진 사람들, 죽음으로부터 벗어나려는 사람들이 넘쳐날 때 사회는, 경제는, 국가는 과연 제대로 기능할 것인가. 정부가 걱정한 것은 바로 이 점이었다. 미국은 2001년 9·11테러가 일어나기 3개월 전, 천연두에 의한 바이오테러를 상정한 '다크 윈터'라는 훈련을 했다. 테러 발생 시 백신이 제때 생산되지 않아 100만 명이 사망할 것으로 예측되었는데, 이때 죽음을 두려워하는 사람들이 백신 수송차를 습격해 강탈하는 등 사회적인 혼란이 발생할 것을 예상한 훈련이었다.

후생노동성이 문서로 내려 보낸 질문에 각지에서 회답이 왔으며, 이를 본 후생노동성의 신종인플루엔자 대책추진본부는 한숨을 돌렸다. 전국에 있는 인공호흡기 3만 2천 대 가운데 아직 사용하지 않은 것이 1만 6천 대나 있었기 때문이다. 그러나 당연히 이것은 아무런 해결책이 되지 못한다. 사용하지 않는 인공호흡기가 전국에 골고루 분포되어 있는 것도 아니기 때문이다. 인공호흡기는 편재되어 있었으며, 보유 대수가 10대도 되지 않는 병원이 태반이었다. 부족한 곳이 여전히 많았다.

그렇다면 '유행 시나리오'에 입각해 부족한 병상과 호흡기를 크게 늘리면 판데믹에 대처할 수 있는가. 실은 본질적인 문제는 다른 곳에 있었다.

공항이나 항구에서 검역하는 것으로는 침입을 막을 수 없다

의학 기술은 완벽한 것이라고 지나치게 믿고 있는 것은 아닌가.

지금으로부터 40년 이상 전에 미국 공중위생국장은 "전염병 시대는 끝났다"고 선언했다. 항생제 개발로 인류가 미생물에 승리했다고 선언한 것이다. 그렇지만 1980년대 에이즈가 출현하자 노벨상 수상자이자 미국 대통령 과학고문을 역임한 조슈아 레더버그 박사는 이런 의문을 던졌다.

"에이즈는 최후의 풍토병인가, 아니면 커다란 문제의 시작인가?"

현실로 나타난 것은 후자 쪽이었다. 미국에서는 1982년을 경계로 전염병으로 죽는 사람 수가 증가하기 시작했다. 더구나 에이즈 출현 이후 전염병 발병과 판데믹의 수는 점차 늘어나는 경향을 보였다. 고병원성 조류인플루엔자(1997년), 니파 바이러스(Nipah virus) 전염병(1998년), 웨스트나일열(1999년), 탄저균 우편테러(2001년), SARS(2003년), 판데믹·인플루엔자(2009년), 병원성대장균 O104(2011년) 등이 그 예이다. 인간사회는 바이러스에 승리한 게 아니라 우리도 모르는 사이 미생물들에 의해 침식당하고 있었던 것이다.

항생제 남용에 의한 내성균의 출현이나 지구온난화에 의한 미생물 분포변화 등 환경이 바이러스에 우호적인 쪽으로 변하고 있는 것을 그 원인으로 들 수 있다. 글로벌화도 영향을 미쳤을 것이다. 예를 들면, 뉴욕 시 야생동물관리국에 "까마귀가 비슬비슬하는 게 이상하다"는 말이 전해진 건 1999년 한여름이었다. 또한 브롱크스 동물원 주변에서 까마귀들이 마치 춤을 추듯 죽어가는 모습이 여러 차례 목격되었다. FBI는 바이오테러의 가능성을 염두에 두고 수사를 벌었지만 원인은 '웨스트나일열'이었다. 이에 감염되는 사람들도 늘기 시작해 뉴욕 시는 헬기와 트럭을 이용해 모기 구제약을 살포하기 시작했다.

우간다의 웨스트나일 지방에서 기원한 바이러스가 어떻게 뉴욕에서 발견된 것인가? 대도시 뉴욕 시민들이 긴장하기 시작했다. 당시 웨스트나일열에 62명이 감염되었으며, 7명이 사망하였다. 3년 후인 2002년, 웨스트나일열이 미국 내 여러 주에서 확대되어 284명이 사망했다. 이듬해에는 더욱 상황이 나빠져 1만 명 가까운 사람들이 감염되어 264명이 사망했다. 야외 콘서트가 중지되고 살충제가 대량으로 살포되었지만, 2012년에도 243명(12월 11일 현재)의 사망자가 나왔다. 아프리카의 풍토병(에피데믹)이 미국의 전염병으로 정착했다고 말할 수 있을 것이다.

사람과 물자의 이동에 따라 바이러스가 적도를 넘어 대륙에서 대륙으로 간단히 이동한다. 바이러스에게 지구는 점점 좁아지는 것이다.

전염병의 유행이 빈발해지는 가운데 일본 정부가 취한 대책은 공항과 항구에서 검역을 통해 전염병의 침입을 막겠다는 것이었다.

2009년 신종인플루엔자의 판데믹이 발생했을 때 나리타공항을 비롯한 주요 공항에서는 후생노동성에 의한 대규모 검역이 실시되었다. 하얀 방역복을 입은 검역관이 적외선 서모그래피로 체온을 측정하였으며, 52일 동안 346만 명을 검역, 10명의 환자를 발견했다. 이는 '검역작전'이라고 불렸다.

일본은 선진국 가운데 사망자 수가 가장 적어 검역작전이 성공한 것처럼 인식되었지만, 많은 전문가들은 이에 의문을 제기했다. 이런 대규모 검역으로 "국가가 성의를 다해 대응하고 있다"는 것을 보여줄 수는 있지만, 세계보건기구(WHO)는 이런 '봉쇄작전'은 효과가 없다고 지적한다.

사망자 수를 200명 정도에서 막을 수 있었던 것은 일본이 세계에서 항(抗)인플루엔자 약제를 가장 많이 투여했기 때문일 것이다. 발병하고 48시간 이내에 이 약을 복용하면 증상이 악화될 확률이나 치사율은 분명히 낮아진다. 또한 백신 접종과 손 씻기, 철저한 가글이 효과를 냈다고 봐야 할 것이다.

공항에서의 검역작전이 안고 있는 가장 큰 함정은 '불현성감염'(不顯性感染)을 찾아낼 수 없다는 것이다. 나아가 바이러스가 체내에 잠복해 증상이 나타나기 전 단계(잠복기간)라면 아무 이상 없이 검역을 통과할 수 있다. 검역작전은 바이러스의 침입을 늦출 수는 있지만, 퇴치는 어렵다. 그렇다면 미국의 웨스트나일열처럼 알려지지 않은 바이러스가 일본에 상륙하면 어떤 문제가 발생하는가?

다음은 1998년 말레이시아에서 발병한 '니파 뇌염' 바이러스가 나리타공항에 침입했다고 가정한 시뮬레이션 시나리오다.

최초 감염자에 대한 오진

어머니와 함께 한 대학생이 도쿄 도내에 있는 대학병원을 찾은 것은 진료가 시작되는 아침이었다. 러시아워의 전철과 지하철을 갈아타고 택시로 병원에 도착했을 때 대합실은 벌써 진찰을 기다리는 사람들로 넘쳐났다. 초진이며 진료의뢰서가 없었던 모자는 두 시간 이상을 기다려야 했는데, '세 시간 기다려 3분 진찰'하는 게 이 대학병원에서는 아주 당연했다. 청년은 계속 기침을 했으며, 몇 번이나 코를 풀었다. 이 고통의 원인이 뭔지 필사적으로 찾으려고 애를 썼다.

청년이 방글라데시를 여행하고 돌아온 것은 6개월 이상 전이었다. 귀국하고 2주 뒤에 39도의 고열이 났다. 방글라데시의 수도 다카에서 뭔가 나쁜 것을 먹었는지 생각해봤지만, 너무 시간이 많이 지났다. 게다가 고열과 두통, 토기는 있었지만, 설사는 하지 않았다. 동네 병원에서는 "피곤해서 감기가 악화된 것 같습니다"라고 진단했다.

대학병원 대합실에 있는 사이 그는 몽롱해지기 시작했으며, 땀을 닦으면서 화장실에 가 토하기를 반복했다. 간신히 진찰시간이 되었는데, 의사는 곧바로 입원시켰다. 그러나 다음날 아침 의식을 잃었다. 8인실에서 1인실로 옮겨 수액(髓液) 검사, 뇌 MRI 검사를 했는데, 원인 불명의 뇌염이라는 진단을 받았다. 인공호흡이 시작되었다. 입원 10일 후 그는 사망했다.

이와 때를 같이해 일본에서 멀리 떨어진 방글라데시의 수도 다카에서는 WHO와 CDC(미국 질병통제예방센터)의 전염병 전문가 팀이 역학조사를 시작하고 있었다.

그들은 "다카의 슬럼가가 유령도시가 되고 있다"는 정보를 갖고 있었다. 전염병이 유행해 고열로 인한 환각증상이 나타나는 사람들의 입술과 손끝이 보라색으로 변하면서 죽어가고 있다는 것이다. 같은 방에 있는 것만으로 감염되었다는 보고도 있었다. 접촉에 의한 감염이 아니라 인플루엔자 같은 비말감염(飛沫感染)일 것이다. 홍콩에서 SARS가 발생했을 때 홍콩 정부는 집단 감염된 고층주택 '아모이 가든'의 주민들을 격리시키기로 결정했다. 그렇지만 경찰기동대가 오기 전에 주민들이 야반도주하듯 단지에서 모습을 감췄다. 그들이 감염되어 있었다면 이동과 동시에 바이러스가 확산되었을 것이다. 마찬가지로 다카의 슬럼가가 유령도시가 되었다는 것은 바이러스가 마을 밖으로 확산되었다는 것을 의미했다.

강화된 감시의 맹점

일본 청년이 조용히 목숨을 잃은 뒤 WHO는 글로벌 경보를 발령했다.

"방글라데시의 수도 다카를 중심으로 니파 뇌염이 집단 발병해 감염이 확산되고 있다. 정확한 환자 수와 치사율은 아직 알 수 없지만, 판데믹으로 발전할 가능성이 높다."

니파 뇌염은 말레이시아에서 1998년 9월부터 1999년 5월까지 박쥐에서 돼지로, 그리고 돼지에서 사람으로 감염되는 형태로 집단 발병했었다. 고열과 의식장애를 동반한 뇌염으로 9개월간 150명이 사망했다. 치사율은 40%였으며 후유증을 남기는 사례도 많다.

2000년대에 들어와 니파 뇌염은 방글라데시로 집단발병 장소를 옮겼다. 회교도가 많아 양돈업자가 거의 없는 방글라데시에서 니파 바이러스가 발견된 것은 바이러스의 유전자 변이에 의한 것이다. 돼지에서 사람으로만이 아니라 박쥐에서 사람으로, 사람에서 사람으로 감염될 수 있게 진화한 것이다.

WHO의 글로벌 경보 발령과 동시에 일본 후생노동성은 국민들에게 호소했다.

　"38도 이상의 열이 나는 분 가운데 최근 3주 이내에 방글라데시를 방문했던 분들은 곧바로 콜센터로 연락해주시기 바랍니다."

　공항에서도 검역작전을 시작했다. 나아가 전염병 감시도 강화되었다. 일본에서는 사카이(堺) 시에서 발생한 대장균 O157의 집단감염을 계기로 전염병 감시가 강화되어 있었다. 전국에 있는 의료기관의 협력을 얻어 인플루엔자에 특화된 의료기관 4,700군데를 지정했다. 지정된 의료기관은 1주일 동안 진찰한 인플루엔자 환자 수를 보건소에 보고하고, 이 정보는 현 단위, 나아가 국립전염병연구소의 전염병정보센터로 모였다.

　이밖에도 3천 곳에 달하는 소아과에서도 집중적인 관찰을 통해 월 단위로 약제내성균 감염이 보고되었다. 또한 전염병법에 따라 위험성이 높은 순으로 1류(類)부터 5류까지 분류되어 있어 급성뇌염(5류)과 니파 바이러스 감염(4류)은 보건소 보고를 의무화했다. 이를 통해 도도부현 단위의 주간 보고 수와 누적 환자 수를 알 수 있었다.

　일본의 감시기능이 잘 작동했던 배경에는 국민개보험이 있다. 누구

나가 싼 가격으로 의료기관을 쉽게 이용할 수 있기 때문에 감시하기 쉬
웠던 것이다. 그렇지만 최초 청년이 니파 뇌염으로 사망한 뒤에도 감시
를 통해서는 판데믹의 전조를 전혀 파악할 수 없었다. 뇌염 보고건수가
하나 늘어났다고 해도 아무도 이상하다고는 생각하지 않을 것이다. 또
한 첫 사례를 담당했던 의사가 뇌염의 원인으로 니파 바이러스 감염을
강하게 의심해 특수검사를 하지 않았다면 정확한 진단은 이루어지지 않
는다. 그러나 일본 내에서 발생사례가 없는 니파 뇌염을 누가 의심이나
할 것인가.

청년이 처음 진찰을 받았던 동네 병원과 같이 전염병을 '피로에 의한
감기'로 오진한 사례는 이외에도 적지 않았다. 예를 들면 2009년 이전
하절기 인플루엔자 보고사례 수는 매우 적었다. 이것은 여름에 환자가
발열한다고 해도 인플루엔자를 의심해 검사하는 의사가 거의 없기 때문
이다. 따라서 처음 진찰하는 의사의 직감과 능력에 좌우되기 쉬우며,
그 뒤 상황은 크게 달라져버린다.

초기의 늑장 대응이 대책 없이 니파 바이러스를 확산시켜버렸다.

의사가 진찰을 하지 않게 된 이유

후생노동성이 호소문을 발표한 다음날 아들과 대학병원에 함께 왔던 청
년의 어머니는 "니파 뇌염이었을지도 모르겠다"고 당국에 신고했다.

후생노동성의 연락을 받고 청년을 진찰했던 대학병원은 기자회견을
열었다. 청년이 러시아워의 지하철을 타고 병원에 왔다는 것도 알았으

며, 원장은 다음과 같이 말했다.

"사망한 환자는 외래대합실에서 9시부터 11시까지 앉아 있었습니다. 10시 반경에 구토했으며, 구토물은 곧바로 처리되었지만 처리를 담당한 간호사를 포함해 어머니와 지하철에 있던 최소 5명, 외래대합실에 있던 9명, 같은 병실에 있던 3명, 의료진 7명 등 모두 24명이 감염되었을 가능성이 있습니다. 지하철 안에 있던 5명은 저희 병원에 입원한 환자로부터 통근 경로, 탔던 시간대와 차량번호 등을 알아내 환자와의 첫 번째 접점을 파악할 수 있었습니다."

그리고 사망한 청년이 지하철에 타고 있던 시간과 노선을 공표하여 다른 감염자가 없는지, 의심스런 사람은 진찰을 받으라고 호소했다.

많은 기자들이 한꺼번에 손을 들었는데, 한 기자가 물었다.

"그 말씀은 최초 환자가 적어도 24명에게 전염시켰을 가능성이 있다는 말입니까? 선생님은 24명이라는 숫자를 어떻게 생각하십니까?"

"통상적으로 환자 한 사람당 평균 2명을 감염시키는 일반 인플루엔자와 비교할 때, 니파 바이러스는 전염력이 아주 높다고 봐야 할 것입니다. 홍역과 천연두가 그 정도의 전염력이었다고 기억하고 있습니다. 40명 정도를 감염시켰던 SARS의 초전파자(super-spreader)를 연상시킵니다."

24명이 각각 24명에게 전파시켰다고 하면 1개월에 몇 명인가. 기자들은 기하급수로 늘어나는 환자 수를 계산했다. 처음부터 위험도가 높거나 새로운 전염병 환자를 입원시킨 특정 전염병 및 제1종 전염병 지정 의료기관은 전국에 87병상밖에 없다. 더구나 전국에 분산된 이곳으로 누가 환자들을 이동시킬 것인가. 니파 뇌염을 SARS나 디프테리아와 같이 위험도가 높은 '2류'로 지정하면 수용병상은 1만 개 가까이 된다. 그래도 부족하다. 전염병은 초기에는 천천히 확산되지만 어느 단계가 되면 위기에 빠진다. 초기 대응이 중요하지만, 이에 실패한 것은 분명했다.

회견장에서 원장은 다음과 같이 덧붙였다.

"문제는 '보균자'입니다. 바이러스에 감염돼도 증상이 나타나지 않는 사람도 있습니다. 또한 발병 전부터 주위 사람들을 감염시킬 능력을 갖게 됩니다. 이런 분들은 감염되었다는 자각이 없기 때문에 건강하게 거리를 활보하며 여기저기에 바이러스를 확산시킬 위험성이 있습니다."

인플루엔자 등의 전염병과 같다고 말하자 기자가 말을 막고 "그런 사람들은 격리할 수 없습니까?"라고 물었다. 원장은 인권에 민감한 매스미디어 종사자인데 그것도 모르냐고 생각하며 말했다.

"증상이 나타나지 않은 사람들의 행동을 제한할 수는 없습니다. 일본의 법률에는 그런 권한이 없습니다."

"보균자가 아무런 제한 없이 다닌다고요?"

"그럴 가능성을 부정할 수 없습니다."

회견장은 숨을 죽이듯 조용해졌다. 패닉이 일본 전역으로 확산되는 순간이었다.

한편 정부가 내놓은 조처를 보면, 우선 총리는 2012년에 제정한 '신종인플루엔자 등 대책특별조치법'에 따라 대책본부를 즉시 설치했다. 이 법률을 제정한 목적은 감염이 절정에 달하는 시기를 늦추고, 그 사이에 의료체제를 강화해 절정 시 환자 수를 최소한도로 억제하는 것이다. 전염병에 대한 정부의 강력한 태도를 알 수 있는 법률이지만 오산이 있었다. 커다란 맹점이 있던 것이다. 그것은 생각하지 못해 빠뜨린 게 아니라, 구태여 말하자면 현실에 눈을 감아 생긴 맹점이라고 할 수 있다. 의료기관에서 의사가 갑자기 모습을 감추기 시작한 것이다.

감염이 절정에 달할 때까지 의료체제를 강화하려 했지만, 어떤 이유에서 의사가 사라지는 사태가 일어나버린 것인가.

정부가 '신종인플루엔자 등 대책특별조치법'을 제정하고 이에 따라 도도부현과 시군구가 행동계획과 업무계획을 작성했을 때부터 이미 다음과 같은 일들이 벌어졌다. 도쿄 도내의 보건소가 지역 내 의료기관을 모아놓고 판데믹 대책에 관해 협의했을 때의 일이다.

"이 상정에 따르면 의사도 인공호흡기도 모두 모자라지 않습니까?"

예를 들면 미나토(港) 구의 경우 주간 인구는 야간 인구의 4.9배, 도내에서 가장 많은 92만 명이나 된다. 오사카 시에서는 주오(中央) 구의 주간 인구가 주민의 7.6배인 51만 명이다. 이들이 주간에 병원으로 달려올 경우 어떻게 될 것인가. 가까운 다른 구의 병원에서 호흡기 전문의를 지원받는 협정을 맺었다. 그러나 지원하기로 한 병원으로부터 "우리 병원도 호흡기질환 전문의가 두 명밖에 없어요. 우리 지역 환자가 우선이기 때문에"라는 말만 돌아왔다.

절대적으로 의사가 부족하기 때문에, 다른 구에서 전염병이 발생하지 않을 것이라는 공론(空論)을 전제로 '의사를 빌려온다'는 행동계획을 만들 수밖에 없었던 것이다.

애초부터 일본에서는 의사 수가 필요에 비해 14만 명이나 부족하다는 보고도 있다. 일본의 인구 천 명당 의사 수는 OECD 30개 회원국 가운데 27위(2004년)다. '3시간 기다려 3분 진료'받는 대형병원의 현실은 결코 의사들의 태만에 의한 것이 아니라 환자 수가 이미 능력을 넘어섰기 때문이다. '절정 시까지 의료체제를 강화한다'는 국가의 방침 자체가 환상이었다.

후생노동성은 의학부 정원을 확대해 의사 수를 늘리려 하고 있지만, 면허를 취득한 의사가 '긴급환자나 중증환자의 진찰'을 꺼리는 경향이 있다. 그런 환자를 보는 것보다는 기업촉탁의 혹은 비교적 가벼운 환자들을 진료하고 중증 질환자를 대형병원에 소개하는 개업의를 선택하는 의사들이 늘어나고 있다. 소아과 의사들이 늘었다고는 하지만, 병원에서 자면서 중증 어린이 환자들의 목숨을 구하려는 의사 수는 줄고 있다.

그런 한편, 병원의 도산과 폐원이 늘고 있다. 병상 가동률은 높지만 인건비와 설비비용 때문에 환자 한 사람을 진찰할 때마다 적자다. 어느 병원이나 생존을 걸고 병상 이용률을 90% 이상으로 끌어올려 오전에 퇴원하면 오후에 입원시키고 있음에도 불구하고 말이다. 이렇게 병상 이용률이 높은 상황에서 갑자기 늘어나는 전염병 환자를 입원시킨다는 것은 불가능하다.

또한 입원 치료가 가능한 '2차 구급 의료기관'이라 불리는 중급 규모 병원은 1997년 도내에 429개소였으나, 10년 뒤에는 266개소로까지 줄었다. 도시마(豊島) 구의 경우에는 23개소에서 10개소로 반 이상 줄었다. 구급차가 갈 곳이 없다는 말이 나올 정도다. 일본에서 가장 의료시설이 적은 사이타마 현에서는 구급대원이 응급환자를 데리고 동쪽 끝에서 서쪽 끝까지 1시간 이상 병원을 찾아다니는 사태까지 벌어졌다.

치료가 어려운 환자가 대형병원에 집중되어, 일하는 의사들의 노동조건이 열악해지고 있을 뿐이다. 또한 1995년부터 10년간 의료소송은

두 배로 늘었다. 하루 세 건의 소송이 발생하고 있다는 계산이다. 리스크가 큰 일은 하지 않으려는 의사가 늘어나는 것과 비례해 약국에 가면 될 일로 구급차를 부르는 이기적인 환자들이 늘어나고 있다. 국민개보험으로 누구나 간단히 병원에 갈 수 있게 되었지만, 반대로 정말로 치료가 필요한 사람들에 대한 치료는 더욱 어려워졌다. 이것이 몇 년 전부터 문제가 되어온 '의료붕괴'의 현실이다.

만성적으로 자본이 부족해 남의 자본을 빌려 가까스로 운영을 계속하는 병원들에 판데믹이라는 높은 파도가 밀어닥치면 어떻게 될까? 의료붕괴를 방치해온 행정, 국민, 그리고 의료계는 판데믹에 의해 커다란 대가를 치를 확률이 높다.

정부 대책본부가 일본 내 제약회사에 니파 뇌염 백신의 개발을 지시하고 얼마 지나지 않아 의사와 간호사들이 환자로부터 감염되는 사례가 다발했다. 백신이나 특효약이 없는 새로운 전염병이라 환자와 접촉하는 의사를 비롯한 의료 관계자들은 당연히 전염병의 후유증이나 죽음의 위험에 노출되어 있다고 할 수 있다. 의료 네트워크의 강화체제가 뿌리째 붕괴하기 시작했다.

더구나 이빨 빠진 것처럼 퐁당퐁당 휴업하는 개업의와 장기휴가를 내는 봉직의가 생겨났다. 만약 니파 뇌염으로 사망하거나 후유증이 생길 경우 의사는 자치단체로부터 금전적 보상을 받는다. 그렇지만 가족에게 남편(아내)이나 부모가 사망하거나 후유증이 생겼다는 것은 아무리 보상을 받아도 돈으로 해결할 수 있는 문제가 아니다. 또한 의사가 자신의 가족들을 감염시킬 경우 가족은 보상 대상에서도 제외된다. 작은 아이들이 있는 간호사나 여의사, 의료사무 종사자들이 나오지 않기 시작한 것이다.

진찰받을 수 있는 병원이 줄어들고 수가 적은 대형병원에 환자들이 모여들었다. '환자를 수용할 수 있는 병원'이 피폐해져 폐원하는 곳도 생겨났다. 악순환에 빠진 것이다.

모럴도 인정도 통하지 않는 시장

전염병이 절정에 달하기도 전부터 의사들의 이탈이 눈에 띄었으며, 환자들이 넘쳐나자 당연히 미디어들은 "2009년 신종인플루엔자가 유행했을 때에는 자치단체나 일본의사협회가 정부의 요청을 수용하여 협력을 아끼지 않았는데, 이번처럼 치사율이 높은 병이 발생했는데도 협력하지 않는 것은 의사로서 자격이 없는 거 아니냐"는 비판을 쏟아냈다.

자위대가 고글과 마스크를 착용하고 중증환자들을 수송하는데, 자신들만 도망가는 것은 의사로서 프로의식이 낮다는 것이다. 여기에는 여론들도 많이 동조해 쉬는 의사들을 '모럴 없는 의사들'이라고 모독했다.

그러나 이런 비판을 정면으로 반박하는 의사도 나타났다. 의사는 이렇게 반론한다.

"니파 뇌염의 특효약이나 백신이 없는 이상 의사들이 할 수 있는 건 수액을 놓거나 2차 감염을 예방하는 항생제를 처방하는 정도에 그친다. SARS가 유행했을 때 도시에 따라 다르기는 하지만 의료 종사자가 환자들의 30%를 차지했지만, 이번 전염병은 그보다도 치사율이 네 배나 높다. 더구나 SARS보다 10배나 전염력이 강하다. N95 마스크를 착용했다고 해서 감염되지 않는다는 보장이 없다. 판데믹은 장기전이기 때문에 보이지 않는 바이러스를 상대로 의사가 감염되어 일할 수 없게 되면 앞으로 누가 진료할 것인가. 의사들만이 아니라 우리 병원의 간호사나 사무원들도 리스크를 회피할 권리가 있는 것이다."

다른 의사는 '처음부터 잘못되었다는 논리'를 말하기 시작했다.

"애초부터 이 특별조치법은 잘못되었다. 특별조치법은 의료 관계자에게 의료를 하도록 요청하면 그들은 이에 응한다는 것을 전제로 만들어졌다. 평소부터 의료계를 피폐시켜 아무런 조치도 취하지 않으면서 긴급한 상황이 벌어질 때 잘 부탁한다는 것은 행정의 책임회피다."

의사들 가운데 "모럴이 헤이해진 것은 의사만이 아니다. 병원을 무슨 편의점 취급해온 국민들에게 피해가 돌아온 거다"라고 말하는 이들마저 생겨나 대대적인 의사 때리기가 시작됐다. 그런 가운데서도 그 의사는 "의사가 진찰해주면 어떻게든 될 거라는 잘못된 생각을 버려라"라고 말한다.

"의사와 교사들에게만 모럴을 강요하는 것은 이제 그만하라"는 강한 논조도 등장했다. 직업윤리가 있느냐 없느냐 하는 것은 의사들 세계에 국한된 것이 아니라 일본 사회에 공통된 문제라는 것이다. 어떤 분야에서든 일하던 대로 일하고 그것이 사회에 기여하며 그 대가로 급여를 받는 직업구조 자체가 붕괴되고 있다. 조금씩 진보하고 안정된 사회와 달리 원가 삭감이나 질 저하로 이윤을 추구하려는 발상이 당연한 것처럼 생각되어 높은 프로의식을 기대할 수 없는 사회가 된 것이다. 시장원리주의가 만연한 가운데 누구나 자신의 이해득실을 기준으로 행동한다. 모럴의 붕괴가 일어날 만해서 일어났다고 말할 수 있었다.

모럴이 통하지 않는 또 하나의 문제가 부상했다.

어째서 '빅 파머'라 불리는 유럽의 거대 제약회사에 백신 개발을 의뢰하고 구입하지 않느냐는 비판이 일어났다. 2010년에 법이 개정되어, 긴급 시 해외에서 승인된 약제를 일본 내에서도 임상실험을 거치지 않고도 사용할 수 있게 되었다. 그러나 빅 파머는 일본 정부의 구입 의뢰에 대해 백신 가격을 높여 부를 가능성이 있었다. 알기 쉽게 말해 어려움에 처한 상대의 약점을 노리는 것이다.

개발도상국에게는 1회분 백신 가격을 수백 엔에 제공하면서도 일본에게는 그 백 배 이상의 가격을 제시할 것이다. 그것도 수입할 수 있는 양에 한계가 있다. 개발도상국이 싼 가격으로 백신을 구입할 수 있는 것은 'GAVI 얼라이언스'라는 민관공동사업체가 자금을 조달하기 때문이다. 일본 정부는 GAVI에 직접 자금을 거출했으며, 일본 시장에서는 많은 투자가들이 '백신 채권'을 구입하고 있다. 빅 파머는 일본이 크게 기여하는 비용으로 백신의 이익을 얻으면서도 정작 일본 정부가 직접 백신을 사려 하면 약점을 잡는다. 모럴에 반한다고 비판한다고 해서 가격이 떨어지는 것은 아니다.

일본 정부는 일본 내 제약회사에 의한 독자적인 개발에 집착했다. 유럽에서 약을 구입한다고 해도 일본 내에서 사용한 실적이 없기 때문에 부작용이 일어날까 우려해서다. 일본 내 제약회사는 과거에 백신 부작용으로 집단소송을 당하거나, 알레르기 문제가 부상해서 백신 제조로부터 일시적으로 철수한 경험이 있다. 이들이 정부의 지원으로 본격적으로 다시 백신을 제조하기 시작한 것은 2009년 신종인플루엔자가 유행한 뒤다. 제조를 한다고는 해도 일본의 제약회사는 백신이나 신약 개발기술 면에서 빅 파머의 발끝에도 미치지 못한다.

개발에 성공할지도 모르는 일본산을 기다릴 것인가, 아니면 비싼 가격과 부작용 리스크가 있는 유럽산을 살 것인가. 정부는 선택을 해야 했다.

위기란 결단이다

완벽해야 할 정부의 행동계획은 의사의 이탈과 백신 개발의 지체로 악순환에 빠졌다.

각지의 병원에서 혼란이 일어나자 정부는 행동계획에서 정한 '이동의 제한'에 착수해야 할지를 고민했다. 특별조치법에는 이러한 이동의 제한을 "국민의 자유와 권리에 제한이 가해질 때에도 필요최소한으로" 한다고 기본적 인권의 존중이 명기되어 있다. 그렇기 때문에 '필요최소한'이라는 부분의 선 긋기를 둘러싸고 혼란이 일어나지 않을까 하는 것이 정부의 두통거리였다.

행동계획에서 정한 '외출자숙 요청'이나 '유흥장, 행사 등의 제한 요청'이라면 국민들은 납득할 것이다. 그러나 "편의점이나 슈퍼 등 행정적으로 허용된 업자들이 영업을 할 수 있는데 어째서 우리들은 영업을 자숙해야 하는가?"라고 항의하는 사람들이 나타나면 어떻게 대응할 것인가? 재해와 달리 위험이 눈에 보이지 않는 만큼 사람들은 자유로운 행동을 제한받는 것에 의문을 느낄 것이다. 영업을 자숙한 민간기업은 정부의 보조금을 기대할 것이다.

백신이나 인공호흡기 부족은 많든 적든 어느 나라나 안고 있는 문제다. 비축을 늘리면 된다는 명백한 답이 나온다.

위기에 처해 비로소 정말로 부족하다는 것을 느끼는 것은 모든 국민이 마찬가지였다.

사람을 구하는 우선순위, 의료기관이나 의사와의 연계, 백신이나 약의 신규개발 능력, 사회기능의 유지 등의 문제에 있어 어디서 선을 그어야 하는지를 논의하기에는 이미 너무 늦었다.

"영어의 '크라이시스'(crisis)의 어원이 뭔지 아십니까?"

모럴이 해이해진 것은 의사만이 아니라고 말해 두들겨 맞은 의사가 기자들에게 물었다. 아무도 대답하지 못하자 그는 말을 계속했다.

"크라이시스의 어원은 그리스어로 결단을 의미하는 말입니다. 위기는 순간적으로 결단할 수 있는가 하는 것입니다."

의사가 부족한데도 예측하지 못한 사망의 증가를 의미하는 초과사망률(excess mortality)이 낮은 현이 있었다. 가장 높은 현의 10분의 1 이하였다. 그 현에서는 유행 초기단계에서 지사가 신속하게 결단을 했다. 학교나 집회를 폐쇄했을 뿐만 아니라 환자를 조기에 격리시키고 환자와 접촉한 사람들의 자택을 검역했다. 스페인 감기 때부터 전염병 치사율은 국가나 지역에 따라 크게 달랐다. 이 차이는 판데믹 전의 영유아 사망률과 비례한다. 이것은 평상시 살릴 수 있는 목숨을 확실하게 살리는 지역에서는 가령 새로운 전염병이 발생해도 희생자 수가 적다는 것을 시사한다. 지사의 신속한 결정력, 리더십, 평상시 지역의료의 질, 공중위생에의 대처, 미디어와의 협력을 통한 홍보 … . 백신이나 의사가 부족해도 이것만으로도 충분히 운명을 갈라놓은 것이다.

국가가 올바른 정책을 수행한다면 망하는 일은 없는가?

국제사회의 규범이 될 만한 품격을 보여주면 국민을 위기에 빠뜨리는 것을 막을 수 있는가?

세계에는 세련되지 못한 강자들이 준동하고 있다. 위기관리를 위해서는 겉치레만으로 해결되지 않는 것도 많다.

도외시되어온 위기

금요일 오후 관례처럼 돼버린 총리 관저 앞에서의 '원전(原電) 반대 시위'가 예정대로 시작되려 하던 2012년 9월 14일, 에너지사업에 관여해 온 사람들의 고개를 갸우뚱하게 하는 일이 있었다.

이날 정부 국가전략실은 '혁신적 에너지·환경 전략'을 발표했다. 원전에 의존하지 않는 사회 구현, 그린 에너지 혁명 실현, 에너지의 안정적 공급 확보를 위한 정책을 제안하면서 "국가의 에너지 전략을 백지상태에서 재검토해 국민적 논의를 거쳐 만들겠다"는 것이 핵심이었다.

그러나 공표된 문서에는 눈앞에 닥친 골치 아픈 문제에 대한 언급이 없다. '호르무즈 해협 봉쇄' 말이다. 2012년은 연초부터 이란의 핵개발을 둘러싸고 긴장이 계속되었다. 미국은 이란과 거래를 하는 국가들의 금융기관에 제재를 가할 것이라고 말했으며, 유럽연합(EU) 국가들도 독자적으로 이란산 원유 수입중지나 이란 중앙은행 자산에 대한 동결을 결정했다. 이란은 이런 조치를 '생트집'이라고 주장하면서 호르무즈 해협과 근해에서 대규모 군사훈련을 실시했다. 나아가 혁명방위대 사령관은 다음과 같이 선언했다.

"이란에 중대한 위협이 미칠 때에는 호르무즈 해협의 봉쇄도 검토 대상이다."

미국은 "선박 항행의 자유를 보장하기 위한 군사행동도 불사하겠다"고 즉각 응수했다.

말의 응수가 점차 상황을 악화시켰다. '반(反)이란'의 선봉이 되어 이란 때리기를 강화하는 이스라엘은 '선제 군사공격'을 계속 공언하고 있다. 이스라엘 공군은 이란 공격을 염두에 둔 군사훈련을 계속했으며, 이란의 지하시설을 공격하기 위한 폭탄 '벙커 버스터'를 미국으로부터 입수했다는 정보도 들려왔다.

2003년의 이라크 전쟁 전야 같은 긴장이 계속되는 가운데, 왜 일본의 '혁신적 에너지·환경 전략'은 중동정세를 무시한 것인가.

후쿠시마 제1원전 사고 후 원자력발전소가 가동을 중지한 가운데 화력발전을 위해서는 LNG(액화천연가스)가 필요하다. 일본의 일부 전력회사는 '호르무즈 의존도'가 높다고 지적될 정도로 카타르나 아랍에미리트 등 페르시아 연안 국가들로부터 LNG 등 연료들을 수입하고 있다.

일본이 수입하는 원유의 80% 이상, LPG(액화석유가스)의 약 90%, LNG의 20% 이상이 통과하는 호르무즈 해협은 일본만이 아니라 아시아 국가들의 에너지 대동맥이다.

에너지 수입이 끊길 경우 일본에는 정부와 민간을 합쳐서 198일분의 석유가 비축되어 있다. LNG의 민간 재고는 약 20일분이다. 봉쇄와 군사적 충돌에는 반드시 끝이 있다. 하지만 비축으로는 아무것도 해결할 수 없는 위기의 연쇄가 시작될지도 모른다.

무엇이 위기인가?

도쿄에 있는 석유회사에서 용선(傭船)을 담당하는 오타는 사내에서 실시한 조달 시뮬레이션에 참가했다.

"미국, 이란, 이스라엘의 상호 위협이 장기화할 것인가, 아니면 충돌할 것인가?"

상사의 질문을 들으면서 오타는 '지금 이순간 이스라엘 정부도 같은 시뮬레이션을 하고 있겠지'라는 공상을 했다. 그러나 얼마나 빨리 공격할 것인가, 전쟁 게임을 하고 있을 이스라엘과는 입장이 다르다. 에너지를 다루는 오타의 회사 같은 민간기업에게 위기는 이미 비용이라는 형태로 시작되었다. 호르무즈 해협을 둘러싼 긴장이 고조되어 탱커의 해상보험요율이 크게 띈 것이다.

걸프전쟁 때처럼 이라크에게 시한을 부여하여 개전을 알리는 것과는 의미가 다르다. 지금의 상호 위협은 전혀 앞을 예상할 수 없다. 늘어난 비용을 일본 내 기업이나 소비자에게 부담시키는 것도 쉽지는 않다.

"석유와 관련해서는 세 가지 위기가 있다."

석유업계가 위기관리 시에 자주 쓰는 말이다. 위기는 양, 가격, 그리고 일본 내로의 배분 등 세 측면에서 발생한다.

그렇지만 석유 위기는 일어난 순간 전혀 이질적인 위기를 불러일으킬 가능성이 있다. 일시적으로라도 원유 가격이 폭등하면 확실하게 금리가 오르고 일본의 국채 가격이 떨어진다. 국채가 폭락할 위기조차 있다. 원유가격이 두 배로 뛰면 원유수입액은 8조 엔이 넘는 적자를 내 경상수지 적자가 정착해버린다. 이것은 국부의 유출이며, 국가경제력에 대한 신용 저하로 이어진다.

생활용품은 거의 전부 석유를 사용해 만들어진다. 양복도 컴퓨터도, 심지어 휴대전화나 세제도, 그리고 슈퍼에서 파는 고기, 생선을 담는 접시, 화장품도 석유제품이 원재료다. 이 사회의 시스템은 석유가 없으면 멈춰버린다. 영향이 어디까지 미칠지는 누구도 예상하지 못한다.

상사가 조달 담당에게 물었다.

"호르무즈의 우회 루트는?"

"지금으로선 두 개입니다. 사우디아라비아를 횡단하는 파이프라인을 이용해 호르무즈 해협이 아닌 홍해 측으로 운반하는 루트가 하루 465만 배럴, 최근 완성된 아랍에미리트(UAE)의 파이프라인이 정상 궤도에 오르면 최대 150만 배럴입니다."

"우회 루트를 풀로 가동할 경우 호르무즈 루트와의 차이는 어느 정도지?"

"전 세계 생산량의 10%는 부족하기 때문에 상당한 양이 부족할 것입니다."

조달 담당은 그렇게 말해놓고는 '위험한 줄타기가 앞으로 계속되겠네' 하면서 오타를 쳐다봤다. 탱커의 보험요율이 오르기 전에는 재보험 위기에 직면했었기 때문이다.

2012년 EU는 이란산 원유를 운반하는 선박의 재보험 가입금지라는 제재조치를 결정했다. 이것은 호르무즈 해협이 봉쇄돼지 않아도 일본이 이란에 갈 수 없다는 것을 의미했다. 이란행 탱커는 일본 보험회사와 보험계약을 맺는다. 그리고 보험회사는 유럽의 재보험회사에 재보험을 들지만, 이 재보험을 EU가 금지하였다. 최근 몇 년 전까지 프랑스 석유회사 토탈이 이란에서 석유개발에 나서려 했음에도 프랑스가 EU에 강경하게 제재를 요구한 것이다.

2012년 6월 제재조치의 유예가 거의 끝나는 시기에 일본 정부는 국가가 재보험을 대신하는 특별조치법을 제정했다. 국가가 교부금 계약을 탱커 소유자와 체결해 사고가 일어날 경우 교부금을 지급하기로 했다.

이란에 대한 제재를 강화한 미국은 일본 정부의 이런 조치를 묵인했다. 그러나 반년마다 미국에게 "이란과의 원유거래량을 줄이고 있다"는 실적을 보여주면서 허락을 구걸해야 하는 상태다.

이렇게 해서 이란에 갈 수는 있게 되었다고는 해도, 위기가 확실해지면 이번에는 일본의 선박회사가 위험지역에 가는 것을 거부할 것이다. 걸프전쟁이나 이란·이라크전쟁 때도 그랬다. 이때는 싱가포르 선적 등 외국 탱커가 원유를 운송하고 호르무즈 해협 밖에서 대기하던 일본 탱커에 이를 옮겨 싣는 'ship to ship'이라는 방법을 썼다. 그렇지만 이 경우에도 비용 문제가 생긴다. 이런 방법을 취할 경우 일본의 석유 원가만 비싸져 외국과 가격 격차가 벌어질 것이다. 당연히 일본 내 산업은 큰 타격을 입을 것이다.

"이것은 일본의 숙명이다."

오타는 젊었을 때 선배로부터 그렇게 배운 적이 있다. 그때 선배는 이렇게 말했다.

"제 1차와 제 2차 오일쇼크에 걸프전쟁, 위기는 항상 바다 저쪽에서 일어난다. 사방이 바다로 둘러싸인 일본은 위기가 발생할 때마다 수송이라는 피할 수 없는 문제에 직면한다. 일본 내 에너지 자급률은 원자력을 제외하면 4%밖에 되지 않는다. 원자력 발전을 포함해도 18%다. 세계의 상식은 자급률 50%다. 식량 자급률이 40%가 안 된다면서 문제시하는 일본인들이 어째서 에너지 문제에 대해서는 이렇게 무관심한 것인가."

일본의 생명줄은 바로 수송밖에 없다. 해외에서 위기가 일어날 때 대처방안으로 국가가 강구한 것이 비축과 에너지 절약이다.

일본의 '올바른 외교정책'

비슷한 시기 외교통이라 불리는 거물 정치가는 자신의 의원회관 사무실에서 테이블 반대편에 앉아 있는 기자들에게 이렇게 해설했다.

"호르무즈 해협이 봉쇄돼도 길어야 2개월이면 해결될 이야기다. 중국과의 센카쿠 열도 문제나 북한 리스크와 비교하면 호르무즈 해협 봉쇄는 외교의 중장기 전략대상이 아니다."

사실 이런 낙관론은 많다.

만약 군사적 충돌이 발생해도 전쟁 자체는 순간적으로 끝난다. 미군과의 압도적인 전력 차이 때문에 이란군은 며칠 내로 패배할 것이다. 이란군이 소형 디젤 잠수함과 특수부대를 투입해 기습적으로 기뢰를 부설하거나 탱커를 공격할 가능성은 있다. 그렇지만 호르무즈 해협의 빠른 유속과 해수의 낮은 투명도를 고려해도 30일이나 60일 정도면 기뢰나 유출된 원유는 처리할 수 있다는 생각이다.

"애초부터 해협 봉쇄의 개연성은 낮다."

정치가의 견해에 기자 한 사람도 "확실히 호르무즈 해협 봉쇄는 이란에게 양날의 칼이니까"라면서 동조했다.

해협은 이란 자신이 원유를 수출하는 데 이용하고 있다. 수입하는 식료품들도 이 해협을 지나기 때문에 기뢰를 부설하는 것도 불가능하다. 경제제재하에서 이란 원유가 특정 시장에 출하되고 있는 한 '봉쇄'라는 위협은 원유 수출가격이 뛰어오르는 것을 노린 술책에 지나지 않는다.

또한 국제에너지기구(IEA) 회원국은 유사시의 공급부족에 대비해 석유를 비축하고 있다. IEA 회원국 전체의 석유 비축량은 약 15억 배럴

150

걸프지역 주변 지도

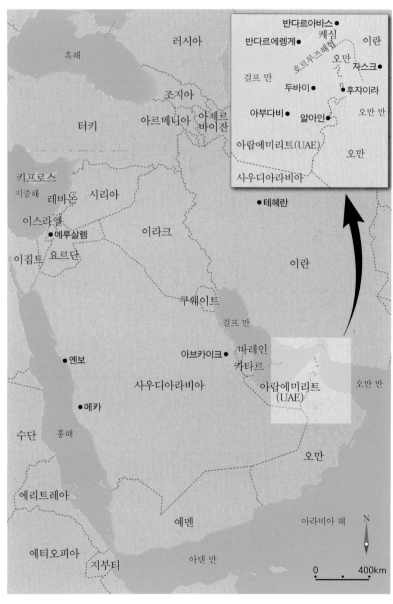

로, 100일 정도의 석유 소비를 대체할 수 있다. 그렇기 때문에 실제의 수급 밸런스라는 관점에서 보면 호르무즈 해협 봉쇄만으로는 양적 측면에서 공급 중단은 발생하지 않는다고 여겨졌다. 원유 가격에 일시적으로 큰 변동이 발생한다고 해도 국제금융시장에 미칠 여파는 일시적인 것에 지나지 않을 것이란 말이다.

기자가 "중동의 에너지에 의존하는 일본 정부의 전략은 뭐냐?"고 물었다. 정부는 중동 의존도를 낮추고 수입 다변화를 꾀하고 있다. 그러나 그런 구호와는 달리 1990년대부터 석유의 중동 의존도는 80%를 넘을 정도로 높아지고 있다. 정치가는 이렇게 대답했다.

"그것은 석유의 질과 관련한 문제가 있다. 아프리카산에 비해 중동산이 일본의 정제시설에 적합하다. 게다가 베트남 등 아시아의 원산지와 달리 대형 탱커를 사용할 수 있기 때문에 경제적으로 중동쪽 비용이 저렴하다."

정치가는 외무성과 경제산업성의 정책에 대해서도 언급했다. 정부는 중동 산유국에 대해서 리스크가 될 만한 문제들이 일어나지 않도록 사회안정화를 위해 협력하고 있다. 빈곤층의 확대나 지역 격차, 실업자 증가로 사회가 불안정해지는 것을 막기 위해 산업의 '다각화'를 지원하는 등 친일(親日) 감정이 확산되도록 노력하고 있다.

과거에 오일쇼크를 경험하지 않았던 중국과 인도가 급격한 경제성장을 이루면서 비싼 가격으로 자원 권익을 사들이고 있다. 이것이 시장의 혼란을 초래해 '불안정화를 가속하고 있다'고 세계는 본다. 이에 일본 정부는 중국과 인도에 비축 노하우와 에너지 절약기술을 제공하고 있다.

일본의 ODA(공적 개발원조) 정책에 이론을 제기하는 사람은 없을 것이다. 국제질서 유지에 일정정도 기여하는 모범적이고 올바른 정책이다. 예전에 전쟁으로 불타 폐허가 된 경험이 있는 일본도 미국의 지원으로 부흥을 이뤄냈다. 그러나 일본의 '보기 좋고 알기 쉬운 외교'에 결여된 것이 있었다.

유사(有事)는 컨트롤할 수 없을 때까지 확대된다

낙관론이나 무관심이 지배적인 가운데 그간 간과되어온 X-데이의 전조 몇 가지가 나타났다.

북아라비아해에서 이스라엘 잠수함의 활동이 표면화하고 일시적으로 잠잠했던 이란에 대한 사이버 공격이 급속하게 확대되어 이란 시민들의 생활에 혼란이 초래된 것이다. 이것은 대 이란 공격준비가 최종단계에 와 있다는 것을 말해주는 것으로 봐야 한다.

대조적으로 이란에 대한 군사공격의 필요성이나 이를 위한 시한 설정을 빈번하게 공언한 이스라엘 지도자들의 발언이 갑자기 끊겼다. 왜 이렇게 조용해졌는지 분석하지 않았던 것을 훗날 후회하게 될 것이다.

전력회사 연료담당 이치카와는 NHK 속보를 보면서 전자메일을 열었고, 동시에 전화기를 들었다.

"지금까지 중동에서 벌어졌던 개전 패턴과 똑같잖아."

"이스라엘 공군기가 이란 내에 흩어져 있는 복수의 핵 관련시설에 대한 공격을 시작했다"는 속보가 떴다. 개전을 알리는 X-데이가 과거처럼 야음을 틈타 시작된 것이다.

뉴스를 보니 공격은 공습만이 아니었다. 지상에 대한 공격과 잠수함에서 발사하는 순항미사일에 더해 사이버 공격 등 모든 방법을 동원해 이란을 때리고 있다고 한다.

"이란의 방공체제와 지휘통제 계통이 단절된 것 같고 정규군 기지를 비롯해 변전소와 송전선 등 시민생활에 영향을 미치는 사회 인프라에 피해가 미치고 있다는 정보입니다."

관방장관은 총리 관저에서 바로 기자회견을 열어 담화를 발표했다. '상정했던 범위 내'의 일이며 "만에 하나 호르무즈 해협이 봉쇄되는 사태가 벌어져도 정부와 민간이 비축한 석유 약 200일분이 있기 때문에 세심하게 사태를 관찰하고 정보수집을 위해 전력을 다하겠다"고 말하는 모습이 TV 화면으로 나가고 있었다.

이치카와는 "물론 석유는 국가가 비축한 것이 있겠지만 … "이라고 투덜거리면서 전화와 전자메일로 전 세계 LNG 바이어들과 연락을 취했다. LNG 조달정보를 공유하고 매수자들끼리 얼마나 여유가 있는지를 확인한 후, 여유가 있으면 바이어들끼리 사고팔 필요가 있다.

LNG는 정부 비축이 없기 때문이다. 수력발전에 사용하는 LNG는 영하 161.5도의 극저온에서 보관하지 않으면 안 되기 때문에 비용문제로 비축하는 것은 현실적이지 않다. 재고 상황을 정기적으로 자원에너지청에 보고할 뿐이다.

이치카와는 호르무즈 해협의 긴장이 고조된 이후 '양상(洋上) 비축'이라는 대책도 염두에 뒀다. 보온병같이 생긴 특수한 LNG 탱커에 비축해두는 것인데, 시간이 지나면 기화해버리기 때문에 양상 방출도 필요하다. 재액화 장치를 갖춘 탱커도 있지만, LNG의 질이 나빠지는 것은 피할 수 없다. 그러나 무엇보다 양상 비축에는 하루에 천만 엔 이상의 비용이 들기 때문에 동일본 대진재 후의 일본 전력회사들에게는 거의 불가능에 가까운 일이 됐다.

LNG 바이어들로부터 답장이 도착했다. 카타르와 아부다비로부터의 수송이 어려워져 재고가 바닥이 날 것 같다는 비명에 가까운 것뿐이다. 서로 융통을 한다고 해도 결국은 일시적인 미봉책에 지나지 않을 것이다. 비명을 지르고 싶은 것은 이치카와도 마찬가지였다.

총리 집무실에 들어간 관방장관은 외무대신과 외무심의관을 동석시킨 총리의 표정에 여유가 없다는 것을 알았다. 총리는 미국 대통령과 전화회담을 마친 뒤였다. 총리가 입을 열었다.

"미국은 뜻을 같이하는 국가들을 모아 의지의 연합(*coalition of the willing*)을 구성해 한정적인 대이란 군사행동을 시작할 것이라고 합니다."

"지금까지 대통령은 이스라엘이 시작한 분쟁에 자국이 가담하지 않을 것이라고 역설하지 않았습니까?"

"왜 미국이 참전할 가능성을 감지하지 못했습니까?"

총리의 짜증은 미국 주재 일본대사관을 향해 있었다. 미국 대통령의 고뇌에 찬 선택을 예상하지 못했기 때문이다.

미국 대통령의 가장 큰 우려는 분쟁이 끝난 뒤 이란이 독자적으로 핵 개발 프로그램을 다시 시작하고, 이스라엘의 공격을 구실로 정정당당하게 NPT(핵 확산 금지조약)를 탈퇴한 후 공공연하게 핵무장의 길을 걷는 것이었다. 미국은 이스라엘이 시작한 작전을 엉거주춤한 상태로 방치해둘 수 없게 되었다. 게다가 이란은 페르시아 만의 출입구인 호르무즈 해협의 선박 항행에 위협을 줄 수 있는 능력을 갖추고 있었다.

미국은 핵 확산 방지와 해상수송로 방위라는 두 가지 중요 문제에 직면하였다. 여기에 이란 알레르기라 할 수 있는 미국 내 여론이 가미될 경우 이스라엘이 움직이기 시작하면 미국도 연쇄적으로 움직이지 않을 수 없게 될 것이다.

총리와 관방장관은 잠시 팔짱을 낀 채 아무 말이 없었다. 미국의 참전이라는 난제가 새로 생기면서 일본 정부는 동시에 두 가지 위기에 직면하였다. 하나는 미일(美日) 동맹에 입각한 문제다. 미국 정부는 전투가 시작되면 곧바로 일본에게 후방지원과 소해정 부대 파견을 요청할 것이다. 1991년에도 페르시아 만에 해상자위대가 파견되었다.

그렇지만 이스라엘의 선제공격은 정당한 것이었는가? 여론은 틀림없이 둘로 나뉠 것이다. 일본이 미국 쪽에 가담하는 것은 이스라엘의 부당한 전쟁에 가담하는 것이라고 비판받을 것이며, 국회의 동의가 필요한 자위대 파견은 국회를 혼란에 빠뜨릴 것이다. 거기다 이슬람 과격파나 알카에다 같은 테러조직은 미국과 이스라엘에 동조하는 일본과 자위대를 '성전'의 대상으로 삼을 것이라고 선언할 것이다.

일본 정부는 커다란 딜레마에 직면하였다.

다른 하나는 일본 내에서 에너지를 안정적으로 공급하는 것이다. 그러나 이때 일본에게 가장 큰 위기가 된 것은 호르무즈 해협이 아니었다. 생각도 하지 못한 '우발적인 전화(戰火)'는 다른 곳에서 일어나고 있었다.

일본이 사우디아라비아를 상실한 날

베갯머리에 두었던 휴대전화가 석유회사에 다니는 오타를 흔들어 깨운 것은 X-데이로부터 2주일이 지난 날 새벽이었다.

"아브카이크의 정유시설이 폭파되었다"는 회사 동료의 전화에 오타는 '이번엔 사우디아라비아야!'라고 혼잣말을 하며 눈을 떴다. 회사 동료는 "이란은 사우디아라비아 내부에 있는 불씨를 선동해 국제사회를 혼란에 빠뜨릴 대책을 취하기 시작했을 거야"라고 빠른 말로 설명했다. 그는 머리를 얻어맞은 듯했다.

사우디아라비아 동부에 있는 아브카이크의 정유시설은 사우디아라비아 내에서 생산되는 원유의 63%를 처리한다. 2006년부터 알카에다 등의 테러조직으로부터 몇 번인가 공격을 받았지만, 경비원들이 희생되었을 뿐 시설 자체는 파괴되지 않았다. 아브카이크 정유시설을 복구하는 데에는 적어도 반년은 걸릴 것이다. 하루에 100만 배럴의 원유를 처리할 수 없게 된 것이다.

오타는 동료에게 물었다.

"근데 왜 사우디아라비아가 공격받은 거야?"

"걸프지역에 침투해 있는 레바논의 헤즈볼라계 조직인 모양이야. 맹우(盟友)인 이란을 돕기 위해 실력행사에 나선 걸 거야."

사우디아라비아의 다른 중요 거점이 공격받으면서 반정부 시위 움직임이 격화되기 시작했다. 사우디아라비아에서는 30세 미만의 청년층 인구가 70%를 차지하며, 20대 전반의 실업률은 40%에 달한다. 사우드가에 의한 절대왕정 지배하에서 억압적인 정책들이 취해졌기 때문에 특히 소수파인 시아파 국민들 사이에 큰 불만이 쌓여왔다. 때문에 시아파를 중심으로 일부 국민들 사이에서는 인권억압에 항의하고 민주화를 요구하는 기운이 고조되었다.

이를 아는 이란 정부가 사우디아라비아 동부 시아파 주민들의 반정부 시위를 지원할지도 모른다는 우려가 제기됐다.

"때 늦은 아랍의 봄이 일본을 망쳐버릴 수도 있는 거 아냐."

목소리가 커진 오타와 통화 중인 상대는 아무 말이 없었다. 석유처리시설에 대한 테러 공격으로 국제시장의 원유 가격이 폭등하고 금융시장도 혼란에 빠질 것이다. 그러나 무엇보다 일본에게 심각한 것은 사우디아라비아 내 중요 인프라에 대한 테러 공격으로 위신과 권력의 정당성을 훼손당한 사우드가가 권력 기반을 잃는 것이었다.

지금의 국제 석유시장 질서를 유지해온 것은 사우디아라비아의 공급능력과 정치력이었다. 사우디아라비아가 미국과 협조노선을 취해 생산량을 조절하면서 시장이 안정적으로 기능한 것이다. 그렇지만 사우디아라비아 체제가 붕괴하면 누가 그 역할을 할 것인가? 사우드가의 붕괴는 오랫동안 일본경제를 지탱해온 안정제가 사라지는 것을 의미했다.

다음날 전력회사에 다니는 이치카와에게 부하가 설명하러 달려왔다.

"LNG 가격이 다른 이유로 뛰고 있습니다."

"제3차 세계대전이라도 시작된 거야?"

"어딘지는 모르겠지만 초조해한 에너지 사업자가 부르는 대로 사들이기 시작해 시세가 치솟고 있습니다."

이치카와는 한숨을 쉬었다. LNG 바이어는 일본에만 30개 사 가까이 있다. 아마도 조달 교섭에 익숙하지 않은 회사가 공급 부족에 당황했을 것이다. 한국처럼 조달을 일원화하는 체제로 LNG를 수입하자는 말이 과거에도 있었다. 그러나 그래서는 일본의 수요를 완전히 노출하게 되어 가격 교섭이 어려워진다.

자본주의의 경쟁 원리와 에너지 위기, 어느 쪽을 우선할 것인가? 에너지 자급률이 낮은 일본의 골치 아픈 딜레마였다.

도시가스와 화력발전에 사용되는 LNG 재고는 약 20일분밖에 없다. 그러나 이것도 모두 사용할 수 있는 게 아니다. 늘 조업을 하면서 재고를 쌓아둘 필요가 있다. 대량의 천연가스를 바로 시장에 제공할 수 있는 액화 플랜트는 중동에만 있다. LNG 대체공급처를 급히 찾지 않으면 안 되지만, 미국이 LNG의 수출허가를 내는 것은 빨라야 2017년이라고 한다. 대체 공급처가 한마디로 없다는 것이다.

정부와 전력회사에게 해결책은 한 가지 있다. 항상 그것은 언제라도 시작할 수 있는 것처럼 생각되어왔다. 바로 전기사업법에 따라 전력사용을 제한하는 것이다. 일본의 전력이 제한받는다는 것은 산업계가 다른 국가에 비해 어려운 조건에 처하게 되는 것을 의미하므로 일종의 사형선고와 같다.

TV에서는 관방장관이 사우디아라비아 위기에 관한 기자회견을 하고 있었다.

"국제시장에서 원유 가격이 크게 오르내린다고 해도 비축체제가 갖춰진 선진국이라면 전체적인 양 부족이 발생할 가능성을 막을 수 있습니다."

석유회사의 오타는 인터넷으로 관방장관의 회견 내용을 읽으면서 '지나치게 안심을 시키면 손을 델 수 있지!'라는 생각이 들었다. 비축에 맹점이 있기 때문이다.

분명히 양은 확보하고 있다. 석유는 국가와 민간 합쳐서 198일분이 비축되어 있다. 그러나 정부 설명은 정확도가 떨어진 수치다.

한마디로 원유라 해도 그것은 정제되어야 제품이 된다. 가솔린, 등유, 제트연료, 경유, 화학제품의 원료가 되는 나프타와 아스팔트 등 원유가 필요한 곳은 많다. 그러나 에너지로 사용할 수 있는 것이 198일분 있다는 것뿐으로, 페트병이나 전기제품을 제조하는 데 필요한 화학제품 원료는 비축 대상이 아니다.

정제된 제품을 국가가 비축하자는 말도 과거에는 있었다. 그러나 나프타 등 제품화한 것을 비축하면 질이 떨어진다. 한편 주유소 등을 통해 유통되는 가솔린에 '유통 재고'라는 형태의 국가비축용 가솔린을 더한 '유통 비축'을 하자는 안도 있었지만, 이것은 장부상의 조작에 지나지 않기 때문에 긴급 시의 문제해결 방안이 못 된다.

즉, 비축은 하고 있지만 세상으로 내놓기 위한 체제를 갖추고 있지는 않은 것이다. 오타는 국가비축을 시작하고 상당한 세월이 지났지만 어째서 체제가 구축되어 있지 않은지 원통해 했다. 아마도 답은 동일본 대진재와 같을 것이다. 준비는 되어 있지만 위기가 발생할 것이라고는 생각하지 않았을 것이다. 예산 범위 내에서 가능한 것들만 진지하게 수행하는, 사고정지에 빠지기 쉬운 수재형 국가의 결점이었다.

과감한 협상가의 부재

오타는 도내에서 등이 오싹해지는 광경을 목격했다.

'가수요(假需要)가 시작되었다 … .'

도로에 꽉 막힌 자동차를 따라 걷자 그 앞에 주유소가 있었다. 가솔린을 사려는 많은 사람들이 장사진을 이루고 있었다. 이것은 동일본 대진재 때 경험했던 '가수요'의 기묘한 연쇄라고 할 수 있다. 지진 당시 주유소에 줄 서 있던 차 한 대당 구입한 가솔린의 양은 실은 매우 적다. 모두가 조금밖에 가솔린을 넣지 못했던 것은 애초부터 자동차가 거의 가득 채워진 상태였기 때문이다. 그러나 가솔린이 없어질 거라는 불안감이 '가득 채워 두어야 한다'는 심리를 부추겨 사람들을 주유소로 가게 한 것이다. 결과적으로 이 뉴스가 가솔린 부족을 가속시켰다.

'이건 위기 시 수행해야 할 정부 커뮤니케이션의 완전한 실패다.' 오타는 주유소에 줄 서 있는 자동자의 긴 줄을 보고 그런 확신이 들었다.

이란 위기가 시작된 이후 정부는 비축일수를 강조하면서 국민을 안심시켰다. 그렇지만 전기사업법에 의한 전력사용의 제한을 검토한다는 보도가 나오자 국민들은 첫 번째 성명과는 반대상황이 벌어지고 있다고 느낀 것이다. LNG도 석유도 부족한 것인가 혹은 비축 자체가 거짓말 아닌가 하는 불안감이 조장되었다. 정부가 국민에게 정중하게 설명하지 않았기 때문에 가솔린 부족을 앞당기는 악순환을 초래해버렸다.

오타는 그렇게 생각했다. 어릴 때 어머니를 따라 화장지를 사러 슈퍼에 간 것을 떠올렸다. 제1차 오일쇼크 당시 실제 일본의 원유 수입량은 전년 동기를 상회했다. 양은 충분했지만, 석유가격 폭등으로 패닉상태가 된 국민들이 슈퍼로 몰려들어 매장에서 화장지가 없어져버렸다. 왜 화장지인지 지금도 수수께끼다.

오타는 더 이상 위기의 연쇄를 상상하고 싶지 않았다. 석유회사들은 계약하고 있는 메이커들로부터 손해배상을 청구당할 것인가. 화학제품의 원료는 수요와 공급 밸런스가 크게 어긋나 충분히 유통되지 못하고 있다. 석유의 양과 가격에 이어 세 번째 위기인 '배분' 문제가 사태를 심각하게 만들 것은 분명했다.

도요타와 닛산은 손해배상을 청구할지 모르겠다. 페트병과 가전제품에도 양복에도 모두 석유가 사용되고 있다. 모든 산업이 생산거점을 해외로 옮겨 일본 산업의 공동화가 한꺼번에 가속될 것인가.

반대로 말하면 석유만큼 어디에나 쓸 수 있는 원료가 없었다는 말이 될 것이다. 20세기 세계는 석유에 의해 발전했다고 해도 과언이 아니다. 그런데도 정부가 자원외교에 힘을 쏟는 것은 오일쇼크와 걸프전쟁 때뿐이다.

농업도 석유에 의존하고 있다. 비닐하우스의 난방용 에너지에서 화학비료, 농약, 농업용 기계 모두 석유가 없으면 존립하지 못한다. 일본의 농업은 거의가 영세농가로, 왜곡된 구조다. 연료비 폭등에 견딜 수 있는 대규모화는 아직 멀었다. 수산업도 연료가격이 상승하면 조업을 해도 적자를 면치 못하는 상황이다.

'일본의 식량문제로도 발전할 것인가' 하고 생각하니 회사로 가는 발걸음이 무거워졌다.

이질적인 위기의 연쇄가 시작되려 하자 매스컴은 "일본의 자원외교는 무엇을 했단 말인가?"라고 소동을 벌였다. 관료 때리기가 과열되었지만, 비판은 너무나 감정적이어서 본질을 벗어난 것들이었다.

일본의 에너지 전략은 세 가지가 핵심이다.

첫째, 공급국에 대한 지원과 협력을 통한 시장의 안정화.

둘째, 공급국과의 양호한 관계 구축과 권익의 확보.

셋째, 다른 소비국과의 자원획득경쟁에서 우위성 확보가 그것이다.

첫 번째는 앞에서 언급한 대로 일본다운 '겉보기 좋은 외교'를 말한다. 그러나 이것은 뒤집어보면 촌스럽지만 터프한 교섭에 능숙한 인재가 없다는 것을 보여주기도 한다. 그것은 나머지 두 전략에 여실히 드러나 있다.

1990년대 일본은 종합상사를 중심으로 권익 확보를 위해 세계를 돌아다녔다. 이는 아제르바이잔 등 구소련 제국의 천연자원을 둘러싼 '뉴 그레이트 게임'이라 불리기도 했다.

각국이 충돌하는 격렬한 게임이 벌어지는 가운데 상사들이 활발하게 움직인다 해도 결과적으로 일본의 원유·천연가스 수입량에서 차지하는 일본의 권익은 20%에도 미치지 못한다. 일본 상사 이외의 실력자들이 너무 강한 것도 한 요인이었다.

미국의 역대 정권을 움직인 실력자들이 등장했던 것이다. 키신저를 비롯해 포드 정권의 스코우크로프트 전 대통령보좌관, 카터 정권의 브레진스키 전 대통령보좌관, 부시 정권의 베이커 전 국무장관들이 '국제 컨설턴트'라는 이름으로 자리를 바꿔 정·관·재계를 한데 모아 교섭의 막전과 막후에서 강력한 힘을 발휘한 것이다.

여기에 새로 가세한 실력자가 정부의 후광을 배경으로 정치·경제적 리스크를 고려하지 않으면서 권익 확보에 뛰어든 중국의 국영기업들이다. 석유 가격이 안정됐던 시절에 중국이 한 것은 기업경영상 전혀 합리적이지 못한 쓸데없는 짓처럼 보였다. 그러나 일본이 예견하지 못한 것은 시대는 바뀐다는 점이다.

시장질서가 붕괴된 지금 중국은 자신들이 권리를 확보한 아프리카의 유전에서 얻은 석유를 유럽시장에서 판매하고 있다. 그 대신 쉘 사가 권리를 가진 브루나이의 석유 수입 할당량을 크게 늘렸다. 쓸모없는 것으로 생각되었던 투자가 교환거래로 의미를 갖게 됐다. 석유나 천연가스가 전략물자로서 가치가 높아지면서 일본의 전략 가운데 하나인 '시장의 안정화'는 리스크를 분산하는 중심이 되지 못한 것이다.

1980년대 이후 석유의 저가격화가 오랫동안 계속되었기 때문에 일본은 에너지 분야에 예산이나 인재를 집중적으로 투입하지 않았다. 너무 긴 정치적 정체상태가 계속되어 리더십을 발휘하는 거물 정치가도 없었다. 과감한 협상가의 확보는 고사하고 인재육성도 게을리한 것이다.

위기의 연쇄, 그것은 호르무즈 해협이 위기에 직면한 20년 전에 이미 시작되었다. 그러나 그걸 깨달은 것은 이미 위기가 최악의 상태에 빠진 후였다.

• 에너지 위기에는 자원의 확보, 시장에 미치는 심리적 영향, 일본 내 배분이라는 세 가지 문제가 있다. 이 문제를 극복하려면 어떤 노력이 필요한가?

• 에너지 위기의 세 가지 문제를 더욱 악화시키는 것은 그것을 발표하는 방법이다. 올바른 정보가 완전히 바뀌어 유언비어, 소문 피해, 패닉을 불러오는 원인은 무엇인가?

• 에너지 자급률이 극단적으로 낮은 현실을 고려하여 국가로서 어떤 전략과 비전을 구축해야 하는가?

• 에너지 공급국의 정변이나 사회불안에 대처하기 위해서는 정보수집 기능을 강화할 필요가 있지 않을까?

• 중동 의존도를 낮추고 에너지 조달국가를 분산시키기 위해서는 구체적인 대책들을 더 논의해야 하지 않을까?

북한의 붕괴

흔들리는 비핵 3원칙, 결단을 강요받는 일본

남북통일이 초래할 내셔널리즘의 고양이 한반도에서 시작하여 도미노게임처럼 동아시아로 확대되는 가운데, 일본 핵무장이라는 금단의 시나리오도 현실감이 높아져 동아시아의 국제정세가 한꺼번에 불안정해진다.

냉전시대 미·소 양 강대국이 비밀리에 'N번째 국가'로 부르며 경계한 국가가 있다. 적대적 관계에 있던 미·소 간에 'N번째 국가'에 대해서는 전략적 이해가 일치한 것이다. 'N번째'라고 불린 이유는 다음에 핵을 보유할 것으로 여겼기 때문이다. 당시 미국, 소련, 영국에 이어 프랑스와 중국 등 5대국이 핵을 보유하고 있었다. 더 이상 핵 독점을 무너뜨리고 싶지 않았던 미·소는 NPT를 유엔에서 제안하였고, 1970년 조약이 발효되었다. 소련이 붕괴한 지금도 미국은 'N번째 국가'의 동향에 세심하게 주의를 기울이고 있다.

그 'N번째 국가'가 두 개 있다. 하나는 지금은 사라진 서독이며, 다른 하나는 일본이다. 오랫동안 경계의 대상이 된 나라가 일본인 것이다.

일본에는 늘 핵무기 보유를 갈망하는 사람들이 있어 언젠가는 그들이 대두할 것이라는 것이 미 국가정보위원회(NIC)의 시나리오다. 그렇게 보는 근거가 있다. 일본의 이웃에 북한과 중국이 있기 때문이다. 미국 NIC는 지금도 이 두 나라의 움직임 여하에 따라 일본 내에서 핵보유론이 부상할 것으로 보고 있다. 즉, 북한이라는 문제가 일본의 진로를 묻고 있는 셈이다.

지금 일본에게 최악의 시나리오란 무엇인가? 아주 조금만 시곗바늘을 미래로 돌려 생각해보고 싶다.

한국이 수립한 극비계획 '부흥'

한반도 통일에 대해 지금까지 한국과 미국 두 나라 사이에 논의가 이루어졌지만, 그것과는 별도로 최근 일본도 미국 정부에 비밀리에 협의를 제안하고 있다. 한반도 통일과정에 대한 공통의 인식을 만들어두기 위해서다. 그러나 다음과 같은 사태가 발생했을 때 일본은 순발력 있게 대응할 수 있을까?

20XX년 2월 17일, 북한에서 탄도미사일이 발사되었다. 미군 DSP(국방지원계획) 위성이 일본 방위성과 리얼타임으로 정보를 공유했지만, 미사일이 떨어진 곳은 예상 밖의 장소였다. 평양 교외다. 총리 관저 5층에 있는 총리회의실에서는 긴급 안전보장회의가 열렸다.

"청천벽력이라는 말이 있지만, 완전히 그것과 같은 사태 아닌가?"

총리가 그렇게 말하고 참석자들을 둘러봤다. 속으로는 왜 그런 징후를 발견하지 못했느냐고 말하고 싶었을 것이다.

"북한이 자국에 미사일을 발사한다는 게 도대체 무슨 의미인가? 미국과 한국은 어떻게 분석하고 있는가?"

총리의 물음에 방위대신이 답한다.

"한·미 두 나라 정보당국에 의하면 통칭 '노동 벨트'라 불리는 곳에서 발사되었습니다. 북한의 탄도미사일 부대가 포진한 중·조 국경 부근입니다. 발사한 인물에 대해서인데, 구소련과 마찬가지로 북한에서 핵과 미사일의 지휘계통은 통상적인 군 계통과는 다릅니다. 탄두를 포함해 직접 관리하는 것은 국가지도자입니다."

이런 설명에 참석자 전원이 얼굴을 들고 똑바로 방위대신 얼굴을 쳐다봤다.

"그렇습니다. 김정은입니다. 평양을 탈출한 김정은 그룹이 평양에 공격을 가한 것으로 생각됩니다. 일부에서는 교전이 시작됐을 가능성이 높다고 분석하고 있습니다."

일본 주변의 전파교신 패턴으로 봐서 아주 불규칙한 부대전개가 이뤄지고 있다고 방위성 정보부는 분석하고 있었다.

"그럼, 내전이란 말인가?"

누군가 말했다. 이웃 국가의 내전, 전후에 출생한 각료들은 한 번도 생각해본 적이 없다. 더구나 북한 내의 군사 쿠데타나 권력투쟁은 '가능성이 낮다'고 일본 정부 내에서도 분석하고 있었다.

김정일 시대 북한의 군 구조는 매우 복잡해 정규군 속에 김정일 직속의 비밀경찰부대가 있었다. 또한 정규군 외에 김정일을 지키는 호위사령부, 호위총국과 같은 다른 부대가 있었으며, 나아가 이들을 보호하는 별도의 부대가 있을 정도로 3중 구조로 얽히고설켜 있다. 다른 나라처럼 정권에 불만을 품은 부대가 쿠데타를 일으키는 패턴은 생각도 못한다.

또한 '유일적 지도체계'란 말이 있다. 모든 중요 문제는 당 중앙, 즉 김정일에게 올려서 그 결론에 따라 행동하라는 원칙으로 1960년대 말부터 철저하게 지켜지고 있다. 노선대립이 있을 수 없는 구조다. 의외의 일이지만 폭군으로 불렸던 김정일은 권력 내부에서는 정치적 숙청을 거의 하지 않았다(정기적인 지방으로의 좌천은 있었지만). 간부들이 불만을 갖지 못하게 하기 위해서일 것이다.

다만 이런 분석은 모두 김정일 시대의 것이다. 인민을 '전우'로 부르는 김정은의 통치에 대해서는 일본만이 아니라 어느 나라도 분석 중인 단계다.

안전보장회의에서 '내전 가능성'에 대해 들었던 총리는 동요했는지 불만을 입에 담았다.

"왜 나한테는 징후가 될 만한 정보가 올라오지 않았는가?"

아니, 정보는 올렸다. 외무성, 방위성, 공안조사청, 경찰청 등은 북한에 관한 정보를 일상적으로 수집하고 있다. 이들 정보기관을 총괄하는 내각 정보관이 주 2회 총리에게 브리핑한다. 또 합성 가공된 정보 보고서로 정리된 각종 정보에 대한 구두설명도 이루어진다.

그러나 이것과는 별도로 "총리, 잠깐 한 말씀"이라고 대신이나 차관이 보고 마지막에 다른 사람들을 물리고 급보라며 중요한 독자 정보를 귀엣말로 알리는 일도 적지 않다. 진짜 기밀정보는 총리대신이라 해도 종이 메모 형태로 전달되는 일은 없다. 기밀성이 높은 정보를 각 기관이 독자적으로 총리에게 구두로 제공하기 때문에 총리의 머릿속이 모순된 정보로 혼란스러워지는 일도 드물지 않다.

정보기관끼리 정보를 공유하기는커녕 공적 다툼으로 총리에게 과도한 부담과 혼란을 초래하고, 나아가서는 판단을 치명적으로 그르치게 만드는 중대한 실수를 범하기도 한다.

총리는 미사일이 일본에 파급될 영향을 고려해 자위대법에 입각해 탄도 미사일 파괴조치를 명령했다. 또한 안전보장회의 사태대처 전문위원회는 이전부터 상정되어 있던 한반도 유사시 일본인 보호대책이나 난민대책의 준비에 착수했다.

그리고 안전보장회의가 내놓은 결론은 "① 철저하게 정보를 수집한다, ② 한국에 체류 중인 일본 국민들의 안전을 위해 만전을 기한다, ③ 납치피해자의 안전 확보를 위해 만전을 기한다"는 세 가지로 정리가 됐다. 이때 누구도 북한의 내전을 어떻게 볼 것인가에 대한 중요한 답을 내놓지 못하고 있었다.

서울의 청와대 밑에 있는 지하 벙커. 안전보장회의가 끝나갈 무렵 대통령이 목소리를 가다듬고 "지금부터는 극비사항이다"라고 전제했다. 모두가 주시하자 대통령은 이렇게 선언했다.

" '부흥' 계획을 발동한다. "

미군과의 공동작전 계획이 있음에도 대통령은 미국에게는 통고도 하지 않고 극비계획인 '부흥'을 발동한다고 말을 꺼낸 것이다. 이 계획은 2009년 말에 완성되었다.

한국은 1970년대 북한과 전면전에 돌입했을 때를 대비해 정부 부처별 대응을 담은 '충무 계획'을 수립하고, 매년 내용을 업데이트했다. 그렇지만 전쟁에 이르지 않을 경우라도 북한이 '혼란상태에 빠질 경우가 있다'는 가정하에 새로운 비상사태 시나리오인 '부흥'을 완성했다.

'부흥'은 내전이나 대규모 천재지변으로 북한의 중앙정부가 통치기능을 상실할 경우를 상정하여 작성되었다. 다수의 난민이 발생할 경우 수용소나 식량, 전염병 백신을 제공하는 절차, 개성공업단지에 체류하는 한국인이 귀국하지 못했을 때의 대응책들이 정해져 있다.

그렇지만 그 핵심은 평양에 임시정부를 수립하는 것이다. 통일부장관이 평양의 임시정부 장관을 맡고 각 부처가 북한의 치안유지, 식량공급, 인프라 정비, 위생관리를 담당한다. 즉, 남북통일을 위한 새로운 시나리오다.

'부흥'을 발동한 대통령의 머릿속에는 2010년에 한국을 방문한 당시 독일 대통령 호르스트 쾰러(Horst Köhler)의 말이 있었다. 당시 쾰러 대통령이 통일에 대해 이명박 대통령에게 다음과 같이 조언했다고 신문에 보도되었다.

"한국은 독일의 잘못에서 교훈을 얻을 수 있을 것이다. 통일비용이 클 것이라는 의견도 있지만 이것은 그다지 걱정하지 마라. 독일은 통일에 대해 행복하게 생각하고 있다. 독일 통일에서 얻을 수 있는 것은 '때로는 역사적 사건이 생각보다 빨리 일어나는 일도 있다'는 교훈이다. 그렇게 되면 준비는 불충분해질 수밖에 없다. 그러나 그런 순간에 자신들에게 생각지도 못한 힘이 있다는 것을 독일인들은 깨달았다. "

이는 그 뒤 이명박 대통령의 '통일세 구상'으로 이어진다.

독일은 통일 직후 국민들에게 부담을 요구했다. 소득세와 법인세에 7.5%의 통일세를 부과했지만, 이는 국민들의 반발에 직면해 1년 만에 폐지됐다. 그러나 1995년, 그 필요성이 다시 제기되었다.

한국에게 가장 좋은 통일 시나리오는 북한 핵문제 해결을 위한 길을 제시하고 군사적 긴장을 완화하고 교류를 시작한 뒤, 선거에 의해 평화적으로 통일하는 것이다. 다만 군대나 행정기관의 통합, 북한의 시장화 등을 위해서는 막대한 비용이 필요하다.

한국 정부 산하 경제인문사회연구회는 남·북한이 2030년에 통일할 경우 최초 1년간 약 55조 원에서 249조 원의 비용이 들 것으로 추산했다. 55조 원은 한국 국내세의 0.8%를 20년간 적립해야 하는 금액이다. 한국에게 그럴 정도의 경제적 여력은 없다.

문제는 갑자기 북한이 붕괴하는 경우다. 이 경우 비용은 평화적 통일 시의 7배가 될 것이라는 견해도 있다.

대통령은 안보회의 마지막에 국방부와 통일부장관 등을 앞에 두고 이렇게 말했다.

"지금 평양에 들어가지 않으면 백 년간 후회할 것이다. 통일한국은 동북아시아의 안정에 반드시 공헌할 것이다. 미국은 묵인할 것이라고 생각한다. "

대통령은 미국, 중국, 러시아, 일본의 정상들과의 전화회담에서 '부흥' 계획에 대해서는 감출 생각이었다. 그렇지만 각국도 나름대로의 생각을 갖고 있었다.

각국의 생각

한·미 정상회담에서 미국 대통령이 강조한 것은 핵을 비롯한 북한의 대량살상무기 관리였다. 이것은 북한에 친중국 정권이 들어선다는 것을 상정한 발언이다. 미국은 이 혼란을 틈타 핵물질이 행방불명되는 것을 우려하고 있었다. 미국은 이 기회에 핵시설을 제압해 북한의 비핵화를 실현하고 싶었다.

한편 한반도가 통일되면 동아시아의 잠재적 위험이 표출될 가능성이 있다. 따라서 미국은 현재의 남북분단 상태가 바람직하다고 생각하였지만, 당연히 그런 속내는 한국 측에는 드러내지 않았다.

이어 한·중 정상회담이 열렸다. 중국은 "한반도의 평화와 안정을 가장 중시하고, 이를 위해 협력해가자"고 대응했다. 중국은 한국이 통일을 서두르다 혼란을 일으키는 것에 경고하고 싶었던 것이다. 한국은 그 진의를 알면서도 일부러 무시했다. 한국은 역으로 중국이 북한에 침입하는 것을 견제했다. 중국이 친중국 정권의 수립을 노리고 있다고 의심하기 때문이다.

이어서 열린 한·러 정상회담. 러시아는 중국의 극동 진출을 견제하기 위해 통일한국의 출현을 바라고 있었다. 한국은 러시아의 관심을 모으기 위해 "동북아시아에서 균형 잡힌 안전보장 환경을 정비할 필요가 있다"고 제안해 러시아의 찬성을 얻었다.

한·일 정상회담은 어떤 의미에서 이상한 것이라고 할 수 있었다. 일본 총리는 한국에 체류 중인 일본인의 보호를 가장 우선적으로 생각했으며, 자위대와 함선의 한국 파견 가능성을 타진했다. 한국은 "체류 일본인의 보호를 위해 전력을 다할 것"이라고 답할 뿐이었다.

한국 내에 일본 자위대에 대한 알레르기가 있기 때문이다. 메울 수 없는 거리가 있는 것처럼 보이지만, 그것은 표면적인 것에 지나지 않는다. 한·일 양국은 좋든 싫든 '운명공동체'라는 냉엄한 현실을 뒤늦게 깨닫게 된다.

조선인민군 기계화부대는 남·북의 비무장지대(DMZ) 후방 30킬로미터에 배치되어 있다. 탄도 미사일이 발사되고 며칠이 지난 뒤의 일이다. 기계화부대를 지휘하는 군단장은 갑자기 사령부로 날아든 헬기에 기겁할 정도로 깜짝 놀랐다. 헬기에서 내린 사람이 김정은이었기 때문이다. 김정은은 군단장의 손을 꽉 잡은 뒤 "평양에서 쿠데타가 있었다. 도와줬으면 좋겠다"고 부탁했다.

군단장이 거절할 수 없었음은 물론이다. 아니, 오히려 들떠 있었다. 마치 위대한 수령님이신 김일성의 지휘하에 항일(抗日) 게릴라전을 펼쳤던 빨치산들처럼 흥분했다. 그는 100킬로미터 떨어진 평양으로 1개 사단 정도의 병력을 보내겠다고 약속했다.

김정은은 다른 부대도 찾아가 함께할 것을 요청했다. 그밖에 DMZ 부근에 있던 부대가 평양을 향해 진격하기 시작했다. 평양에서는 쿠데타파가 평양 방위부대를 동원해 김정은 부대의 공격에 맞서고 있었다. 3월에 들어서자 교전이 격렬해졌다. 양측 모두 북한의 정예부대였다. 김정은 부대의 사기는 높았으며, 쿠데타파는 완강하게 저항했지만 패주했다.

그러나 패한 그들에게 상황은 부조리한 것으로밖에 생각되지 않았다. '왜 우리들이 쿠데타파로 불리는가?', '부패한 놈들이 그들을 잡아들이려는 우리를 무너뜨렸을 뿐 아닌가' 하는 분노만 남았다.

애초의 발단은 2012년 지도자가 된 김정은의 개혁이었다. 김정은은 군부에 대한 지배력을 확립하고 중국과의 경제협력을 강화하려고 했다. 중국의 '개혁 개방' 노선을 취할 정도의 과감한 생각은 없었지만, 경제를 발전시켜 국력을 강화하고 이를 배경으로 군사력을 정비한다는 밑그림을 머릿속에서 그리고 있었다.

경제개혁에 의한 체제 안정은 중국이 오랫동안 바라온 일이기도 하며, 중국의 상당히 적극적인 지원도 기대할 수 있다고 생각한 것이다.

한편, 북한은 한국이나 미국의 군사적 간섭에 대한 충분한 억지력 확보가 절대적으로 필요했으며, 핵 미사일 개발을 위해 김정일 시대와 다르지 않은 노력을 계속했다.

이러한 아픔을 동반하지 않는 북한의 이상적인 개혁은 지금까지 체제 내 엘리트들이 향유했던 특권의 재분배라는 문제에 직면했다. 개혁 개방 노선을 지향하는 극히 일부와 선군(先軍) 정치 계승노선을 지향하는 군과 비밀경찰을 포함한 대다수 보수파 엘리트 사이의 대립이 수면 아래에서 벌어지고 있었다.

이 대립은 하나의 사건을 계기로 임계점에 도달했다. 유력한 개혁 개

한반도 주변 지도

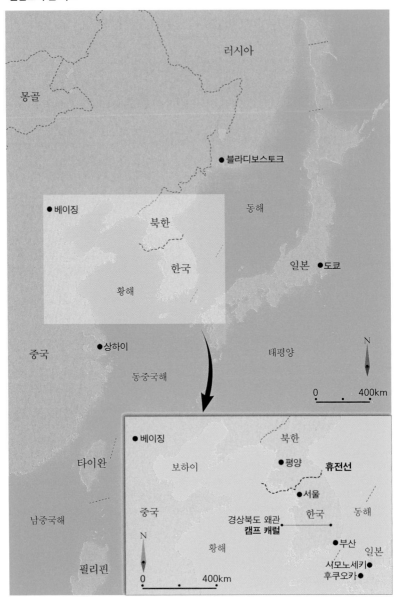

178

방파가 중국 기업으로부터 리베이트를 받았다는 것을 국가안전보위부가 확인한 것이다. 유력자가 구속됐다. 추가적인 심문을 통해 다른 개혁파 엘리트들도 중국 기업으로부터 금전을 수수한 것이 밝혀졌다. 김정일 시대부터 자주 있던 일이기는 했지만, 유력한 개혁파 엘리트들의 이름이 줄줄이 드러났다.

그때까지 보위부를 직접 지휘한 것은 김정일이었으며, 그가 오랫동안 1인자 자리에 있었다. 그러나 김정일이 죽자 군의 총정치국에 있던 자가 처음으로 부장에 취임했다. 김정일의 직속부대였던 보위부가 일제히 적발을 시작했으며, 김정은에게 엘리트들의 부정 증거를 들이밀었다. 그리고 군과 연계하여 중요시설을 점거한 것이다.

그러나 보수파에 의한 개혁파 배제가 성공한 것처럼 보였던 1주일 뒤 김정은은 평양에서 자취를 감췄다. 동시에 구속을 면했던 몇 명의 개혁파 엘리트들의 행방이 묘연해진 가운데 일부 군 부대가 평양의 명령과 다른 형태로 부대를 이동시키기 시작했다. 이들 부대는 예전에는 김정일의 직속이었으며, 지금은 김정은의 직할인 탄도미사일 부대였다.

북한의 붕괴와 일본의 혼란

중국에게는 귀찮은 사태가 벌어졌다. 중·조 국경의 북한 경비가 허술해진 틈을 타 북한 인민들이 둑이 터진 듯이 국경을 향해 이동을 시작한 것이다.

김일성 사후 한국 주도의 통일을 어떻게든 피하려 한 중국은 식량과 에너지 같은 생명유지 장치를 제공함으로써 북한을 존속시켜왔다. 그러나 마침내 그것이 깨져버린 것이다.

우선 어떻게 해서든지 김정은을 찾아내 그를 지원할 필요가 있었다. 한편으로 이것은 천재일우(千載一遇)의 기회이기도 했다. 다시 말해 중국에게 한민족만큼 다루기 어려운 것은 없다. 김일성 이후 북한의 속내는 중국의 영향력을 배제하는 것이었으며, 개혁지향을 보여온 김정은도 마찬가지다.

이번 기회에 그들에게 은혜를 베풀어 보다 강한 영향력을 갖는 것이 중국의 목표였다. 물론 통일은 단호하게 저지하고 싶다. 이를 위해서는 미국과의 비밀협의가 필요하다. 통일을 저지하려는 두 대국의 생각이 일치했다.

탄도미사일 발사 1개월 뒤, 쿠데타파를 제압한 김정은이 평양에 입성했다. 그러나 평양은 이미 무정부 상태였으며 북한 내 질서는 붕괴하고 있었다. 패주했던 부대가 각지에서 무장집단을 형성했다. DMZ에서는 패주병들이 한국군의 정지명령에 따르지 않아 총격전이 벌어졌다. 평양으로부터의 지휘계통이 마비되어 한·미 양측의 군사적 움직임을 탐지한 일부가 독단적으로 서울에 포격을 시작했다.

한·미 두 나라 대통령은 같은 시각 국민들을 향해 TV 연설을 시작했다.

“한·미 양국이 공동으로 행하는 군사작전의 목적은 북한의 군사적 침공에 대항하려는 것이 아니라 북한의 혼란을 수습해 한반도의 평화와 안정을 회복하는 것에 있다.”

경북 왜관에 있는 주한미군 기지 ‘캠프 캐럴’에 집결한 미군 증원부대는 군사경계선 부근으로 이동하기 위해 차례차례 출발했다.

일본경제에 피할 수 없는 귀찮은 사태가 벌어지려 했다.

　2011년 한·일 간 무역은 이미 1천억 달러를 넘었다. 삼성이나 현대가 전 세계를 대상으로 팔고 다니는 가전제품과 자동차 부품의 80%는 일본이 수출한 것이다. 혼란에 따른 한국 경제의 동요는 일본 내 경기와 고용에도 직격탄이 되었다. 한국 기업에 부품을 수출할 뿐만 아니라 엔고에 시달려온 일본은 한국 내에 부품공장을 세우는 등 직접투자를 통해 한국 기업에 제품을 공급하는 구조로 전환했다. 한국에 대한 투자액은 급증했으며, 일본만으로는 살아갈 수 없는 제조업은 서로 도움을 주고받으면서 의존도가 높아지고 있었다.

　더구나 한·일은 사실상 육지로 연결된 것과 마찬가지였다. 허브 항으로서 세계 톱클래스에 오른 부산항과 시모노세키를 잇는 페리에 실린 양국 트레일러는 2012년부터 양국의 도로를 달리는 것이 허용되었다. 이로써 항구에서 짐을 내리는 작업을 하지 않아도 돼 자동차로 왕복하는 공급망이 확립된 것이다. 제조업과 물류만이 아니다. 메가뱅크는 장기불황에 허덕이는 일본 내에서 미래를 기약하기 어려워 한국의 글로벌 기업을 개척하고자 융자를 늘리고 있었다.

　예전에는 일본의 한류(韓流) 붐만이 주목을 받아 한류 문화가 일본에 침투했다고 회자되었지만, 이제는 일본의 문화가 보이지 않는 곳에서 한국을 석권하고 있다.

　예를 들면 소비자 금융이 그렇다. 2002년 일본에서 소비자 금융 규제가 엄격해지자 대형 금융업체가 일제히 한국에 진출했다. 이들은 무인

대출기나 캐릭터를 이용한 선전, 대출 노하우 등 한국에는 없던 일본 특유의 수완을 동원해 시장에서 50％의 점유율을 차지하게 됐다. 2012 년, 카드 파산을 소재로 한 미야베 미유키의 《화차》(火車)가 영화로 만들어질 정도로 한국은 '일본화'되었다.

요컨대 한·일은 좋든 싫든 '운명공동체'가 된 것이다. 북한 붕괴가 직접 일본 경제에 비화될 것은 불을 보듯 뻔했다.

▨▨▨ 대국을 당혹시킨 한반도 통일

북진(北進)하던 한국군이 평양에 '통일한국 평양총독부'를 설립한 직후, 미·중 양국은 유엔 안보리의 긴급소집을 요구하기로 합의했다. 안보리가 시작되었다.

미·중 정부 내에는 한국의 성급한 움직임에 대해 "비난 결의를 채택해야 한다"는 의견도 있었다. 그러나 통일한국과의 관계를 고려해 지금은 사태를 진정시키는 데 전력을 다해야 한다는 이견이 많아, 결국 "한반도의 평화와 안정을 최우선한다"는 안보리 결의를 채택했다.

이때 한국과 북한의 유엔주재 대사가 불려갔다. 한국 대사는 "치안유지가 목적이며 반도의 평화와 안정을 최우선한다는 생각에는 변함이 없다"고 연설했다. 한편 각국이 주목한 것은 북한 대사의 의외의 연설이다. 통상적인 연설과 달리 한국 대사의 연설에 찬성을 표하고 "북과 남이 협력해서 한반도 사태 타개를 위해 노력하겠다"고 말한 것이다.

이에 가장 당혹스러워 한 것은 중국이었다. 북한에서 혼란이 시작되자마자 중국은 "어떠한 나라도 북한의 내정에 간섭해서는 안 된다"는 메시지를 내놓았다. 또한 안보리에 앞서 북한과의 국경 부근에 육군을 증강했다. 예측할 수 없는 사태에 대비함과 동시에 김정은과 접촉해 특수부대를 북한에 잠입시켰다. 그리고 북진을 시도하려는 한국을 견제하고자 막 완성된 중국산 항공모함을 중심으로 한 항모전투군을 서해로 보내 함재기의 이착륙 훈련을 활발하게 했다.

그러나 그것은 한국을 억제하지 못했다. 자타가 공인하는 대국 중국도 한국전쟁 때처럼 자국 병력을 투입하지는 못했다. 오히려 중국의 행동은 한국을 자극했다. 중국이 통일을 방해하겠다는 의사를 분명하게 표시했다는 비판이 시작된 것이다. 또한 중국의 협박을 무시한 한국 대통령에 대한 국민들의 지지가 높아졌다.

가장 먼저 '통일한국'을 국가로서 승인한 것은 중국을 견제하고 싶어 한 러시아였다. 많은 유엔 가맹국들이 그 뒤를 따랐다. 당황한 중국과 미국은 더 이상 통일한국의 흐름을 막을 수 없다고 판단했다. 오히려 통일한국을 자국 진영으로 끌어들일 필요가 있다고 생각해 국가 승인을 결단했다. 일본도 뒤를 따랐다. 일본에서 분노가 높아진 것은 그 직후였다.

뒤를 이어 계속된 일본의 궁극적 선택

지금까지 미·일 양국은 한반도의 평화적 통일을 공통의 전략목표로 삼아왔다. 평화적인 프로세스에 이의를 제기한 사람은 이때까지 아무도 없었다. 그러나 이것은 미·일 양국의 진의가 아니다.

속과 겉이 노골적으로 드러난 것은 총리 관저에서 '통일한국'을 국가 승인하는 각의결정이 이뤄진 뒤였다.

탄도미사일 발사로부터 정확히 반년 뒤에 이뤄진 한반도 통일에 일본 여론은 환영 분위기였다. 베를린의 장벽이 무너졌을 때처럼 순수하게 통일을 축복하는 국민도 있었으며, 북한의 소멸을 기뻐하는 사람도 있었다. 그러나 총리는 우울했다. 여론이 언젠가 180도 바뀔 것이 눈에 보였기 때문이다.

예상대로 각의결정 후 얼마 지나지 않아 경제원조를 요구하는 대표단이 한국에서 도착했다. 한국은 옛 북한 정부의 행정권을 인수했다는 것과 다시 국교를 정상화할 필요가 없다는 것을 전했으며, 동시에 1965년 체결된 한·일 기본조약에 의한 경제원조가 남쪽에 국한된 것이라면서 남은 지원을 요구했다.

이전부터 한국 정부는 북·일 국교정상화 교섭에 관한 연구를 계속했다. 특히, 고이즈미 준이치로 전 총리가 북한에 대한 경제협력에 대해 "한·일 기본조약을 참고로 하겠다"고 설명했던 점에 주목했다. 일본 정부는 한·일 국교정상화 때 한국이 청구권을 포기하는 대신 무상 3억 달러(당시 1,080억 엔 상당), 유상 2억 달러(당시 720억 엔 상당)의 경제협력자금을 지불했다. 현재의 경제가치로 환산해 옛 북한에 대한 지원액으로 100억 달러를 제시한 것이다.

한국 대표단의 뉴스가 전해지자 일본 내에서는 한꺼번에 맹렬한 비판이 일어났다. '한·일 기본조약' 교섭 당시 북한분도 포함되어 있다고 주장한 것은 한국 정부쪽이었다는 반론이다. 그러자 통일한국은 1990

년 가네마루 방북단이 북한을 방문했을 때 자민당, 사회당, 조선노동당 등 3당이 교환했던 보상액까지 들고 나왔다.

그러나 역사 해석 이상으로 재정이 곤란한 상태였던 일본에서는 고령자들의 분노가 엄청났다. "우리들의 안정된 연금을 왜 한반도를 위해 희생해야 하는가?" 하는 것이었다.

이 어려운 문제를 더욱 곤란하게 만든 것이 미국이다. 중국과의 세력 균형이란 관점에서 미국은 한국과의 동맹이 필요했다. 그러나 통일한국이 필요로 하는 막대한 경제지원을 미 의회가 용인할 리가 없다. 지금까지 미국 대신 경제지원을 하는 것이 일본에게 주어진 역할이었다. 그런 이유로 미국이 일본에게 지원을 요청한 것이다.

또한 미국은 중국의 지원도 기대했다. 당연히 중국은 대가를 요구했다. 한·미 동맹의 공동화 혹은 중립화다. 애초부터 미 국방부는 주한미군(육군)을 완전히 철수시킬 생각이었으며, 경제지원과 맞바꾸면 비용이 적게 드는 제안이다. 미국 정부는 2000년대 이후 주한미군을 다른 지역으로 전용하는 문제를 계속 검토했다. 필요한 것은 '억세스'이지 부대의 상주가 아니다. '주둔하지 않는 한·미 동맹'은 가능한 것이다.

다만 주한 미군의 철수에 대해서는 일본 정부와도 협의할 필요가 있다. 이는 주일 미군의 역할이나 자위대와의 분업체제에 커다란 영향을 미치기 때문이다. 미군이 한반도의 거점을 버린다면 중국과의 파워 밸런스란 관점에서 볼 때 미군과 자위대의 일체화를 더 높은 수준으로 끌어올리고 오키나와나 규슈 남쪽을 중요 거점으로 해야만 한다.

오키나와는 이에 맹렬하게 반발했다.

"북한이 있기 때문에 미군이 오키나와에 주둔했는데, 북한이 없어진 뒤에 오히려 왜 오키나와의 부담이 늘어나야 하는가?" 하는 분노였다. 한반도 통일은 일본의 국론을 양분시키는 재료가 되어 일본을 분열시키고 있지 않은가. 거기에 박차를 가하는 듯한 미일 동맹에 무슨 의미가 있는가. 나아가 '한반도의 평화적 통일'이라는 일본 정부의 전략목표란 게 과연 무엇이었던가. 비판의 화살이 일본 정부로 향했다.

동아시아에서 거세지는 내셔널리즘의 광풍

한국에 정권을 이양한 김정은이 한국 대통령과의 비밀회담을 요구한 것은 통일이 되고 두 달이 지난 뒤였다. 김정은의 제안은 한국 대통령을 놀라게 했다. 자강도에 비밀 지하 핵 농축시설이 있다는 것이다.

"민족이 독립하려면 핵 능력이 불가결하다. 나는 한국 대통령이 결코 미·중에는 알리지 않고 언젠가 통일국가를 위해 이 억지력을 써주길 바라고 있다."

한국 대통령은 핵에 관한 사항을 1급 보안사항으로 지정했다.

통일 1년 뒤 한국은 우려한 문제에 직면했다. 옛 북한 주민들의 폭동과 파괴행동이 산발적으로 발생한 것이다. 원인은 극심한 경제격차였다. 동독과 서독이 통일을 이뤘을 때와 같은 과정이다. 독일도 통일에 대한 열광이 식어가면서 생활수준의 악화라는 현실이 확산된 경험이 있다. 당시 옛 동독지역에서는 신 나치가 지지를 많이 받기도 했다.

같은 현상이 통일한국에서도 일어나고 있었다. 원래 한국에서도 청년층의 실업률은 큰 문제였다. 거기에 통일 후의 경제적 혼란, 옛 북한 민중들의 불만 축적, 나아가 한민족의 내셔널리즘 고양의 원인이 된 것이 주변국가와의 관계 악화였다.

먼저 중국이다. 중국은 주한 미군을 철수시키고 한반도를 중립화하는 데는 성공했지만, 친중국은 환상이었다. 중국과 한민족의 대립은 오랜 역사가 증명했으며, 한국인들의 민족주의 열기가 중국 내의 조선족들에게 파급될 태세였다. 거기에 박차를 가한 것이 '미·중 밀약'의 발각이다. 북한에서 내란이 발생했을 때 미국과 중국 사이에 다음과 같은 합의가 있었다.

비핵화를 실현하려는 미국은 북한의 핵시설을 제압할 것이니 중국이 이를 방해하지 않도록 요구했다. 한편 중국이 요구한 것은 '북한의 존속'이었다. 미국은 "한국은 주권국가이며 한국이 독자적인 판단으로 평양으로 진격할 경우 미국은 막을 수 없다"며 유보적 태도를 취했지만, 양측 군대의 우발적인 접촉에 대비해 고위급 수준의 통신회선을 항상 열어놓았던 것이다.

마치 한반도를 미·중 양 대국이 공동 관리하는 듯한 밀약이 발각된 후, 한국 내에서는 일거에 내셔널리즘이 불타올랐다.

그런 열기는 "세계의 강국으로서 미·중 간의 '균형자'로서 자립해야 한다"는 분위기로 이어졌다. "한·미 상호방위조약의 파기"라는 논조까지 나타나 '자립'이 슬로건이 되었다.

일본의 최종 결단

한반도가 통일되고 5년 후 두 번째 대통령은 중대한 사항을 결단하려 했다. 그는 선거에서 민족의 단결과 자립을 설파해 당선되었다. 그러나 열광적인 지지는 역으로 언제 '저자세 외교'라는 비판으로 바뀔지 모른다. 여전히 경제사정이나 옛 북한지역의 치안은 호전되지 않았다. 대통령은 임기 마지막 해 8월 15일 광복절에 중대선언을 하기로 결심했다. 그것은 통일한국의 핵무장이었다.

한국의 핵무장 선언은 일본에게는 커다란 충격이었다. 대통령은 8월 15일 광복절 기념사에서 자강도의 지하 핵 농축시설을 처음으로 공표하고 수십 발의 핵탄두를 노동미사일에 탑재가능하다는 사실을 밝혔다. 나아가 한·미 상호방위조약의 파기와 NPT 탈퇴도 표명했다. 그것은 민족의 비원이었던 진정한 자립과 강대국화를 위한 것이라고 설명했다.

일본은 한·미 동맹을 파기하고 핵무장을 한 민족주의적인 인구 약 8천 만 명의 통일한국과 쓰시마 해협을 사이에 두고 이웃하게 되었다. 일본 정부에게는 최악의 시나리오였다. 마침내 일본 정부에서도 핵무장의 목소리가 높아졌다.

지금까지 일본 내에서 과거에도 몇 차례 핵무장이 논의된 적이 있지만, 그것은 두 가지 요인 때문에 바로 진정되었다.

하나는 원자력 발전소의 존재다. 우라늄을 자체 생산하지 못하는 일본이 원자력 발전소를 가동하기 위해서는 해외로부터 우라늄을 수입해야 했다. 그러나 핵연료를 수입하기 위해서는 NPT 가입과 IAEA(국제

원자력기구)의 보장조치를 수용하는 것이 조건이었다. 핵무장이라는 것은 곧 핵연료 수입 중단, 즉 원전의 가동 중단을 의미한 것이다.

그러나 2011년 후쿠시마 제1원전 사고 후에 추진된 탈원전(脫原電) 노선 때문에 일본 내에 재처리 시설은 남아 있지만 원전은 거의 가동되지 않고 있는 상황이다. 즉, 아이러니하게도 탈원전 노선이 핵무장을 가능하게 하는 조건을 만든 것이다.

핵무장에 제동을 건 또 하나의 요인인 '핵 터부'가 히로시마・나가사키 원폭 투하 이후 세월이 많이 흘러 풍화되었다. 그리고 무엇보다 중요한 게 여론의 변화다. 2000년대에 들어와 사회적 폐색감(閉塞感)에서 내셔널리즘에 대한 젊은 세대의 욕구가 분출되기는 했지만, 이것이 진지하게 고찰되지는 못했다. 내향적이며 배외주의적인 사고가 침투해 일본의 핵무장을 대망하는 목소리가 당연한 것처럼 대두한 것이다.

미국의 생각도 바뀌었다. 미・중 간의 파워 밸런스가 접근하고 통일 한국이 중립화와 핵무장을 표방한 것을 고려하면 동북아시아에서 세력 균형을 유지하기 위해서는 일본이 미국과의 동맹을 유지한 채 핵무장을 하는 것이 필요하지 않느냐는 견해가 확산되었다.

또한 중국도 통일한국이 중국에 적대적이라면 오히려 한・일 양국이 핵을 가지고 대치하는 것이 바람직하다는 생각에서 일본의 핵무장을 묵인하려는 태도를 보이고 있었다.

일본에서는 과거에는 찾아볼 수 없을 정도로 핵무장을 둘러싼 논의가 진지하게 이뤄졌다. 방위성에서는 미국으로부터 원자력 잠수함과 미사일 핵탄두를 구입하는 옵션, 지상발사형 중거리 탄도미사일과 핵탄두를 결합해 배치하는 옵션, 핵을 탑재할 수 있도록 F-35를 개량해서 핵폭탄과 결합해 운용하는 옵션 등을 제시한 보고서를 핵전략 전문가들이 작성했다.

방위대신은 총리에게 그런 보고서를 보여주었다.

"이것은 악마의 선택입니다. 일이 이 지경에 이르면 핵무장은 피할 수 없을지도 모릅니다. 그러나 평화국가로서의 일본이라는 국가의 모습 자체를 바꿔버릴 것입니다. NPT도 일본의 손으로 사장시켜버릴 것입니다. 세계의 핵 확산은 더 이상 막을 수 없게 될지도 모릅니다. 그런 만큼의 각오가 되어 있습니까?"

물론 총리는 아무 대답도 할 수 없었다. 오히려 미국이나 한국 대통령에게 이렇게 묻고 싶은 심정이었다.

"우리들은 이런 아시아를 만들고 싶었던 것입니까? 도대체 우리는 어디에서 잘못한 것입니까?"라고 말이다.

과제

• 한반도에서 위기가 발생할 경우 현지에 체류하는 일본인들을 대피시킬 구체적인 방안은 마련되어 있는가?

• 안전보장과 관련한 일본의 전략비전을 내외에 명확하게 제시하고 있는가?

• 총리나 총리 관저의 사태 대응이 사후약방문이 돼버릴 경우 그것은 평상시 무엇이 부족하기 때문인가?

• 한반도에서 위기가 발생하면 일본 경제에 커다란 영향을 미친다. 평상시 위기에 대한 예방책은 강구되고 있는가?

• 평상시 정보기관이 독자적으로 총리에게 제공하는 정보는 정부 내에서 공유·분석되고 있는가? 총리를 혼란스럽게 하는 구조에 빠져 있는 것은 아닌가?

핵테러

3·11의 교훈이란 무엇인가

일본의 중추인 가스미가세키와 나가타초가 핵폭탄에 의한 직접 공격을 받아 총리 이하 정부 요인들이 전원 사망. 남겨진 사람들은 그때 무엇을 해야 하는가? 생각할 수 있는 최악의 상태를 상정한 훈련을 진지하게 실시해야 하지만 …

2004년을 경계로 세계의 풍경이 마치 TV 채널을 바꾼 것처럼 싹 바뀌었다. 그렇다고는 해도 무엇이 바뀌었는지 '숨은 그림'찾기처럼 찾아내기는 쉽지 않다.

예를 들면, 낚시를 좋아하는 사람들은 그런 변화를 쉽게 찾을 것이다. 외항선들이 출입하는 큰 항구의 안벽(岸壁)에는 감시카메라나 적외선 센서가 달린 펜스가 쳐져 낚시가 금지되었다. 안벽에 올라 낚시하는 사람들은 경찰에 검거되는 등 감시가 더욱 철저해졌다.

이것은 2004년 146개국이 비준한 'SOLAS'(해상인명안전협약)가 개정되어 보안강화가 의무화되었기 때문이다. 이는 '9·11' 테러 이후 국제적 테러를 막기 위해 강구된 조치다.

테러라는 공포의 만연

핵테러를 우려하는 미국은 일본을 비롯한 세계 각국과 공동으로 이를 막기 위한 규제를 하고 있다. SOLAS만이 아니다. 2004년 도쿄는 'CSI 항만'이 되었다.

CSI라는 것은 '컨테이너 보안협정'(Container Security Initiative)을 줄인 말로, 현재 일본에서는 도쿄, 요코하마, 고베, 나고야 등 4곳의 항에 14명의 미국 세관직원이 상주하면서 X선, 감마선, 방사선 탐지장비로 컨테이너를 사전 검사한다. 이로 인해 수출업자는 배가 입항하기 24시간 전에 반입하던 컨테이너를 72시간 전에 반입해야만 했다. 이로 인해 중간 재고가 늘어나 비용도 대폭 증가했다.

막대한 자금을 들여 테러를 봉쇄하고 핵의 확산을 막으려 하고 있다. 이제 핵테러 공포는 세계에 만연된 질병 같은 것이 됐다. 위협의 존재가 명확해진 것은 2004년이었다. 파키스탄에서 '핵개발의 아버지'라 불리는 칸 박사가 갑자기 TV에 나와 국민들에게 4분 동안 고백을 했다.

"지난 20년 동안 핵기술을 유출시켰다. 용서해달라."

젊었을 때 일본식으로 말하면 '경박하며 놀기 좋아하는 남자'였던 박사는 지하 핵 네트워크를 구축해 돈다발을 챙기는 남자로 변해갔다. 그의 사죄는 '핵의 지하시장'이 핵물질과 기술을 세계로 확산시키고 있다는 것을 증명하였다.

평화로운 시대에는 상상도 하지 못한 훈련 모습도 등장했다. 국민보호 공동훈련이란 것을 기억할지 모르겠다. 역시 2004년 일본에서 국민보호법이 제정되었다. 이에 따라 2011년 말까지 도도부현 단위로 모두 85차례 훈련이 실시되었다. 국민보호법은 타국의 무력 공격이나 테러리스트에 의한 대규모 공격이 발생했을 때 주민들을 피난시키고 구조하기 위한 법률이다. 공격에 의해 발생한 재해에 대처하기 위해 국가, 자치단체, 관계기관들의 역할을 정해둔 것이다.

이 법이 상정한 것은 '무력공격 사태'와 '긴급대처 사태' 두 가지다. 무력공격은 4종류로, 착상륙 침공, 항공기 공격, 게릴라·특수부대에 의한 공격, 탄도미사일 등이다. 긴급대처 사태로는 대규모 테러와 NBC(핵무기, 생물무기, 화학무기)를 사용한 테러가 열거되었다. 내각관방에서는 이것들을 '중대 긴급사태'로 보고 시나리오를 만들었다.

그러나 '사린 사건' 발생 시의 대처가 훈련의 대부분이다. 긴급대처 사태 가운데 가장 괴멸적인 피해를 주는 '테러에 의한 핵폭발'과 관련한 훈련은 국민보호 공동훈련에서 이뤄지지 않는다. 내각관방에 설치된 사태대처 전문위원회는 시나리오를 작성한 것으로 알려졌지만, 그 내용은 공표되지 않고 있다.

핵테러 훈련을 할 수 없는 사정이라도 있는가 하는 생각에 어느 현 담당자에게 "왜 사린만 하느냐?"고 묻자 맥 빠진 대답만 돌아왔다.

"다른 자치단체도 사린이며, 기본은 사린입니다. 응용문제는 할 수 없습니다."

최악의 시나리오에는 대면하고 싶지 않다는 것이다. 후쿠시마 제1원전이 피해왔던 것과 같다. 도쿄에서 '핵테러'가 일어났다고 상정할 경우 거기서 드러나는 모습을 통해 배울 점이 많을 것이다. 도대체 지금 일본의 어떤 실상이 나타날 것인가?

만약 도쿄에서 핵테러가 발생한다면

당신이 경찰 소속의 신참 수사관이라면 다음 이야기를 어떻게 해석할 것인가?

1. 범행 예고

매년 3월 11일에 열리는 동일본 대진재 추도식을 1주일 앞두고 총리 관저와 경찰청에 범행을 예고하는 편지가 도착했다.

"1주일 이내에 수도에서 핵폭탄이 터져 도쿄는 방사능에 오염될 것이다."

테러 예고치고는 구체적인 말이 없다. 더구나 사이버 테러 시대에 워드프로세서를 이용한 편지는 쇼와(昭和) 시대의 납치사건 같다. 장난일까. 수사관들의 해석이 분분했다.

"방사능으로 혼란을 초래할 수 있다는 허위 '위협'이 통용된다는 것을 테러리스트들은 3·11 대진재를 통해 배웠을 것이다. 후쿠시마 제1원전 사고로 세상은 방사능에 민감해져 있다. 수돗물에서 방사성 물질이 검출되었다는 가짜 정보를 흘리는 것만으로 사회도 경제도 대혼란에 빠진다는 것이 대지진을 통해 실증되었다."

재해로 분명해진 일본의 치명적 약점은 국민이 정부의 공식발표를 믿지 않는다는 것이다. 다른 나라라면 대통령이 대국민 성명을 통해 혼란을 수습하려 할 것이다. 권위를 가진 사람으로서 사회를 어떤 방향으로 이끌어가는 것이 통치자의 역할이다. 현재 어느 나라 정부도 통치하기 어려운 시대가 되었지만, 미국이나 중국 등 철저하게 모의 기자회견 훈련을 하는 국가는 위기 시 기자나 국민들에게 '운명 공동체'라는 것을 강하게 의식시킨다.

일본의 경우는 조금 사정이 다르다.

대재해가 발생하면 재해대책기본법에 따라 총리는 각 대신, 지방공공단체, 지정행정기관 등에 대한 지휘권을 갖는다. 절대적 권한이다. 그렇지만 총리에 대한 국민들의 이미지는 매일같이 야당의 공격을 받고 친정인 여당에 발목을 잡혀 국회에서 샌드위치가 되는 그런 모습이다. 평상시 일본의 총리대신에게는 생각하는 것보다 강한 권한이 없다. 정책을 실행하려고 해도 각의에서 전원일치로 합의를 봐야 하고, 모든 업무는 각성의 대신 명령에 의해 이루어진다. 의회에 대한 '대통령의 거부권' 같은 강한 권한도 없다.

평상시 이미지에 권위가 없어서인지 위기 시에도 뭔가를 이야기해서 국민을 하나로 모을 수가 없다. 리더의 신뢰도가 낮은 것은 리더 개인만이 아니라 평소의 구조에도 문제가 있기 때문이라고 말할 수 있다.

재해가 발생했을 때 리스크 전달이 얼마나 어려운지 통감했던 일본 정부지만 그 뒤에도 홍보체제는 정비되지 않았으며, 이는 현재도 마찬가지이다. 그렇기 때문에 방사능 오염을 위협이라고 부정하려 하겠지만, 테러 예고가 공표된 것만으로도 사회는 혼란에 빠질 수 있다.

2. '느슨한 핵무기'와 검역작전

"설마 러시아에서 분실된 여행가방형 폭탄이 반입되었을 가능성은 없겠지?"

회의 도중 수사팀 간부가 "테러 예고편지를 단순한 위협으로 치부하지 말라"면서 한 말이다.

1997년 당시 러시아의 레베지 안보담당 서기가 증언해 세계적으로 화제가 되었다. 구소련의 여행가방형 폭탄 수가 줄어들었다는 이야기다. 엉성하기 짝이 없는 핵관리로 전 세계 사람들의 간담을 서늘하게 했지만, 러시아 정부는 이를 필사적으로 부정했다.

1990년대부터 일본 경찰청은 구소련에서 핵물질이 유출되는 것에 신경을 곤두세웠다. '9·11 테러' 이후 관련 부처가 합동으로 다음 세 가지 목표를 세워 훈련을 하고 있다. 첫째, 테러리스트를 일본 내로 입국시키지 않는다. 둘째, 일본 내에 테러 거점을 만들지 못하게 한다. 셋째, 테러를 일으키지 못하게 한다.

IAEA의 핵 밀매 데이터베이스에 의하면, 1993년부터 2005년까지 IAEA 가맹국의 수사기관으로부터 827건의 핵 밀매 사례가 보고되었다. 이 중 224건이 핵물질이며, 516건이 방사성 물질이다. 그 가운데 고농축 우라늄과 플루토늄의 밀매도 16건이나 적발되었다. 2011년에도 세계에서 147건의 밀매가 보고되었다. 이런 밀매의 유출처가 러시아라고 한다.

"러시아의 관리도 허술하지만, 더 엉망인 것은 우크라이나다. 우크라이나를 경유해 유출된 핵물질의 행방을 유럽 각국이 혈안이 되어 찾고 있다. 적발된 대부분의 경우 함정수사에 의한 것으로 돈이 목적이라 쉽게 함정에 걸려든다."

수사간부들은 여행가방형 핵폭탄이 일본에 반입되었을 가능성에 계속해서 신경 쓰기 시작했다.

"러시아 핵무기에는 시리얼 넘버가 매겨져 있지 않아."

다른 간부가 쓴웃음을 지으며 말했다.

"예를 들어 100개의 핵무기를 주문하면 105개가 납품되는 모양이야. 실제 제조 수와 대장에 있는 수가 맞지 않아 수량 관리가 제대로 되지 않아. 그렇기 때문에 옆으로 빼돌리거나 밀매가 끊이지 않는다고 미국 의원들이 한탄하고 있어."

직원들의 급여를 지급하기 위해 자사가 보유한 우라늄을 밀매하려한 대형 국영기업 간부, 우주정거장에서 사용하는 동력로를 제조하는 공장에서 사용 가능한 고농축 우라늄 1.35킬로그램을 훔쳐 자기 집 발코니에 보관한 직원도 있다. 이 직원은 매일 공장에서 유리병에 우라늄을 조금씩 담아 집에 가져왔다. 생활비를 벌기 위해서다. 독일의 칼스루에 원자력연구소에서도 주머니에 플루토늄을 잔뜩 넣어 훔친 사람도 있다. 이런 허술한 관리하에 있는 핵을 '느슨한 핵무기'(loose nukes)라고 부른다.

어떤 수사관은 "옴진리교 사건을 생각해 보라"고 말한다.

"핵무기의 위력에 강하게 끌린 사람이 아사하라 쇼코(麻原彰晃)다. 그는 노스트라다무스의 종말론을 신자들에게 심어주고 교단만이 살아남을 것이라고 강조했으며, 측근이었던 하야카와 기요히데(早川紀代秀)에게 러시아에서 핵탄두를 사오라고 명령했다. 또한 모스크바의 핵연구센터에서 일하는 러시아인 옴진리교 신자가 있었다. 일부 테러리스트가 품고 있는 '핵무기주의'는 핵무기나 핵폭발 그 자체를 편애하여 어쨌든 적들에게 써보자는 생각과, 보다 실용적으로 적의 공격을 막는 억지력으로서의 핵 보유를 고집하는 생각으로 나뉘어 있다."

체포된 알카에다 조직원도 법정에서 핵 구매를 시도했다고 증언했다.

그렇다면 핵의 유입을 막을 수 있는가. 일본 정부는 보통 '검역위기관리팀'이라 불리는 조직을 창설해 주요 공항과 항구에 상주시키고 있다. 앞에서 언급한 대로 세계 주요 항에는 CSI에 의해 미국 세관직원이 파견되어 있다. 하늘도 마찬가지다. 사전 입국심사 제도(APIS)를 도입해 외국에서 승객이 탑승하면 개인정보가 바로 도착 공항의 경찰과 세관, 입국관리국에 통보된다. 나아가 X선 검사나 수하물 검사에 고성능 폭발물 탐지장비가 사용되고 있다.

미국은 러시아와 협조적 위험 감축 계획하에 러시아 국경 350개소에 방사선 탐지기를 설치하기로 합의하고, 이를 위해 양국이 1억 4천만 달러의 비용을 내기로 했다. 미국 연구자는 미국 주도의 이런 시도에 대해 "너무 걱정하는 것 아니냐는 말을 러시아인들로부터 들었다"고 한다.

위기에 대한 의식은 이 정도로 차이가 난다. 마치 세계가 두 진영으로 나뉘어 있는 것 같다. 야무지지 못한 사람들과 그 사람들 때문에 신경과민이 된 사람들로 말이다.

그렇다면 거액의 비용을 들인 일본의 검역작전으로 핵의 밀매를 근절할 수 있는가 하면 수사간부는 "역시 무리"라는 속내를 드러낸다.

"컨테이너의 짐 속에 감추는 마스킹(masking)이라는 수법을 사용하면 알 수 없으며, 모든 컨테이너를 검사하는 것 자체도 불가능하다."

대량 살상무기로 사용되는 군사 관련 기기의 부정 수출은 일본의 지방 항구에서 일어나고 있다. 이런 곳은 서류심사밖에 하지 않기 때문에 허점투성이며 세관직원의 수도, 능력도 제한적이다.

검역작전은 세계를 단지 갑갑하게 하고 있을 뿐인가, 아니면 핵 확산의 억지력이 되고 있는가. 누구도 대답을 내놓지 못하고 있다.

3. '탐지 바이어스'에 빠져 있지는 않은가?

여기서 당신은 커다란 의문에 봉착한다. '테러리스트는 외국인'인가? 일본인은 핵테러를 일으키지 않는가?

한 수사관은 "이 사건을 읽어보고 발상을 바꿔라" 하고 말하면서 1999년에 실제로 일어난 비행기 납치사건 보고서를 보여줬다.

"1999년 7월, 승무원과 승객 517명을 태운 하네다발 ANA 점보제트기가 식칼을 든 남자에게 납치당했다. 범인은 조종석에 난입해 부조종사를 밖으로 끌어내고 남아 있던 기장을 칼로 찔러 죽였다.

도쿄 도의 다치가와(立川) 시와 다마(多摩) 지구 주택가를 스치듯 위험스럽게 저공비행해, 까딱하면 추락하여 대참사가 벌어지기 일보직전이었다. 부조종사와 비번이던 조종사가 조종실을 부수고 들어가 범인을 잡은 것이다.

기장 살해, 인질 517명이라는 비행기 납치사건은 일본에서는 전례가 없었다. 범행을 저지른 청년은 항공기 마니아였으며, 정신분열증으로 정신과 치료를 받고 있었다. 그는 하네다 공항의 보안상 문제점을 상세하게 기록한 편지를 당시 운수성과 하네다 공항에 보냈지만 무시당한 것에 상처를 받아 편지에 쓴 순서대로 범행을 저질렀다. 비행기 티켓을 예약할 때에는 당시 지하철 사린사건으로 특별수배 중이던 '다카하시 가쓰야'라는 이름을 가명으로 사용했다."

수사관은 이렇게 설명했다.

"이 사건은 일반적으로 정신과에서 치료를 받던 사람의 범행으로 인식되고 있다. 그렇지만 명문대학을 졸업한 그는 자신의 해박한 지식을 무시한 '체제'에 분노하였고, 그것이 동기가 되었다. 즉, 그의 행위는 자신에게는 체제에 대한 '테러'였던 것이다."

범인은 정치적 배경은 없지만, 내용만 보면 국민보호법이 말하는 국민보호 사태에 상당한다. 수사관은 계속했다.

"리스크를 전쟁이나 대규모 테러로 한정해버리면 발생 확률은 낮다. 확률이 낮으면 보통 위험성에 대해 생각하지 않는다. 그러나 문제는 확률이 아니다. 리스크 분석에서 중요한 것은 한발 잘못하면 대참사가 벌어졌거나 벌어질 수 있는 사건을 어떻게 '해석'하는가 하는 것이다. 이렇게 사건을 해석함으로써 미연에 방지대책을 검토할 수 있으며, 초동에 어떻게 하면 좋은가를 깊게 검토할 수 있다. 이것이 상정 밖의 범위를 좁힐 수 있게 한다."

후쿠시마 제1원전 사고에도 '상정 외'를 만들어버린 메커니즘이 있다. 일본 전국이 동요했던 3월 11일, 피난 지시가 나온 후쿠시마 제1원전 주변지역에서는 의외로 '큰일 아냐', '하루나 이틀 지나면 집으로 돌아갈 수 있을 거야'라는 생각을 가진 사람들이 있었다.

원자력 발전소의 모든 전원이 끊기고 여진이 계속되는 가운데 멜트다운을 향해 사태가 최악으로 빠져가는 순간이다. 그런데도 지역의 재해대책본부에는 '냉각작업이 순조롭게 진행되고 있다'고 생각하는 직원이 있었다. 그들은 다음날인 12일 TV로 1호기의 수소폭발을 보고 처음으로 공포심을 갖게 된 것이다.

원전의 코앞에 있었던 그들은 왜 위기의 한가운데 놓여 있다는 것을 파악하지 못한 것일까?

그들은 정부, 지방자치단체, 원자력사업자가 공동으로 실시한 원자력 종합방재훈련 경험도 있었다. 또한 후쿠시마 현, 히로노초(廣野町), 히노바초(檜葉町), 도미오카초(富岡町), 오구마초(大熊町), 후타바초(双葉町), 나라에초(浪江町)가 함께 실시한 원자력 방재훈련도 경험했다.

그 시나리오는 이랬다. 제1원전 5호기의 주변압기가 고장 나 원자로가 자동으로 정지된다. 모든 비상용 디젤 발전기가 고장 나 모든 전원이 끊기는 사태에 빠졌다. 그러나 시나리오에서는 방사성 물질이 밖으로 누출되지 않으며 비상용 디젤 발전기가 복구되어 원자로를 냉각시키는 데도 성공했다. 준비된 몇 대의 버스에 탈 수 있는 인원만큼 타고 피난했으며(버스에 타지 못한 주민들에게는 뭐라고 설명했을까?), 사고는 훈련시간 중에 성공리에 해결되었다는 것이다.

이렇게 해서 잘못된 생각을 하는 주민들이 생겨났다. '원전 사고라는 것은 이 정도의 것'이라는 오해가 생긴 것이다. 마음속에서 리스크에 관한 정보를 배제하고 자신의 경험에서 편리한 대로 해석해버리는 메커니즘, 이것을 '인지 바이어스'라고 말한다. 진지하게 방재훈련에 참가했기 때문에 바이어스라는 안경을 끼게 되어 둔감해져버린 것이다.

이야기를 다시 돌려보자. 핵테러를 일으키는 것은 외국인 테러리스트만일까. 실은 이미 일본에서도 핵물질을 사용한 범죄가 일어난 적이 있다. '한심한 핵테러'로 불린 이 사건은 2007년에 미야자키대학에서 발생했다. 지문인증이 필요한 연구소에서 방사성 동위원소 요오드 125를 도난당한 것이다. 경찰이 찾아낸 범인은 체포 당시 35세의 조교수였다.

그는 훔친 요오드를 여자 동료에게 복수하려고 그녀의 칫솔, 컵, 의자 등 세 곳에 뿌려놨던 것이 발각되었다. 그가 여자 동료에게 빌려준 낚싯대에 상처가 났다고 지적하자 그녀가 '속 좁은 남자'라고 말했던 것을 증오한 것이다.

그 뒤 지바 현에서도 원한이 동기인 방사성 물질 도난사건이 발생했다. 방사성 물질을 흩뿌리는 행위가 모두 정치적 배경이 있는 테러라고는 말할 수 없다. 수사기관이나 정보기관으로서 어려운 점은 원한을 동기로 범행을 저지른 범인은 사전 정보수집망에 걸리지 않는다는 것이다.

마찬가지로 사전 정보수집이 어려운 사례로서 최근 일본사회에 충격을 준 것은 아키하바라 길거리에서 일어난 무차별적인 묻지마 살인사건이다. 범인들은 모두 사회에서 고립된 젊은이다. 고독한 존재의 광기가 터져 식칼이나 해머를 손에 들고 혼잡한 거리를 활보하면서 찔러댄 것이다. 그들이 핵폭탄이나 방사성 물질을 갖고 있었다면, 이렇게 생각하는 게 황당무계한 일인가?

2008년 이후 방사성 물질의 도난, 분실, 방치사건이 일본 내에서 10건 발생했다. 입수하는 것이 그렇게 어려운 일도 아니다. 또한 오래된 일이지만, 1970년대 미국에서 원자폭탄을 혼자서 만드는 방법에 관한 논문을 쓴 대학생이 있었다. 'A-Bomb-Kid'라 불려 일약 유명해진 그는 '홈 메이드 원폭'을 가능하게 한 것이다. 최근에도 미국 고등학생이 핵융합 장치를 만든 적이 있다.

의심하기 시작하면 끝도 없다. 의혹을 가지면 가질수록 불안해지는 '의심암귀'(疑心暗鬼)야말로 핵이 초래한 역병 같은 공포일 것이다. 철저한 검역작전만으로 충분한가. 고독한 대량살상 살인범을 근절하는 것은 사회 전체가 해야 할 일인가, 아니면 경찰이 해야 할 일인가.

조각조각 난 위기관리

4. 위기관리에 대응 못하는 법 체제

테러 예고가 어떤 목적과 효과를 노린 것인지 모른 채 1주일이 지났다. 3월 11일, 총리가 국립극장에서 개최되는 동일본 대진재 추모식으로 향하고 있을 때였다. 도쿄 스카이트리에 있던 관광객들이 도심 쪽에서 거대하게 올라오는 둥근 모양의 연소체를 목격했다. 번쩍이는 섬광을 내는 둥근 연소체는 굉음과 함께 지면을 격렬하게 뒤흔드는가 싶더니 어느샌가 푸른 하늘에 버섯구름을 피우며 올라갔다.

　NHK 화면에 갑자기 아나운서가 등장했다.

　"지금 막 들어온 뉴스입니다. 오늘 오후 1시경 도쿄 가스미가세키 부근에서 대규모 폭발이 일어났습니다. 버섯구름의 모양으로 봐서 핵폭발이라는 견해가 강해지고 있습니다. 아직 정부로부터는 아무 발표도 없습니다. 정보가 들어오는 대로 전해드리겠습니다."

　이 화면은 총리 관저 지하 2층에 있는 위기관리센터의 모니터에서도 흘러나왔다. 핵폭발에도 견딜 수 있도록 설계되어 있으며, 직원들은 비상시에 언제나 대비한다. 그들은 도쿄 도심을 순환하는 야마노테선(山手線) 밖으로는 나가지 않으며 지하나 고층빌딩에도 가지 않는다. 그런 그들에게 풀기 어려운 난제가 닥쳤다. 총리 이하 대신 전원이 사망한 것이다.

폭발장소는 가스미가세키. 1킬로톤 이하의 지표 핵폭발이다. 폭심지에서 반경 400미터 이내는 괴멸, 반경 2킬로미터 이내에서도 건물의 붕괴와 화재가 발생했다. 총리 대행 지명순위는 6위까지만 정해져 있다. 그러나 각료 전원이 사망했을 때 어떻게 할 것인가. 국가존망의 위기에 국회를 소집해 총리를 지명해야 한다는 한가한 이야기를 할 때가 아니다.

그렇지만 총리나 총리대행이 없으면 재해대책본부를 설치하지도 못한다. 총리가 맡는 긴급재해대책본부장을 누구에게 맡길 것인가, 이것도 사전에 정해져 있지 않다. 경찰청장관이나 부총리, 관방 부(副) 장관이 적임자이기는 하지만 긴급재해대책본부장 대행을 사전에 임명할 수 있는 법률도 없었다. 마찬가지로 정부기능 존속계획도 만들지 않았다. 일본 법 체제는 위기관리에 적절하게 대응하지 못하고 있다.

"이봐, 살아 있는 부대신이나 정무관에게 성명을 발표하게 하면 된다. 문안을 가져와."

위기관리감이 지시하자 "성명 문안은 없습니다"라는 즉답이 돌아왔다.

"총리용 성명이 없어?"

"중대 긴급사태 발생 시의 성명은 모두 있습니다만, 핵만은 문부과학성 소관입니다. 원자력규제청으로 옮겼을지도 모르겠습니다."

누군가가 혀를 차는 소리가 들렸다.

성명을 낼 필요가 있었다. '핵폭발' 속보를 들은 사람들이 두 번째를 두려워해 패닉상태에 빠졌기 때문이다. 폭심지 주변에 약 200만 명이 체재하고 있다. 열풍이나 유리창의 파손, 건물붕괴로 엄청난 사상자가 나오고 있다.

두 번째 폭발이 어디서 일어날까. 도쿄만이 아니라 오사카나 나고야 등 대도시에서는 누구나 그 자리를 벗어나려고 도망가기 시작했다. 도심에서 밖으로 나가면 방사성 낙진(fallout)에 피폭된다. 그렇기 때문에 총리 관저 지하의 위기관리센터는 '옥내 대피'를 호소해야 한다.

도심부의 통신기기가 핵폭발로 인한 전자펄스에 의해 사용할 수 없게 되었지만, 위기관리센터에는 기상청과 방위성을 잇는 직통전화가 있다. 풍향, 도내 모니터링 포스트의 수치를 한시라도 빨리 국민들에게 알려야 한다.

한편 경찰청의 각 방면대가 도내 전역에서 소집되어 간선도로에서 교통을 규제하기 시작했다. 도심으로의 진입을 전면 통제하고 도심에서 나가는 사람들을 빨리 밖으로 내보내야 한다. 지진에 대비해 경찰청이 일상적으로 해온 훈련을 활용하는 형태가 됐지만, 폭심지 부근의 구조활동은 불가능했다.

도쿄 소방청이 제염라인을 설치해 시간당 500마이크로시버트 밖에서만 구조활동을 하도록 제한했다. 경찰과 소방 당국의 방호복은 감마선을 차단할 수 없다. 라인 안으로 들어가면 자신들도 피폭된다.

그러나 피폭 우려가 낮은 지역에서도 어려움은 있었다. NBC(핵무기, 생물무기, 화학무기) 대책으로 준비한 도쿄 소방청의 특수재해대책 차량과 대형 제염시스템 차량 등의 특수차량이 너무 커서 무너진 건물 잔해더미 속으로 진입할 수 없다. 최근의 특수차량은 모두 대형으로 만들어져 좁은 데서는 사용할 수 없는 것이다.

경찰청도 마찬가지였다. 중앙합동청사가 방패막이가 되어 붕괴는

면했다. 그러나 NBC 테러대응 전문부대나 기동대 화학방호대가 보유한 중요 기자재가 도쿄 소방청의 최정예인 일명 '하이퍼 레스큐'와 호환되지 못하는 치명적인 결함이 드러났다. 조직마다 경쟁이라도 하듯 기업과 손을 잡고 독자적으로 장비와 기자재, 특수차량을 개발했기 때문이다.

조직마다 더러운 폭탄(*dirty bomb*)에 의한 방사능 오염 훈련은 했지만, 핵폭발에 대한 지식은 없다. 구조활동 장소가 한정되면서 여러 제약들이 차례차례 나타났다. 후쿠시마 제 1원전 사고 이후인 2011년 11월, 정부의 '국제조직범죄 등 국제테러 대책추진본부'가 테러대책 조치를 강화하겠다고 발표했다. 그 가운데 다음과 같은 사항이 포함되었다.

"내각관방, 원자력안전·보안원, 경찰청, 해상보안청, 방위성 등의 관계부처는 테러발생 시의 대응절차와 역할을 재확인함과 동시에 실천적인 공동훈련을 실시해 연계를 강화한다."

제염라인 밖에서 경찰, 소방대, 자위대의 현장간부 3명이 역할분담에 대해 말하고 있는데, 그중 한 명이 이 '연계'사항에 혀를 찼다.

"누가 책임을 갖고 명령을 하는가에 대해 일체 언급이 없다. 아무런 도움이 되지 않는 훈련용이다."

"어느 조직이나 얼굴이 서는 내용이지 않은가. 대단히 일본적인 아름다움이군."

누군가 내뱉듯 말했다.

실제 활동하는 부대에 어떤 실질적인 책임이나 권한을 부여하는지도 분명하지 않다.

"모두 현장에서 결정하라는 것 아냐."

핵 테러 폭심지(지요다 구 가스미가세키)

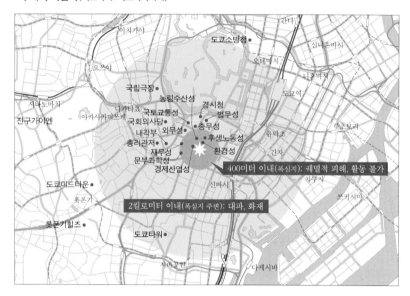

방사성 낙진 예측

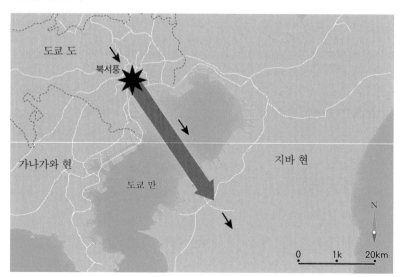

210

위기관리가 모두 조각조각 나 있으며, 법도 조직도 횡적으로는 정비되어 있지 않았는데, 이에 대해서는 현장에 있는 누구나가 불만을 갖고 있었다.

"지금 이 자리에서 푸념을 늘어놔도 의미가 없다. 우리들이 어떻게 분담할 것인지 정하자."

분담을 결정하는 세 사람에게 또 하나 어려운 문제가 기다리고 있었다. 부상당한 사람들을 어디로 수송할 것인가 하는 점이다.

자위대는 후쿠시마에서 믿기 어려운 경험을 했다. 환자수용 거부다. 방사성 누출을 두려워한 나머지 많은 개업의들이 환자 진찰을 거부하고 병원 문을 닫았다. 감기 걸린 환자도 "제염증명서를 갖고 있느냐?"고 묻고 피난민들을 병원 안으로 들여보내지 않았다. 전염될 것으로 생각했을 것이다. 개업의만이 아니라 인근의 공립병원조차 자위대원들의 진찰을 거부했다. 의사들이 방사선에 관해 얼마나 지식이 없는지를 여실히 보여준 것이다.

도쿄의 경우, 도내엔 원자력사업소가 없기 때문에 피폭에 관한 의료교육을 하는 곳이 제한되어 있다. 인명을 구조해도 일부 대학병원을 제외하고 도대체 얼마나 많은 병원들이 환자들을 수용해줄 것인가?

이렇게 해서 누군가에 의해 저질러진 피해는 준비부족과 겹쳐져 더 확대되어갔다.

의식화 (儀式化)된 위기관리

폭심지가 된 가스미가세키나 부근의 나가타초, 도라노몽 등 도쿄 중심부는 방사선 장애 방지를 위한 경계구역으로 지정돼 폐쇄됐다. 비상선 앞에 서 있는 신참 수사관인 당신은 베테랑 수사관이 핵폭발이 일어나기 전 입에 거품을 물고 말했던 것을 떠올렸다.

"지하철 사린사건을 잊지 마라. 그 사건이야말로 실패의 전형으로 가슴에 새겨둬라."

지하철 사린사건이 일어난 것은 마쓰모토 사린사건이 일어나고 9개월이 지난 1995년 3월의 일이다. 베테랑 수사관은 이렇게 자주 말했다.

"마쓰모토 사린사건이 일어났을 때 화학무기인 신경가스 사린이 사용되었다는 것에 충격을 받은 전문가들은 '다음'을 두려워했다. 일본에서 사린이 만들어졌다는 사실은 같은 사건이 앞으로도 일어날 위험이 있음을 의미했기 때문이다. 그런데 지하철 사린사건이 발생한 9개월 후까지 경찰, 소방대, 의료기관 모두 사린에 어떻게 대처할 것인가 하는 대처법, 치료약을 위한 예산편성이나 준비, 훈련 등 아무것도 하지 않았다."

위험을 느끼지 못하고 준비하지 않았기 때문에 그들 자신이 큰 피해를 입었다. 지하철 사린가스 사건이 일어났을 때 경찰도 소방대원도 방호복이나 가스 마스크를 갖고 있었음에도 불구하고 노하우가 없어 아무런 방비도 없이 현장에 들어간 것이다. 그래서 차례차례 사린에 노출되어 병원으로 실려 가는 사태가 벌어졌다. 병원으로 실려 간 소방대원만 135명에 달했다.

212

지하철 사린사건 이후 경찰, 소방대, 의료기관은 사린에 대응할 수 있도록 교육을 시작했다. NBC 대응의 시작이다. 그러나 다른 조직을 총괄해서 컨트롤하는 기능을 구축하지는 않았다. 명문화하지도 않았다. 이 문제는 후쿠시마 제1원전 사고로 현실화했다.

냉각 기능을 상실한 후쿠시마 제1원전에 물을 뿌릴 때였다. 1호기, 3호기, 4호기를 경찰, 자위대, 소방대 등 각 조직이 어떻게 분담할지 정하지 못하는 사태가 벌어졌다. '국민보호법'은 경찰, 소방대, 자위대 등이 '연계'할 것을 요구하고 있지만, 현장 지휘권은 결정되어 있지 않았다. 후쿠시마에서는 운 좋게 조정능력이 있는 자위대 간부가 있어 현장에서 그를 중심으로 연계가 이루어졌지만, 연계 강화라는 구두선(口頭禪)은 그때뿐인 미봉적 대응을 늘릴 뿐이다.

결국 후쿠시마 제1원전 사고가 문제를 제기한 것은 기만적(欺瞞的)인 방재훈련이다.

국가가 하마오카(浜岡) 원전에서 실시한 원자력 종합방재훈련에서는 '긴급 시 신속 방사능영향 예측 네트워크시스템'(SPEEDI)을 훈련 매뉴얼에 명기했는데도, 이듬해 발생한 후쿠시마 원전사고 시 총리를 비롯한 정치가들은 이 SPEEDI의 존재를 몰랐다.

또한 SPEEDI의 데이터는 재해 발생 이틀 후 후쿠시마 현 재해대책본부에 전해졌지만, 현 담당자는 후일 나미에초(浪江町)의 초초(町長) 등에게 이렇게 말했다.

"국가로부터 몇십 장이나 되는 팩스가 계속 왔지만, 우리들로서는 해석할 수 없었습니다. 부정확한 것을 내놓으면 패닉에 빠집니다. 그렇기 때문에 우리들 책상 위에 올려놓았고, 그 상태가 계속된 것입니다."

2005년 11월 미하마(美浜) 원전에서 실시된 대테러 훈련을 시찰한 미국 대사관 환경과학기술 담당자가 본국으로 보낸 전문에서 다음과 같이 지적했다는 것이 훗날 위키리크스를 통해 밝혀졌다.

"대본대로였으며, 테러공격을 받았을 때의 보안대응을 시험하는 테스트가 아니었다."

처음부터 끝까지 융통성도 없이 절차만 중시한다. 훈련이 '의식화'되어 있던 것이다. 훈련의 의식화는 현장 직원들이 '출석하는 총리나 각료, 자치단체의 리더 등이 실패하거나 그들을 부끄럽게 해서는 안 된다'고 생각하기 때문에 일어난다. 훈련을 통해 실패를 반복하는 과정에서 어디를 고칠 것인가를 생각하는 것이 진정한 훈련인데도, 관료들은 이를 수치라고 생각하는 것이다.

미국에서는 2년에 한 번 '톱 오프'라는 훈련을 실시한다. 미국 내 두세 곳에서 핵테러, 바이오테러가 동시에 발생한다는 가정하에 말이다. 'VNN'이라는 가공의 방송국이 실황을 중계하고, 보도방식도 검증 받는다. 2010년에는 워싱턴 D. C. 상공에서 10킬로톤의 핵폭발이 있어났다고 가정하고, 어떻게 정부 기능을 존속시킬 것인가 하는 훈련이 실시되었다. 이런 훈련을 공개하는 것은 의도를 공개하는 것이 테러에 대한 억지력이 되기 때문이다.

일본인은 어떻게 바뀌어야 하는가? 이러지도 저러지도 못하는 소극적인 훈련, 현장에만 맡겨두는 운용방식, 애매한 책임 소재, 이런 것이야말로 일본이라는 국가가 안고 있는 치명적인 약점일 것이다. 항구에 펜스를 쳐도 약점은 변하지 않는다. 사고를 바꾸지 않으면 우리들은 계속해서 '인지(認知) 바이어스'의 주술에서 깨어나지 못한다.

과 제

• 방재와 감재(減災), 또는 기업의 사업 계속이나 안전보장에 관한 훈련이 '의식화'된 것은 아닌가?

• 최초대처자(*first responder*)가 연계를 할 때 현장에서의 불명확한 책임이나 권한을 구체적으로 어떻게 극복해야 하는가?

• 기업이나 자치단체의 조직 간 연계가 보다 잘 이뤄지게 하기 위해서는 어떻게 하면 좋은가?

• '위기는 이 정도일 것'이라고 제멋대로 생각하는 '인지 바이어스'에 빠지지 않기 위해서는 평상시 어떻게 훈련해야 하는가?

• '3 · 11 대진재' 당시 일어났던 총리 관저와 부처 사이의 연계 실패나 국민들의 불신을 극복하기 위해서 통치하는 쪽에서는 어떤 노력을 하고 있는가?

09

인구감소

2050년, 젊은이들이
테러리스트가 되는 날

완만하게, 그렇지만 확실하게 줄어드는 인구가 일본을 갉아먹어간다. 하루라도 빨리 대책을 강구하지 않으면 수십 년 후의 일본 사회는 절망에 지배당할 것임에 틀림없다. 그러나 이를 위해서는 일본의 사회관이나 가족관, 결혼관을 버릴 각오가 필요하다.

일본의 소자화(少子化) 대책은 실패했다.

1970년대에 태어난 이른바 단카이(団塊) 주니어(제 2차 베이비부머) 세대가 40세를 맞이해 출산가능 연령을 넘긴 2010년대, 제 3차 베이비붐은 오지 않았다. 이대로 소자(少子) 고령화가 진행돼 2050년에는 총인구의 40%가 고령자가 될 것이며, 15세 미만의 연소자 인구가 10% 미만으로 떨어질 것이라는 충격적인 보고는 지금까지 정부와 미디어가 몇 번이나 제기했다.

그러나 정말로 생각하지 않으면 안 될 충격이란 무엇일까? 인구감소와 극단적인 소자 고령화, 이런 왜곡된 인구구조는 단순히 숫자의 변화가 아니다. 사회구성의 변화가 한 사람 한 사람의 인생을 크게 뒤흔들 문제다.

당신과 배우자, 그리고 아들과 딸, 혹은 손자들이 말도 안 되는 굴욕을 참아야 하며, 존엄을 훼손당하게 될지도 모른다. 2000년대에 이미 지적되어온 '세대격차'라는 문제는 1970년대 출생의 단카이 주니어가 후기 고령자가 될 2050년에 절정을 맞이한다.

우리들의 인생에 무엇이 다가오고 있으며, 어떤 그림자가 드리워지는 것일까?

2050년의 도쿄대 교수 고토 시로의 가정

2050년, 경제학자 고토 시로(後藤四郎)는 아들의 진로를 듣고 귀를 의심했다. 내년 봄 아자부고등학교를 졸업하는 고토의 차남 로쿠로(六郎)가 해외 대학에 진학하겠다고 말한 것이다.

"난 일본에서 마이너리티로 살아가는 게 싫어."

로쿠로가 진학을 희망하는 곳은 아프리카 튀니지에 있는 북아프리카종합대학이라고 한다. 카르타고의 유적 정도의 지식밖에 없는 고토에게 로쿠로는 이렇게 말했다.

"아버지는 '아프리카대학에서 뭘 배울 수 있어?'라고 생각하겠지만 튀니지는 아프리카에서 가장 평화로운 나라이며 일본과 달리 경제도 성장하고 있어요. 인구도 늘어나고 있고 무엇보다 젊은이들이 많아요."

'아들이 나에게 반항하는 건가' 하는 생각도 들었지만, 젊은이들이 많다는 말에 고토는 아무 말도 할 수 없었다. 2010년 국토교통성이 "국토의 장기전망을 위한 검토 방향성에 대해"라는 보고서를 발표한 적이 있다. 메이지유신(1868년)부터 2000년까지 약 130년 동안 9,300만 명이나 되는 인구가 급격하게 증가했다. 그리고 2004년을 절정으로 다음 100년 동안 8천만에서 9천만 명 정도의 인구가 갑자기 줄어들 것이라는 추계다. 인구감소는 뒤의 인구감소를 가속시킨다. 아시아 국가들의 인구는 모두 감소할 것으로 보이지만, 이처럼 급격하게 줄어드는 것은 일본뿐이다. 2100년 인구는 가장 많이 줄어들 경우 메이지유신 때와 같은 3천만 명 수준이 될 것이라고 한다.

메이지유신 때 6%에 지나지 않았던 고령화 비율이 2100년에는 40%

대에 돌입한다. '일본의 관료는 우수하다'고 고토는 생각했다. 나쁜 추계는 정확하게 잘 맞춘다. 그렇지만 문제해결로 이어지지 못하는 게 유감스러울 뿐이다.

2050년 현재, 고령화의 진행으로 65세 이상의 고령자는 약 3,800만 명, 총인구 약 9,500만 명의 40%를 넘는다. 20세부터 64세까지의 현역 세대는 4,393만 명으로 절반에 미치지 못한다. 로쿠로 같은 20세 미만의 젊은 세대는 전체의 10%일 뿐이다.

차남의 아프리카 유학 얘기를 듣고 고토는 찬성해야 하는지, 반대해야 하는지 곤혹스러웠다.

거시경제학을 전공한 고토 시로는 도쿄대학의 교수다. 10년 정도 전부터 일본 대학은 치열한 학생 확보경쟁으로 어려움에 처해 있다. 사립대학이나 지방대학은 소자화의 영향으로 정원도 채우지 못해 폐교 위기에 직면해 있다. 예를 들면, 신입생 확보를 위한 업무도 교수들이 해야 할 일이다. 유학생을 불러들이기 위해 영어로 하는 강의가 태반이다. 고토도 베이징, 상하이, 방콕, 자카르타 등 아시아 주요 도시를 돌아다니면서 하는 대학설명회에 매년 한 달을 봉사한다. 사립대학의 경우 교수들의 70% 이상이 교체되고 영어강의나 인터넷을 통한 강의가 이루어진다. 생존을 위해 일본 학생들이 외국어 하나쯤 일찍부터 배워두는 것이 당연해진 지는 오래다.

젊은이들을 둘러싼 사회가 움츠러드는 반면, 고령자를 중심으로 돌아가는 사회시스템이 이미 정착되어 있다. 외부에는 배타적인 새로운 담장 공동체(*gated community*)가 자연발생적으로 각지에 만들어져 '고령자 마을을 현역 세대가 지탱하는' 형태가 돼버렸다. 유통업은 고령자

장기적으로 급감하는 일본 인구

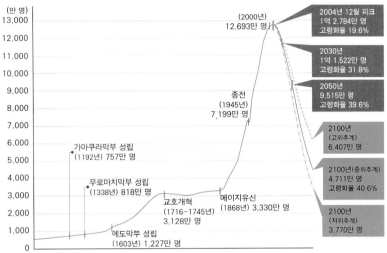

(만 명)

(2000년)	12,693만 명
2004년 12월 피크	1억 2,784만 명 / 고령화율 19.6%
2030년	1억 1,522만 명 / 고령화율 31.8%
2050년	9,515만 명 / 고령화율 39.6%
2100년 (고위추계)	6,407만 명
2100년 (중위추계)	4,711만 명 / 고령화율 40.6%
2100년 (저위추계)	3,770만 명

종전 (1945년) 7,199만 명

가마쿠라막부 성립 (1192년) 757만 명

무로마치막부 성립 (1338년) 818만 명

교호개혁 (1716~1745년) 3,128만 명

메이지유신 (1868년) 3,330만 명

에도막부 성립 (1603년) 1,227만 명

출처: 국토교통성 자료를 참고로 작성

'그림의 떡'에 지나지 않은 출생률 회복 시나리오

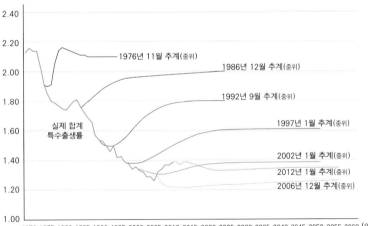

1976년 11월 추계(중위)

1986년 12월 추계(중위)

1992년 9월 추계(중위)

1997년 1월 추계(중위)

2002년 1월 추계(중위)

2012년 1월 추계(중위)

2006년 12월 추계(중위)

실제 합계 특수출생률

출처: 후생노동성 등의 자료를 참고로 작성

서비스의 거점이 되어, 식사 서비스에서 개호(個戶) 서비스에 이르기까지 '고령자를 위한 요새'라고 할 수 있다. 그리고 젊은이들은 담장 공동체의 경비나 서비스에 종사한다.

공동체 안에는 보건복지센터가 설치되어 있어, 아침부터 맥주를 마시고 노래를 부르면서 연회를 즐기는 노인들도 많다.

한편 인구감소는 지방자치단체를 심각하게 쇠퇴시켰다. 지금까지 많은 자치단체들이 개호 관련 사업을 통해 젊은 세대를 가장 많이 고용하는 역할을 했지만, 고령화율의 상승과 젊은 세대의 감소로 인구구성 균형이 무너지고 전체 인구가 감소하면서 개호사업을 계속하기 어려워진 것이다. 지방의 젊은이들은 일자리를 찾아 고향을 떠나기 때문에 자치단체 운영 자체도 어려워졌다.

일본 경제가 침체된 원흉이라고 할 수 있는 것은 사회보장 부담의 증가였다. 고령자 세대가 부유층과 빈곤층으로 양극화할 가능성이 생기면서 연금, 의료, 개호보험 제도 등의 '잔치'가 재원이 없는 상태에서 계속된 것이다. 그 결과 젊은 세대에게는 1인당 5천만 엔이 넘는 부채가 남겨져 있다. 높은 세금부담에 허덕이는 젊은 세대와 그 세금으로 노후를 즐기는 고령자 세대 사이에 커다란 세대격차가 생긴 것이다.

'태어남과 동시에 불이익을 강요받은 세대'라고 주장하는 젊은 세대와 '단맛을 빨아먹는' 것처럼 간주되는 고령자. 세대격차가 만들어낸 것은 세대 간의 대립이었다.

자전거 조업으로 문제 방치

"아들의 진학문제 다음은 이 문제인가."

고토는 진절머리가 나 머리를 좌우로 흔들었다.

이날 오후 고토는 가스미가세키에 있었다. 위원을 맡고 있는 경제재정 자문회의에 참가하고 있었는데, 재무성 간부는 입을 열자마자 이렇게 설명을 시작했다.

"기초재정수지(*primary balance*)의 균형을 위해서는 3년 내에 소비세율을 추가적으로 5% 인상할 필요가 있습니다."

고토는 최근 6년 사이에 기초재정수지가 균형을 이룬 선례가 없지 않느냐는 생각이 들었다. 고토가 초등학교에 들어간 2007년에 재정제도 심의회가 시산한 자료에 따르면, 2050년이 되면 사회보장이나 연금급부에 대한 국고부담이 늘어나 정부 부채는 4천조 엔에 달할 것으로 봤다. 예감이 좋지 않은 추정은 언제나 적중했다. 아니, 적중이라고 말하기보다는 이렇게 될 것이라는 것을 알면서도 문제를 방치해둔 결과일 것이다.

소비세율은 2010년대부터 조금씩 인상되어 현재 20%다. 그러나 언제나 역진성(逆進性)이 문제시되었으며, 연금생활자들의 로비도 한몫해 '소비세 감면 실버패스'가 발행되었다. 65세 이상의 일본 국민이 상점에서 물건이나 서비스를 구입할 때 이 패스를 보여주면 소비세를 내지 않아도 된다. 소득세, 소비세, 사회보험료, 개호보험료 등 부담을 강요받는 것은 모두 일할 수 있는 근로세대이다.

그러나 근로세대는 줄어든 지 이미 오래다.

고토에게 일본의 통치는 이미 수수께끼 같은 세계가 되었다. 인구 동태의 변화를 알고 있으면서도 정책은 반대로 가고 있을 뿐이다. 예를 들면, 예전에 여당이 자위대를 '국방군'으로 승격시키겠다는 공약을 내건 적이 있었다. 전수방위(專守防衛) 하에서 아무도 죽지 않을 것이라는 전제하의 자위대조차 작전상 20만 명의 대원이 필요하다. 그러던 것이 '군'이 되면 해외에서의 전투가 포함되기 때문에 자위대 두 배의 자원이 필요하다는 것이 국방군 지지파의 추산이다. 그렇지만 고토가 태어났을 때부터 소년원에서 자위대원을 모집해야 할 정도로 정원 미달이 계속되고 있다. 국방군을 창설하려면 인구 감소에 브레이크를 걸기 위한 소자화 대책을 진지하게 실행했어야 했을 것이다.

이민을 받아들여 인구 감소를 막자는 목소리가 경제계에서 나온 적도 있다. 우선은 외국인 개호사(요양복지사)를 받아들이려고 했지만, 너무 어려운 일본어 시험이 장벽을 높여버렸다. 이민을 받아들이겠다는 것인지 아니면 막겠다는 것인지 알 수 없는 이도저도 아닌 정책이다. 더구나 이민은 치안상의 불안을 초래할 것이라는 목소리가 많을 뿐만 아니라 고용 조정에 이용되어 좀처럼 정착되지 못했다.

고학력의 우수한 이민자를 받아들이자는 움직임도 있었지만, 이미 2000년부터 독일을 중심으로 지적 이민을 받아들이는 법제화가 시작되어 '이민시장'에 참여할 수 없어 결국은 논의만 하는 데 그쳤다.

인구 동태가 격변하는데도 사회는 좀처럼 변하지 않는다. 아무도 사물이나 현상의 본질을 보려고 하지 않는 이런 풍토는 무엇인가? 출구가 보이지 않는 가운데 지루하게 시간만 흘려보내는 것도 일종의 나쁜 습성이 아닐까 하는 생각이 들었다.

소비세 인상에 대한 비판이 자신을 향할 것이라고 생각하니 고토는 기분이 우울해졌다.

의료비가 GDP의 11%

2050년 1월, 총리 관저에 한 통의 협박 메일이 도착했다.

"연금제도와 개호보험제도를 폐지하고 이에 충당했던 약 130조 엔의 예산을 35세 이하의 공동 대책과 양육 지원에 충당해라. 1주일 이내에 관련법을 개정하지 않으면 부당 이익을 얻는 집단에 보복할 것이다."

'설마.' 관저 직원은 매일 몇 통씩이나 오는 과대망상 같은 메일에 싫증이 나 있었다. 메일을 보관하고 대응을 생각해두라는 지시를 받았지만, 인터넷 공간에서 선동하는 그룹이 있는 한 아무리 시간이 흘러도 끝은 없다.

2010년대부터 정부 내부에서 인터넷 사회의 영향에 대한 연구가 이루어졌다. '아랍의 봄'이라 불린 체제전복의 정치운동이나 중국의 폭동 등 가상공간에서 있었던 일들이 현실에서 실행에 옮겨진 것이 연구의 계기였다.

인터넷에 과도하게 의존하는 사람들은 정보의 판단을 인터넷 속에서만 하는 경향이 있다. 공격인가 지지인가, 둘 중 하나를 선택해 행동한다. 인터넷으로 용이해진 의사표명과 순간적인 확산, 그리고 그 결과로서 때리기(공격) 풍조의 격화라는 패턴의 반복이다. 가치관이나 행동규범이 순식간에 대립하는 '대립 문화'에 박차를 가하고 있다.

총리 관저 직원은 보이지 않는 상대에 대응해야 한다는 것에 지쳐 있었지만, 날아들어온 뉴스 속보를 보고 깜짝 놀랐다.

"세타가야(世田谷) 구에 있는 병원의 노인환자 140여 명을 모두 죽이겠다는 메일을 보내 협박했던 32세의 여성이 체포되었습니다. 경시청에 따르면 이 여성은 '유신단행(維新斷行)·존약토로(尊若討老)'라는 인터넷 집단의 고령자 배척운동에 참여하고 있었다고 합니다."

이 병원은 고령자의 이른바 '사회적 입원'이 많은 곳이지만, 며칠 전 범행을 예고하는 협박 메일이 관저에 도착했다. '유신단행·존약토로'는 약 120년 전에 군사 쿠데타를 일으켰다가 실패한 청년장교들이 내건 '쇼와 유신단행(昭和維新斷行)·존황토간(尊皇討奸)'에서 따왔을 것이다. 그러나 뉴스에 따르면 이 여성은 청년장교와는 거리가 멀었다. 협박했던 병원에서 비정규직으로 일한 적이 있으며, 동료였던 직원은 "성실하고 일도 잘했던 사람입니다. 그런데 과로로 건강이 나빠져 그만두었습니다. 자기는 병원에 갈 저금이 없다는 푸념을 했습니다"라고 증언했다.

"고령자를 표적으로 한 테러 미수인가"라는 뉴스 헤드라인을 보고 고토시로는 컴퓨터를 멈췄다.

"어머니가 입원해 있는 병원 아냐!"

엉뚱해도 너무 엉뚱한 거 아니냐는 생각에 피가 머리로 치밀어 올랐다. 고토는 뉴스를 처음부터 끝까지 읽었다.

"할머니, 할아버지가 없었다면 젊은이들도 이 세상에 존재하지 않을 거 아냐. 자신들의 조부모까지 표적으로 삼아서야 중국의 문화대혁명과 똑같잖아."

고토는 잠시 분노한 뒤 젊은 괴물을 만들어낸 것은 20세기부터 소자(少子)고령화를 방치해온 사회라는 생각이 들었다. 소자 고령화에 의해 총인구에서 차지하는 고령자 비율이 높아져 의료와 개호비용이 현역인 근로세대의 부담을 가중시키고 있다.

일본의 의료비는 2025년에 이미 66조 엔을 넘어섰으며, 이것은 GDP 대비 9%다. 1970년대 전반에 태어난 단카이 주니어 세대가 후기 고령자가 된 2050년, 의료비는 90조 엔을 넘어 GDP 대비 11%를 차지하였다. 이것 또한 고토가 어렸을 때 정부가 벌써부터 추산했던 악몽 같은 숫자였다.

의료비가 90조 엔이라 해도 그 절반 이상인 50조 엔이 75세 이상의 고령자 의료비로 사라진다. 대부분의 재원이 현역 근로세대가 내는 건강보험료와 세금이다.

건강보험료도 명목상 보험이라고는 해도 실질적으로는 고령자 의료비로 쓰려는 세금에 지나지 않는다. 또한 20%의 소비세율 가운데 약 5%가 의료비 공적 비용 부담으로 충당되고 있다. 진료기록의 전자화와 진료비 청구서의 공개로 의료비의 '적정화'가 어느 정도 이뤄졌지만, 고령화나 의료기술의 진보에 의한 의료비 증가는 피할 수 없게 되었다.

급격한 소자화(少子化)가 문제였다. 의료비 증가를 사회 전체가 부담하기 위해서도 근로세대 연령층이 두터워져야 하지만, 이것이 좀처럼 실현되지 못했다.

여성에게 떠맡기기

고토의 아들 로쿠로는 도서관에서 놀란 적이 있다. 소비세율 인상과 소자화의 관련성이 보도되면서 경제재정 자문회의 위원인 자신의 아버지 이름을 신문에서 보게 된 것이다. 소비세 증세 배경에 있는 소자화의 역사를 거슬러 올라가 보면, 1985년 남녀 고용기회 균등법의 법제화를 위해 분주했던 관료 아카마쓰 료코의 회고록 《균등법을 만들다》에는 이렇게 쓰여 있다. 경제단체연합회(経団連)의 당시 회장 이나야마 요시히로(稲山嘉寬)가 아카마쓰와의 면담에서 말한 내용이다.

"(부인들에게) 참정권이다 뭐다 주니까 막을 수 없게 돼버려 안 되는 겁니다."

일본 경영자단체연맹(日経連)도 남녀 고용기회 균등법에 반대하는 성명을 내려 했던 것 같다. 경제계는 남녀평등권에 뿌리를 둔 새로운 고용형태에 매우 부정적이었다. 남녀가 같은 급여를 받는 회사는 거의 없으며, 여성은 20대에 결혼해 직장을 떠나 가정으로 돌아간다. 아이를 낳고 키우는 것이 기대되었던 시대다.

그런데 21세기가 되자 그렇게 반대했던 경제계가 갑자기 손바닥 뒤집듯 태도를 바꿨다. 소자화의 영향이 경제에도 미치자 경제계는 '여성 활용'을 주창하기 시작했다. 여성들이 가정에만 있지 말고 계속 일하지 않으면 곤란하고 동시에 아이도 낳지 않으면 안 된다는 것이다. 그렇게 하지 않으면 일본 경제를 꾸려나갈 수 없다고까지 말하기 시작했다.

여전히 사원들의 장시간 노동 문제는 해소되지 않았으며, 육아를 하면서 일하는 사원을 노골적으로 차별하는 기업도 적지 않다. 현상을 유

228

지한 채 여성들에게 "계속 일해서 세금도 내고 아이도 낳아 달라"는 것이다.

"아주 얌체 같은 말이네."

로쿠로는 이해할 수 없는 역사를 보면서 고개를 저었다.

고토 시로는 소자화는 1945년 8월의 전후 민주화 때부터 시작되었다고 생각한다. 그 이전 여성들은 참정권도 없고 차별받았지만, 20세기 후반 일본만이 아니라 선진 각국에서 여성들의 지위가 크게 향상됐다. 또한 같은 시기에 일본은 고도 경제성장을 체험했다.

그러나 패전 후의 민주화와 사회변화 속에서도 세상이 절대로 바꾸려하지 않았던 것이 여성의 지위라고 고토는 생각한다.

여성의 사회진출이 환영을 받아도 육아나 부모 개호를 '며느리'에게 강요하는 성적 분업의 가족관만큼은 크게 변하지 않았다. 아무리 사회가 변화해도 여성에게 떠넘기는 것만큼은 갈라파고스화한 '가족 제국주의' 같은 것이었다.

그 결과 여성의 스트라이크라고도 할 수 있는 선택이 계속해서 늘어났다. 비혼(非婚)이다. 결혼 그 자체의 매력이나 필요성이 상대적으로 저하된 것이다.

게다가 사회보장제도가 확충되면서 자식들이 아닌 정부가 연금이나 개호 등을 통해 노후를 보살펴주게 되었다. 자식을 갖는 것의 투자적 성격이 흐려져 필요 없다는 생각이 등장한 것이다.

여성에게 아이를 '낳게 하는' 것이 아니라 '낳아주게 하는' 것으로 전환해야 할 시기가 20세기 말이었지만, 남성 중심의 경제문화 구조는 간단히 바뀌지 않은 것이다.

21세기에 들어오자 관료와 연구자들이 프랑스 등 유럽 국가들의 소자화 대책을 시찰했다. 프랑스에서는 '시민연대 협약'(PACS, 동거)이 도입되어 사실혼(事實婚) 관계라도 아이를 낳기 쉽게 하는 법적 환경이 만들어졌다. 그 결과 신생아의 절반이 법적으로 혼인하지 않은 PACS 커플 사이에 태어났다. "프랑스이기 때문에 가능한 제도"라고 하지만, 이 제도를 도입했을 때 보수층을 중심으로 반대 목소리가 있었다. 일본처럼 터부시해온 문제였던 것이다.

이민정책도 마찬가지다. 이민에 대한 뿌리 깊은 반발이 해소된 것은 아니다. 정권에 따라 동요하면서 늘 논란의 중심에 있었다. 정말로 인구감소에 효과가 있는지도 모르겠다. 정답은 없는 것이다.

결국 일본이 선택한 길은 현상을 유지하면서 소자화 대책을 주장하는 캠페인으로 시종일관하는 것이었다. 그래서 소자 고령화는 재정파탄, 사회보장 부담, 세대 간 대립이라는 위기를 초래한 것이다.

태어날 때부터 4천만 엔 부채를 진 세대 간 격차

고토가 재무성이 만든 소비세율 인상자료를 보고 있는데, 2010년대의 소비세율 인상 부분에서 눈이 멈췄다. 내용을 보고 무심결에 쓴웃음을 짓지 않을 수 없었다.

소비세 세입은 그때까지 고령자를 위한 세 가지 경비(연금, 의료, 개호)에 충당되었지만, 세율 인상과 함께 세 가지 경비만이 아니라 '미래에 대한 투자'(아이와 육아지원)가 추가된 것이다.

분명 고령자 대상의 사회보장 확충만을 위해 증세한다는 것은 여론이 납득하지 않을 것이다. 그렇지만 육아지원에 충당하는 세입은 거의 없으며, 2010년대 전반의 소비세 증세분의 거의 모두가 고령자를 위한 세 가지 경비(소비세율 5% 인상에 따른 세입 증가는 13조 5천 엔, 이 가운데 육아지원 재원으로 충당된 것이 7천 엔)로 사라졌다.

'미래에 대한 투자'에 태만한 결과가 현재 상태다. 1975년에 출생률이 2%를 밑돌고 나서 총인구 감소가 시작된 2005년까지 딱 30년 동안 고령자 대상의 사회보장 급여(의료, 연금, 복지 등)는 급증했다. 당시의 사회문제는 '소자화'가 아니라 '고령화'였던 것이다.

고토는 세대 간 격차를 상징하는 광경을 목격했다.

어머니가 입원한 병원을 찾았을 때 현관 앞에는 긴 줄이 서 있었다. 택시기사에게 물어보자 병원을 찾는 사람 모두를 짐 검사만이 아니라 금속탐지기로 체크하고 있다고 한다. 고령자를 표적으로 한 협박사건이 잇달아 발생해, 고령자가 많이 입주해 있는 대부분의 부유층 대상 맨션이나 병원이 독자적으로 경비를 강화하고 있다는 것이다.

엄동설한에 대열을 정리하기 위해 임시로 경비원들을 늘렸다. 경비원들은 비정규직일 것이다. 30대로 보이는 그들이 받는 급여의 약 30%는 그들이 지키고 있는 고령자들의 연금이나 의료비로 사용된다. 그들의 가혹한 환경은 안쓰럽지만, 개인적으로는 어머니를 이상한 사람들로부터 지켜주길 바라는 상반된 생각이 고토에게는 있었다.

'에도시대의 신분제도가 세대별 서열로 바뀐 것 같다.'

고토는 자기 자신이 젊은이들을 학대하는 지배계급이라고는 생각하고 싶지 않지만, 이래서는 백성들이 봉기했던 것처럼 젊은이들이 들고 일어서도 조금도 이상한 일이 아니라는 생각이 들었다.

젊은이들이 들고 일어나는 도화선이 된 게 '세대 회계'일 것이다. 21세기에 들어와 등장한 세대 간 격차의 계산방법이다.

2001년의 연차 경제재정 보고 추계를 보면 단카이 세대가 가지고 달아난 사회보장(주로 연금) 피해를 후세대가 고스란히 짊어지고 있는 모습이 그림으로 제시되었다. 1940년대 출생 세대는 공제 후 약 5천만 엔을 사회보장비로 정부로부터 지급받는다. 그리고 그 피해가 고토처럼 21세기에 태어난 세대에 전가된다. 21세기 출생자들은 1인당 약 5천만 엔의 부담을 태어나면서 짊어진다. 단카이 세대를 포함한 1940년대 출생자들이 받는 사회보장 급여를 대신 지불하는 셈이다.

1970년대 전반에 태어난 단카이 주니어 세대가 2050년 현재의 고령자로, 그들은 천만 엔 정도 손해보고 있지만, 지금 젊은이만큼은 아니다. 고령자와 젊은 세대 간의 격차는 여전히 4천만 엔 가까이 존재한다.

가장 큰 피해는 누가 뭐라 해도 연금의 과대 급여일 것이다. 공적 연금채무는 2010년경에 550조 엔을 넘어 이미 돌이킬 수 없는 지경이 돼버렸다. 근로세대가 부담하는 보험료만으로는 당시의 연금급여를 감당할 수 없었기 때문에 2006년에 연금 적립금을 깨기 시작했다.

한편에서는 "연금은 필요 없으니 돌려주겠다"는 부유한 노인들도 많았지만, 국가는 "돌려받는 시스템을 만드는 데 비용이 든다"는 이유로 이를 거부했다. 그 결과 죽을 때까지 연금을 쓰지 않는 고령자도 많다. 뒤죽박죽인 제도를 방치한 결과 연금 적립금은 2030년 고갈되었다.

여명(餘命)별 선거제도를 도입하자!

아들 로쿠로가 "튀니지 가는 것을 포기한다"고 말했다. 로쿠로는 분명 뉴스의 영향을 크게 받았다. 세대 간 격차를 시정하는 움직임이 일어났다. 선거제도를 바꾸자고 주장해온 '일본 청년당'이 전 선거구에 후보자를 내겠다고 표명한 것이다.

로쿠로는 선거권이 없었지만 학교에서 친구들과 일본 청년당을 화제로 이야기꽃을 피웠다. 청년당이 말하는 선거제도 개혁은 결코 새로운 건 아니다. 20세기부터 경제학자들이 몇 번인가 논의했던 '연령별 선거구'를 기본으로 한 것이다. 유권자 연령별로 선거구를 만들어 예를 들면 20~30대의 청년구, 40~50대의 중년구, 60대 이상의 노년구를 만들어 선거구별 의원을 뽑는다는 아이디어다. 이렇게 하면 인구구성이 왜곡돼도 일정 수의 의원을 통해 청년들의 목소리가 적어도 국회에는 전달될 것이다.

청년들은 '연령별 선거구' 도입을 공약으로 내걸고 몇 년 전에 실시된 총선거에서 '일본 청년당'을 만들어 "실버 민주주의를 바꾸자!"는 슬로건으로 지지를 호소했다.

그러나 그때에는 연금급여 적정화 등의 공약에 표가 모이지 않았다. 이미 60세 이상이 전 유권자의 과반수를 차지했기 때문이다. 승산이 없는 선거전이었지만, '일본 청년당'이 제기한 세대 간 격차 문제에 20대 젊은이들도 관심을 갖기 시작해 20대 투표율이 60%까지 올라갔다.

20대의 투표율이 60%를 넘은 것은 1980년대 이후, 실로 60여 년 만이다. 젊은이들이 정치에 눈떴다 하여 매스컴도 이를 호의적으로 받아들였다.

일본 청년당은 이 선거에서 참패하여 의석을 하나도 얻지 못했지만, 이런 사태를 보고 다른 경제학자가 '여명별 선거제도' 도입을 제창했다. 이것은 여명에 따라 선거권에 무게를 두는 구조로, 여명이 긴 청년들의 선거권을 중시하는 것이다. 즉, 연령별 선거구를 바탕으로 의석 배분을 할 때 여명에 따라 가중치를 달리하자는 것이다. 연령에 상관없이 평생 1표의 무게가 같기 때문에 1인 1표 원칙도 지킬 수 있다. 이렇게 하면 현재 같은 실버 민주주의라는 교착상태에 빠지지 않을 수 있다는 발상인 것이다.

일본 청년당은 다음 선거에서 '여명별 선거제도' 도입을 공약으로 내걸겠다고 선언했다.

고토는 일본 청년당 뉴스를 보면서 재정학 강의 때 말한 자신의 말을 떠올렸다.

"20세기의 보통선거 제도는 인구감소기에 고령자 우대라는 덫에 빠진다. 선거제도를 바꾸는 것 이외에 방법은 없다!"

그러나 청년당에 몰두해 있는 로쿠로가 "튀니지에 가는 대신 청년들이나 여성들에게 사회적 부담을 전가하는 이 나라를 어떻게든 바꿀 수 있도록 돕고 싶다"고 말한 것에 대해 고토는 제대로 대답하지 못했다. 아들의 정의감이나 순진함을 부정하고 싶지 않았으나, 고토는 "청년당을 돕는다고 해도 유권자의 압도적인 다수가 65세 이상이기 때문에 선거전은 매우 어려울" 것이라고 말해도 좋을지 망설였다.

정부 정책이 사기행위 아닌가?

인터넷에서는 사회적 입원 환자가 많은 세타가야의 병원을 협박한 뒤 체포된 여성을 '신'이라든가 '구세주'로 떠받드는 현상이 과열되었다. 매스컴이 보도하면서 인터넷의 이러한 과열현상은 한층 더 열기를 띠었다.

경찰청이 위기감을 느낀 대상은 '외로운 늑대'다. 외로운 늑대는 세계적으로 테러를 저지르는 경향이 있다. 인터넷의 영향을 강하게 받아 과격해진 개인이 단독으로 살인을 저지르는 것이다. 일본에서는 인터넷에 글을 쓰는 것을 사회와의 유일한 연결고리로 삼는 갈 곳 없는 젊은이들이 갑자기 길거리 살인자가 되어 많은 사람들을 살해하는 사례가 전세기 말부터 산발적으로 일어났다.

반응이 없는 것을 두려워하는 그들은 항상 반응을 기다리고, 보다 과격한 증오의 말들을 인터넷에 남긴다. 그것이 그들의 사회와의 유일한 연결고리이지만, 무시당할 때 젊은이들은 참지 못한다. 경찰청은 그것을 경계했다.

고토에게 이런 뉴스는 공적 연금제도가 가져온 최악의 귀결처럼 생각됐다. 1960~1980년대에 도입된 공적 연금의 구조 자체가 피라미드계(契) 같아서 무리한 측면이 있었던 것이다.

위기의 시작은 과거의 연금잔치다. 물론 1980년대부터 저하 경향을 보였던 출생률이 회복되기만 하면 앞뒤가 맞았을 것이다. 그러나 정부가 연금재정의 미래를 예측할 때마다 출생률은 계속 떨어졌다. 그럼에도 불구하고 출생률은 회복될 것이라는 낙관적인 희망을 '추계'(推計)라고 칭해 연금재정의 지속가능성을 계속 강조한 것이다.

출생률 회복을 기대할 수 없다는 것을 알면서도 정부는 연금잔치를 멈추지 않았다. 출생률 조작이 통하지 않게 되자 이번에는 경제전망 '추계'로 앞뒤를 맞추려 한 것이다.

고토는 당시의 재정검증 자료를 찾아봤는데, 고토가 초등학생이었던 2009년의 데이터를 발견했다. 분명히 소자화가 진행돼도 경제성장이 계속되면 어떻게든 버틸 수 있었을지도 모른다. 자료에 따르면, 임금이 매년 2.5% 늘어나고, 여성과 고령자의 노동참가도 계속되어 보험료 수입이 늘어날 것으로 예측했던 것 같다. 그리고 적립금도 연율 4.1%의 운용이익이 예상됐다. 물가상승률이 1.0%였기 때문에 실질 연금 급여가 조금씩 줄어들 것이라는 생각이었다.

"뭐야? 이건."

고토는 자기도 모르게 투덜댔다. 2008년의 리먼 쇼크 직후의 데이터가 너무나도 현실과 동떨어져 있었던 것이다. 대학원생 시절 재정학 강의 시간에 귀가 아프게 들은 말이 생각났다.

"소자 고령화야말로 국가 재정을 파탄시키는 시한폭탄입니다."

114년째의 2월 26일

고토는 강의시간에 최근 세상의 주목을 받고 있는 '고령자 때리기'를 화제로 이야기했다.

"어두운 세상은 고령자를 우대했던 결과가 이제 나타나는 게 아닌가 생각한다. 가령 고령자 우대의 결과라 해도 소자화가 이렇게까지 진행되지 않았다면 여러분 같은 젊은이들의 미래는 조금 더 밝았을지도 모른다."

학생들이 무표정하게 교단에 서 있는 고토를 가만히 쳐다본다. 고토를 향해 "당신 세대가 잘못해서다"라고 비난하는 것처럼 보인다. 예전에 "소자 고령화야말로 재정을 파탄시키는 시한폭탄"이라고 수업에서 말했던 교수는 언제나 이렇게도 덧붙였다.

"그렇지만 나는 아이 셋을 낳았기 때문에 … ."

소자화 사회에서 그것이 그녀가 할 수 있는 최대 사회공언이라고 말한 것이다. 지금 고토는 "나도 애가 둘 있지만 … "이라고 덧붙이고 싶었다.

그 교수가 가슴을 펴고 말했던 기분을 남자인 고토도 조금은 알겠다. 소자 고령화 사회의 진정한 해결방법은 아이를 낳는 것밖에 없다.

학생들의 차가운 표정을 보면서 소자 고령화라는 인구동태가 무엇을 초래했는가를 확신했다. 컨트롤할 수 없을 정도로 가속되는 사회의 분열이다. 사회가 단절될수록 통치하기도 어려워진다. 그러나 이것 또한 21세기에 들어와 계속해서 지적받았지만 뒤로 미뤄온 것이 아닌가?

2월 26일, 인터넷에서는 '유신단행·존약토로'를 선동하는 사람들이 "114년 만의 2·26 사건을 결행하자"고 호소하고 있다. 단물만 빨아 마시는 고령자들을 절멸시키려면 연금제도를 엉망으로 만들어 노인들에게 준 연금을 돌려달라고 주장하는 것이다. 그들은 "일본의 중추인 국회가 있는 나가타초로 모이자"면서 인터넷에서 기세가 등등하다.

로쿠로는 반 친구들에게 "무슨 일이 일어나는지 보러 가자"고 했다.

그리고 방과 후 나가타초로 갔다.

그러나 2월 26일 나가타초의 어디를 봐도 젊은 군중들은 보이지 않았다. 경계하던 경찰관들은 "인터넷에서 선동하는 놈들은 애초부터 집밖으로 나오지 않아"라면서 냉소하기 시작했다. 예전에 여성들이 비혼(非婚)이라는 형태로 사회에 등을 돌렸듯이, 젊은이들도 이제 사회와 마주하지 않으려는 듯 보였다.

그때 의원회관 앞에서 한 청년이 휴대전화를 만지작거리고 있었다. 그는 인터넷 게시판에 이렇게 적었다.

"지금부터 정치가들을 모두 죽이러 갑니다."

그러나 몇 분이 지났는데도 아무 반응이 없다.

청년의 얼굴이 홍조가 됐다. 도대체 지금까지 그는 누구를 향해 말했던 것인가. 말은 누군가와 소통하기 위해서 하는 것 아닌가. 고령자 말살이라는 사회의 분열을 추구하는 자신이 아이러니하게도 연대를 요구하고 있다는 것을 그 자신은 깨닫지 못하고 있다. 그의 마음속에 어두운 감정이 끓어오를 때 교복을 입은 고등학생 집단이 눈에 들어왔다. 무대에 배우는 다 모였다. 세상을 깜짝 놀라게 할 때가 왔다. 남자는 뉴스에 보도되는 자신의 모습을 꿈꿨다.

제목은 이랬다.

"2050년, 학대당해온 젊은이들이 마침내 반란을 일으켰다."

과제

• 국가를 쇠약하게 만들 수 있는 인구구조의 문제는 이전부터 위기를 예측할 수 있었다. 위기인지 알면서도 해결을 위한 정책상의 우선순위가 낮았던 원인은 무엇인가?

• 국가로서 인구문제에 어떻게 대처할 것인가 하는 비전을 제시하지 못한 것은 무엇 때문인가?

• 출산이나 육아환경이 제대로 갖추어지지 못한 현 상태가 계속되면 위기는 더 커질 것이다. 모든 세대의 의견을 받아들이기 위한 선거제도 개혁 등 국민적 논의를 환기시켜야 하는 것은 아닌가?

• 앞 세대의 잘못을 다음 세대가 대신 짊어지는 사회보장 구조는 개인에 대한 부담을 증가시킬 뿐이다. 이런 위기의식을 국민들에게 공유시키는 데 무엇이 부족한 것인가?

• 예금계좌에서 잠자는 부유층의 연금을 사회로 환원시킨다는 발상도 필요하지 않은가? 예외적 조치에 대해 유연한 대책을 취해야 하는 것은 아닌가?

제2부

시나리오가 주는 교훈

시나리오를 통해 드러난 문제점을 앞으로 어떻게 하면 개선할 수 있을까. 제2부에서는 일본의 위기대응 현실을 바탕으로 법제도, 관민협조, 대외전략, 총리 관저, 커뮤니케이션이라는 시점에서 과제와 제언사항을 정리한다.

01

법제도

동일본 대진재로 인해 발생한 후쿠시마 제1원전 사고는 일본에서 중대한 위기가 발생할 경우 제도 면에서 효과적으로 대응하지 못하게 하는 것들이 많다는 점을 분명하게 보여주었다. 이 장에서는 이런 상황을 바탕으로 제1부에서 소개한 9가지 시나리오를 분석한 뒤 제도 면에서의 과제를 검증한다.

각 시나리오를 통해 드러난 법제도상의 과제

9개의 시나리오에서는 돌발적으로 발생하는 위기부터 완만하게 진행되는 위기에 이르기까지 다양한 상황이 상정되었다. 검증 결과, 위기가 발생할 때 현행 법제도로 대처할 경우 몇 가지 문제가 있다는 것이 드러났다. 주요 과제와 그 개요는 다음과 같다.

■ **과제와 개요** ■

① 훈련제도의 과제

　개별 조직의 대응능력은 향상되었지만, 조직 간 연계를 수반하는 일본 전체로서의 위기대응능력은 충분하지 않다.

② 각각의 위기에 대응하는 법제도상의 과제

　위기대응 구조가 너무 많고 역할 분담이나 지휘계통이 복잡하며, 상정하는 위기에 충분히 대응할 수 없는 제도도 있다.

③ 위기대응을 위한 인재육성 과제

　위기대응을 담당할 인재육성구조가 구축되어 있지 않다.

각 시나리오로부터 ①에서 ③까지의 과제에 해당하는 부분을 추출해 그 과제와 개선방향에 대해 검증했으며, 그 결과는 다음과 같다.

과제 1　훈련제도의 과제와 개선방향

〈핵테러〉 상정 외 훈련을 회피해온 실태

핵테러에 대한 대응은 훈련제도상의 과제가 가장 명확하게 드러난 시나리오다. 일본에서는 2004년 국민보호법 시행 이후 2011년 말까지 총 85회에 걸쳐 국가와 지방이 국민보호 공동훈련을 실시했다. 국민보호법에서는 핵테러도 대처해야 할 사태 안에 포함되어 있지만, 지금까지 구체적인 사태를 상정한 도상훈련이나 실제훈련은 거의 실시되지 않았다.[1] 이와 같이 상정 외 사태에 대해서는 대응하기 어려운 점, 훈련을 실시함으로써 각 기관의 대응능력의 한계나 과제가 명확하게 드러나 버

244

리는 점 등을 고려하여 회피해온 것을 알 수 있다.

시나리오에는 '훈련의 의식화(儀式化)'라는 표현으로 언급되어 있지만, 훈련에 참가하는 총리나 각료, 자치단체의 리더 등이 실패하거나 리더를 부끄럽게 하는 것을 우려해 이런 훈련이 형식적으로밖에 실시되지 않은 사례가 많았다. 정해진 시나리오대로 절차를 확인하는 것이 목적인 훈련이라면 일정한 효과가 있었겠지만, 위기가 시나리오대로 진행될 것이라고는 생각하기 어렵다.

앞으로는 훈련을 통해 얻을 수 있는 실패나 과제를 자신들의 조직 내에서만이 아니라 다른 기관과 공유할 수 있도록 개선한다는 문화를 정착시키면서 도상훈련이나 실제훈련을 할 필요가 있다. 이렇게 함으로써 상정 외의 사태에 대한 임기응변적 대응능력을 향상시킬 수 있을 것으로 생각된다.

과제 2 각각의 위기에 대응하는 법제도상의 과제와 개선방향

법제도상의 과제는 각각의 위기 시나리오에서 찾아볼 수 있다. 판데믹에서는 신종 인플루엔자 등 대책특별조치법에 입각한 대응상의 과제, 사이버테러에서는 NISC를 중심으로 한 대응체제상의 과제, 핵테러에서는 국민보호법에 입각한 복수의 기관이 연계하여 대응할 때의 과제, 센카쿠 충돌에서는 치안출동, 해상경비 행동과 방위출동에 관한 과제

---

1 2011년 국민보호훈련 성과 등에 대해서는 내각 관방부장관보(안전보장·위기관리 담당) 실이 2012년 4월 공표한 자료 참조. www.kokuminhogo.go.jp/pdf/23kunrennseika.pdf

등이 드러났다. 각각의 위기상황은 서로 다르지만, 법제도의 애매한 부분이 현장의 대응을 어렵게 하는 커다란 요인이 된다는 공통점이 있다. 시나리오별로 과제와 개선방향을 정리하면 다음과 같다.

〈판데믹〉 의료체제의 붕괴, 격리, 우선순위, 리더십

미지(未知)의 전염병에 의해 판데믹이 발생했을 때 일본에서는 '신종 인플루엔자 등 대책특별조치법'으로 대응하게 된다. 그러나 시나리오 에서도 볼 수 있는 것처럼 ① 전염력이 강하다, ② 중증으로 가기 쉽고 치사율이 높으며 사망하지는 않았더라도 후유증이 남기 쉽다, ③ 의사 를 포함한 의료 종사자의 감염률이 높다, ④ 치료약이 없고 백신이 개 발되어 있지 않다, ⑤ 불현성(不顯性) 감염환자(증상은 거의 없지만 감염 시킬 수 있다)가 많으며 증세가 나타나기 전부터 전염성이 있다 등과 같 은 조건이 갖춰지면 의료체제의 붕괴라는 가장 위험한 상황에 빠질 가 능성이 높다.

시나리오에는 의사가 자신 또는 가족에 대한 보상이 충분하지 않다 는 것을 주된 이유로 휴업이나 휴가를 내고 진찰하지 않는 상황이 그려 져 있다. 현재의 제도로는 자신들의 생명을 버릴 각오로 치료에 임하는 최전선의 의사가 업무를 계속하기 위한 보상이 충분하지 않다. 나아가 의사만이 아니라 의사 가족들에 대한 대응도 부족하다고 지적되었다.

또한 간호사나 사무원 등 의사 이외의 병원 직원에 대하여 산재는 적 용되지만, 보육원 등이 휴업할 경우 자녀가 있는 직원의 결근이 늘어날 것이다. 의사가 현장에서 아무리 열심히 노력해도 옆에서 같이 일하는 사람이 없으면 역시 의료체제는 붕괴한다. 이런 점에서 의사협회 등의 단체와도 연계하여 앞에서 말한 ①에서 ⑤까지의 조건하에서 미지의 전염병 발생을 상정해 시뮬레이션하고, 그 결과를 바탕으로 의료체제를 검토하거나 보상체제를 확충하고 법제도를 개선할 필요가 있다.

또한 일본에서는 전염병 환자와 접촉하여 감염 우려가 있는 사람, 전염성이 있는 불현성 감염자에 대해 이동을 제한할 권한이 없어 감염 확대로 이어질 가능성이 있다.

즉, 환자에 대한 문진으로 증세가 나타난 사람의 이동경로를 추적할 수 있었다 해도 감염 우려가 있는 사람에 대해서 법적 권한을 이용해 강제적으로 대처할 수 없는 상황이다. 증세가 없는 사람에 대해 제한을 가하는 것은 어려운 문제이지만, 인명보호나 감염확대 방지란 측면에서 치사율이 높고 전염성이 강한 전염병에 한해 환자만이 아니라 접촉자에 대해서도 이동제한 등의 조치를 할 수 있도록 하는 법제도상의 개선이 필요하다.

미지의 전염병이 발생했을 때의 치료 우선순위와 관련해서도 과제가 남아 있다. 시나리오에서는 백신 접종이나 인공호흡기 사용순서에 대해서 신종 인플루엔자 등 대책특별조치법에 입각해 의료종사자, 경찰관이나 소방관 등 사회기능 유지자 등에 우선순위를 부여하는 방안이 서술되어 있지만, 이에 대해서도 법제도에 입각한 대응이 정말로 최선책인지 다시 한 번 검토할 필요가 있다.

전염병에는 법제도를 검토할 때 상정했던 감염성이나 치사율이 높은 것만 있는 것은 아니다. 예를 들면, 어떤 전염병은 경찰관이나 소방관 등 사회기능 유지자는 감염 가능성이 낮지만 영유아에게 전염시킬 가능성이 높을 수도 있다. 이런 점에서 법제도에서 정한 우선순위는 있지만 발생한 전염병의 역학조사2 결과에 의한 정보를 바탕으로 누구를 우선적으로 보살필 것인가를 재검토하도록 법제도로 정해두고, 또한 그러한 재검토를 누가 할 것인가를 정하는 의사결정자를 명확하게 해둘 필요가 있다.

한편, 위기의 전조를 파악해 유연한 대응을 검토하고 그것을 실행할수 있는지도 과제다. 시나리오에서는 학교나 집회를 폐쇄했을 뿐만 아니라 주민생활에 제한을 강제하기도 하는 환자의 조기격리나 자택검역등도 실시했다. 이것은 최악의 상황을 상정해 있을 수 있는 전염확대방지책을 임기응변으로 실시함으로써 초과사망률을 억제했던 지방자치단체에 관한 부분에서 나온다. 그러나 모든 지방자치단체에 미래를예측하고 결단할 수 있는 리더가 있다고는 할 수 없기 때문에, 법제도로 권한을 부여한다고 해서 해결할 수 있는 문제는 아니다.

앞으로 각 지방공공단체의 대응상황을 파악하고 일본 전체의 대응태세를 모니터링하면서 부족한 부분을 국가가 보완하고 지방공공단체 간의 격차를 없앨 수 있는 개선책을 검토할 필요가 있다.

〈사이버테러〉 공격받았을 때의 취약성,
사이버테러에 대한 조직 간 연계 부족
일본은 아직 대규모 사이버 공격에 대응해본 경험이 없다. 또한 사이버테러는 다른 위기보다도 조직 간 연계가 필요한 사태라고 할 수 있지만,

---

2 전염병이 발생한 지역이나 집단을 조사하여 질병의 원인으로 생각되는 것과 질병 발생의 관련성에 대해서 통계적으로 조사하는 것.

일본은 전체적으로 이에 대한 충분한 대응체제를 갖추었다고 말할 수 없다.

　시나리오에서는 사이버테러의 공격 주체에 관한 정보를 적극적으로 수집·분석하는 조직과 부처가 분산되었고, 경제산업성, 내각관방, 총무성, 방위성, 경찰청 등 사이버 공격을 소관하는 부처가 너무 많아 어디가 사태수습을 담당하는 부처인지 명확하지 않은 점도 서술되어 있다. 또한 각 부처에는 풍부한 지식과 경험을 가진 책임자가 없어서 정부의 일원적 인식이나 대응방향을 제시하지 못하여 정보 수집·분석 단계에서도 조직 간 연계가 혼선을 빚을 것으로 예상한다. 명확한 사이버 공격이라고 판단한 사업자가 NISC에 보고해 대책을 검토하기 시작하지만 NISC, 경제산업성, 경찰청이 독자적으로 정보를 모을 뿐 이들 정보를 일원적으로 관리하고 분석·평가하는 기능을 담당하는 정부기관이 존재하지 않아 각 부처가 독자적 판단으로 대책이 추진되는 상황이 그려져 있다.

　이런 점에서 보면 현재의 대응체제로는 조직 간 연계가 원활하게 이뤄지지 않아 정부로서 충분한 대책을 취할 수 없는 상황이 될 것이란 것은 분명하다. 앞으로는 각 부처를 통할하고 의사결정을 담당하는 기관을 명확하게 하고, 사업자와의 연계대응 강화, 사업자 측이 사이버테러 대책을 강화하는 것에 대한 충실한 지원(재정과 기술 측면), 나아가 사이버테러에 대한 분석·평가·대책 검토체제의 강화(고도의 지식을 겸비한 인재의 확보 등)가 필요불가결하다.

〈핵테러〉 연계된 위기대응의 효과적 운용능력의 부족,
애매한 지휘체제

핵테러가 발생하는 경우 정부 각 부처, 지방공공단체 등이 국민보호법에 따라 대응한다. 그러나 현장에서 활동하는 소방대, 경찰, 자위대, 해상보안청 등 최초 대처자(first responder)들이 연계하여 대응하는 구조는 되어 있지만, 실제 활동하는 조직의 실질적 책임이나 권한부여 등이 명확하지 않아 현장에서 혼란을 초래할 가능성이 있다.

또한 시나리오에는 정부의 대국민 성명문이 준비되지 않은 점, 각 부처가 개별적으로 부여된 역할을 수행함으로써 정부의 통합적 대응이 원활하게 이뤄지지 않은 점 등의 과제가 정리되어 있다.

현장에서 발생하는 위기에는 재빨리 결단하고 대응해야 하기 때문에 앞으로는 복수의 최초 대처자 간의 연계가 필요한 경우, 누구에게 현장의 최종적 의사결정 권한을 부여할 것인가를 사전에 결정함으로써 현장 지휘명령체계를 명확하게 해둬야 한다.

〈센카쿠 충돌〉 사태의 진전과 임기응변적 대응

자연재해가 발생한 경우 자위대의 출동에 누구나 아무런 의문을 갖지 않겠지만, 무력공격 사태 발생 시의 자위대의 대응출동은 전례가 없으며 그 뒤에 미칠 영향을 고려하여 신중해질 것이라는 상정이다. 시나리오에서는 경찰이나 해상보안청이 대처할 수 없는 상황으로 판단되었으며, 중국의 군사작전인지도 확인할 수 없는 상태에서 치안출동 및 해상경비활동으로서 자위대가 행동을 시작했다. 그러나 그 뒤 무력공격 사태대처 기본방침 및 방위출동은 승인되지 않았다.

치안출동은 경찰의 대응능력을 초월한 사태에 대해, 해상경비행동은 해상보안청의 대응능력을 초월한 사태에 대해 자위대가 각각 대처하는 것을 말하며, 모두 경찰과 해상보안청을 대신하여 자위대가 대응하도록 되어 있다. 그러나 치안출동이나 해상경비행동 시 자위대의 장비나 능력을 효율적으로 사용하여 어떻게 대처할 것인가는 명확하지 않다. 부대의 장비나 작전개념이 일치하지 않기 때문에 자위대가 경찰이나 해상보안청과 연계하여 대처하는 데에는 어려움도 있지만, 구체적으로 어떻게 연계할 것인가 하는 내용을 검토할 필요가 있다.

또한 방위출동 시 자위대의 행동에 대해 시나리오에서는, 유사법제는 틀만 만들었을 뿐 실제 운용에 대해서는 대비하지 않은 종이 위의 법제도라고 표현되어 있다. 앞으로는 법적 제약 때문에 현장에서 임기응변적 대응을 하지 못하는 일이 없도록 구체적 대응조치를 충분히 검토해두는 것이 필요할 것이다.

과제 3　위기대응을 위한 인재육성 과제와 개선방향

〈사이버테러〉 인재육성 문제

위기대응을 담당하는 인재육성과 관련해 일본에는 제대로 된 제도가 없는 것이 현실이다. 특히 전문적 지식이 필요한 사이버테러의 경우 우리의 인재육성 과제를 잘 보여주는 사례라고 말할 수 있다.

사이버테러의 경우 특히 전문적 지식에 입각한 새로운 대책이 늘 필요하기 때문에 이동이 많은 정부기관에서 위기대응을 담당하는 인재를 육성한다는 것은 어려운 일이다. 시나리오에서는 공격 메커니즘을 파악하고 이해하기 위해서는 고도의 기술과 더불어 다양한 분야의 업무지식과 운용 시스템을 이해할 필요가 있으며, 이런 인재를 확보해 정부기관에서 일하게 하는 것이 필요하다는 정부 방침이 제시되었다.

그러나 전문기술을 보유하고 공격에도 대처할 수 있는 해킹 전문가들과의 연계가 어렵다고 상정되어 있다. 일본의 관청은 오전 9시에서 오후 5시까지라는 근무시간이 정해져 있지만, 해커는 돈과 시간에 구속받는 것을 싫어하고 자유를 원하는 경우가 많다. 따라서 양자 사이에 충분한 연계체제를 구축하지 못하는 것이 현실이다. 필요한 대처능력이 있는 해커와의 연계체제 구축은 필요불가결하며, 처우를 포함해 충분한 검토 후 민간전문가의 채용과 위기발생 시의 협력체제 구축을 서두를 필요가 있다. 이것은 다른 위기의 경우에도 마찬가지이다.

시나리오에는 사이버테러를 수습하는 데 시간이 걸려 피해가 일상생활에까지 파급된 것이 묘사되어 있다. 오늘날은 많은 국민들이 스마트폰과 SNS를 많이 이용하는 정보화된 사회다. 사이버테러를 생각할 때 앞으로는 국민 전체가 정보를 자유롭게 수집·집약·발신할 수 있는 입장에 있다는 현실을 재인식하고 국민 한 사람 한 사람이 좀더 위기의식을 갖는 것이 필요할 것이다.

제언 1 위기대응을 위한 훈련제도의 확충과 추진

일본에서는 과거에 재해발생 사례가 많아 자연재해에 초점을 맞춘 재해 대비 훈련이 각 조직별로 적극적으로 실시되고 있다. 제도나 매뉴얼에 따른 대응이 신속하고 정확하게 이루어질 수 있도록 도상훈련과 실제훈련이 함께 이루어지는 경우가 많다. 위기발생 시 미리 정해둔 대처방법 대로 대응할 수 있도록 훈련하는 것이 필요불가결하며, 그렇게 함으로써 일정 정도의 목적은 달성할 수 있다.

한편, 현행 법제도나 계획·매뉴얼로 대처하기 곤란한 상황을 상정한 훈련이 실시될 기회는 거의 없었다. 그렇기 때문에 지금까지 경험하지 못한 사태가 발생할 경우 신속하게 대응하지 못하는 사례가 많다. 소방대, 경찰, 자위대, 해상보안청 등의 최초 대처자는 정보가 적은 가운데 부여된 역할을 할 수 있도록 다양한 훈련을 하여 개별 사태 대처능력은 뛰어나다.

그러나 대규모 위기에 대한 대응 시에는 정부, 각 부처, 지방공공단체 등 다양한 기관의 연계가 필요하며, 이때의 역할분담과 권한이 애매한 경우가 많고 훈련 기회도 적다. 예를 들면, 앞에서 언급한 핵테러 발생 시 국민보호법에 따라 대응하게 되어 있지만, 이런 사태를 상정한 훈련은 지금까지 거의 실시되지 않았다.

이런 실태를 감안하여 앞으로는 도상훈련과 실제훈련은 물론 동시에 대처하기 매우 어려운 위기를 상정한 훈련을 하지 않으면 안 된다. 도상훈련을 통해 현행 법제도에 따라 많은 조직이 연계하여 대응할 때 나타나는 문제점이나 한계점 등을 도출해내고, 대책 마련을 위해 필요한 재정 조치를 포함한 개선점을 찾아내야 한다.

실제훈련에서는 최초 대처자만이 아니라 정부, 각 부처, 지방공공단체, 민간기업 등과 연계한 위기대응이 보다 충실하게 이뤄질 수 있는 훈련시설이나 체계를 구축하는 것도 필요하다. 예를 들면, 자위대, 경찰, 소방대 등의 경험자를 활용한 훈련을 충실하게 하는 것도 한 방법일 것이다. 미국에는 민간이 운영하는 훈련시설 TEEX(Texas A&M Engineering Extension Service)가 있다. 이 시설은 오클라호마 폭파테러 사건이나 로스앤젤레스 교외의 노스리지에서 발생한 지진 등 실제 발생했던 재해를 재현할 수 있는 설비도 갖추고 있다. 나아가 소방대, 경찰, 정부 등에서 일한 사람들이 지도원으로 상주하며, 항상 새로운 프로그램을 도입해서 지도하고 있다. 공적 기관인 최초 대처자나 민간기업도 이런 훈련시설을 이용하면서 다양한 위기를 상정한 훈련을 실시하고 있다.

앞으로는 상상력을 발휘하여 다양한 피해나 대응상황을 상정한 훈련을 실시하여, 상정하지 못했다는 말을 하지 않도록 더욱 노력할 필요가 있다. 또한, 훈련을 실시하여 개선점을 도출하는 것이 당연한 프로세스라는 점을 문화로 정착시킬 필요가 있다. 예를 들어 "선배들이 구축한 조직이나 방법을 버릴 수 없다"거나, "상정 외의 사태를 고려한 훈련 자체가 바보 같은 짓"이라는 일본 사회에나 있을 법한 안이한 전례주의나 형식주의는 고쳐야 할 것이다.

제언 2 변화하는 위기에의 대응능력 향상(법제도의 확충과 개선)

일본에는 자연재해는 재해대책기본법, 무력공격 사태는 국민보호법, 전염병은 신종 인플루엔자 등 대책특별조치법 등 개별 위기에 대응하는 법이 많아 위기발생 시 이 법들에 입각해 대응이 이뤄진다. 그러나 위기에 따라 중심이 되는 부처가 다르고 지휘체계와 의사결정구조가 복잡해서 역할분담, 권한과 책임 면에서 각 조직이 연계하여 대처하기에 효과적이지 못하다. 또한 사전에 제도화되지 못한 위기는 대처방법이 충분하게 검토되지 않았거나 중심 부처가 불명확해 신속한 대응을 취하지 못할 가능성도 있다.

위기발생 시에는 시시각각 변화하는 위기관련 정보를 취합·분석하고 미래를 예측해서 가장 적합한 대응방법을 검토해 실행에 옮겨야 한다. 그러나 현 상태는 미리 검토된 제도, 또한 그에 입각한 계획이나 매뉴얼에 따른 대응, 나아가 예측하지 못한 위기에 대한 대응까지 충분히 할 수 있는 법제도라고 말할 수 없다.

평상시의 대비책에 대해서도 법제도 측면에서 개선이 필요하다. 현재 국가 차원에서 위기대응책이 검토되지만, 실제 예산은 부처별로 계상되고 있다. 그 결과 부처별 의식 차이로 인해 국가 전체적인 위기에 충분히 대비되지 않을 가능성도 있다. 예를 들어 최초 대처자의 장비도 부처별로 독자적인 검토에 따라 구입하고 있으며, 부처별로 서로 다른 장비가 배치되어 있다. 위기발생 시에 각 조직이 협동해서 대응할 때 기자재의 공유나 상호협력이 불가능한 상황이 우려된다.

이런 상황을 고려해 앞으로는 동일본 대진재 시의 과제와 교훈을 바탕으로 국가 전체의 대응태세를 검증해 모든 리스크에 대한 대응도 고려한 법제도의 확충과 개선을 추진해야 한다. 특히, 이번 시나리오 분석에 의해 현 제도의 과제로 부상한 '평상시의 훈련과 장비 등의 확충', '위기발생 시 지휘계통이나 권한이 명확한 체제 구축', '발생한 위기의 정보를 바탕으로 미래를 예측하고 전략을 입안해 운용하는 체제 구축' 등에 대해 충분한 검토가 필요하다.

또한 위기대응을 위한 법제도는 과거의 재해사례를 검토해 제정하며, 나아가 그 뒤 발생한 위기 결과를 검증해서 보완할 필요가 있다. 일본에서는 지금까지 조직 단위(각 부처, 지방공공단체 등)로 위기대응을 검증하고 개별적으로 개선책을 검토한 사례가 많았다. 그러나 동일본 대진재처럼 국가 전체의 위기대응능력이 시험받는 경우에는 개별조직뿐만 아니라 국가가 전체적으로 검증을 실시해, 이를 개선책을 마련하는 데 활용할 수 있는 구조를 제도화할 필요가 있다.

제언 3 위기대응을 위한 인재육성 추진

일본 각 부처, 지방공공단체 등은 위기관리에 관여하는 인사이동과 육성체제가 충분하지 않은 상황이다. 위기관리 담당자에게 요구되는 요소는 정확한 판단능력, 종합적인 조정능력, 풍부한 위기관리 관련 지식(법제도, 대응책 등), 정보수집능력, 리더십 등이다. 최근 사이버테러 관련 시나리오에서 볼 수 있는 것처럼 상당한 전문성이 요구되는 사례도 적지 않기 때문에, 위기대응을 담당하는 인재의 육성은 일반적인 인재육성 제도와는 별도로 검토할 필요가 있다.

특히 일본 행정기관의 직원들은 1년에서 3년 단위로 인사이동이 이뤄져 담당자가 바뀌는 사례가 많기 때문에 외국의 위기관리 전문가들과의 교류가 적고 정보공유도 이뤄지지 않는 실정이다. 이에 대한 시급한 개선이 필요하다.

앞으로 정부, 중앙부처, 지방공공단체 등은 '위기관리 전문가를 관리하고 인재를 파악하는 조직의 구축'(부서 이동과 상관없이 위기발생 시에는 필요한 곳에서 대응하는 위기관리 담당자 제도의 구축), '위기대응 경험자를 활용하는 조직의 구축'(현역에서 은퇴한 뒤라도 위기발생 시에 소집되어 과거 경험을 활용하여 대응하는 제도의 구축), '민간 전문가의 채용이나 위기발생 시의 협력체제 구축', '대학 등의 전문기관과의 연계체제 구축', '교육·훈련 프로그램 구축', '위기관리 담당 인재의 커리어 패스의 명확한 제시' 등을 한층 보완할 필요가 있다.

예를 들어 '교육·훈련 프로그램'의 경우, 위기관리와 관련한 직원이 각종 법제도의 내용을 이해하기 위해 공부하는 것도 필요하다. 피해를 입은 국민은 신속한 지원을 요구하지 법제도 근거를 요구하지 않는다. 이런 점에서 국민들에게 어떠한 대응을 해야 하는가 하는 관점에서 각종 법제도를 분류하여 직원들이 이해하기 쉬운 교육·훈련 자료를 만드는 것도 필요하다.

'위기대응 경험자를 활용하는 조직의 구축'이란 점에서는 특히 중앙부처 위기관리 업무 수행조직에서 일한 경험이 있는 인재의 활용방법을 검토할 필요가 있다. 최초 대처자의 경우 과거의 풍부한 경험을 살리기 위해 은퇴한 인재를 활용하는 사례가 있지만, 정부 차원에서 위기대응 시 경험자들을 모아 활용하는 것 또한 필요할 것이다.

또한 일본은 자연재해를 포함해 인명을 잃는 위기가 발생할 가능성
이 높아 공적 기관의 대응만으로는 한계가 있다. 따라서 먼저 피해를
입은 국민이나 기업의 직원은 공적 기관에만 의존하지 말고 스스로의
위기대응 능력을 한층 강화하는 것이 필요하다. 동일본 대진재 발생 시
자위대가 물류기능을 담당하였는데, 기업이나 봉사단체가 이 업무를
했더라면 자위대는 구조활동에 전념할 수 있었을 것으로 생각된다. 이
런 사례로 보아 자원봉사나 협정만이 아니라 '법제도로 위기대응 시의
역할을 정하는 체제'(위기관리의 자조노력이나 억지력 향상을 위한 체제),
'위기대응을 위한 국가자격·훈련제도' 등에 대해서도 검토함으로써 위
기발생 시 국민과 기업의 역할과 책임을 명확히 해두어야 한다.

02

관민협조

일본은 '방재(防災) 선진국'이기는 하지만 '(충격·부상 등으로부터의) 복원력(*resilience*) 선진국'은 아니다. 1 세계경제포럼(WEF)은 자신들이 발행하는 《글로벌 리스크 2013》(*Global Risk 2013*)에서 국가의 경쟁력과 위기관리 능력이 정비례한다고 밝힌 바 있다. 2 일본의 경우 국가 경쟁력은 다른 선진국 정도로 평가된 반면, 위기관리 능력은 139개국 가운데 67위로 선진국 가운데서는 예를 찾을 수 없을 정도로 낮게 평가되었다.

이제 국가에 대한 평가는 기술혁신이나 경제성장으로 대표되는 경쟁

---

1 이 책에서 resilience는 '복원력'으로 번역한다. resilience는 일반적으로 회복력이나 복원력으로 해석되지만, 공학 분야에서는 자연재해를 비롯한 모든 위기에 대한 시스템(물질, 소재, 조직, 구조물, 사회 등) 항내성(*robustness*), 용장성(*redundancy*), 창의성(*resourcefulness*), 초동대응력(*response*), 자기회복력(*recovery*) 등으로 구성되는 위기대응력과 위기를 계기로 강인한 체질로 진화하는 힘을 포함한 개념을 종합적으로 지칭한다.

2 *Global Risk 2013*, *8th ed.*, Risk Response Network, World Economic Forum.

력만이 아니라 질적 측면, 여기서 말하는 모든 측면에서의 리스크에 대한 적응력/복원력이라는 두 축으로 평가되는 시대가 왔다. 그리고 이러한 요소는 지속가능한 사회 구축을 위해서도 중요한 요건이다. 3 일본이 낮게 평가된 요인은 관민협조를 기초로 하는 리스크 거버넌스의 취약함 때문이다. 리스크 거버넌스라는 것은 '사회에 잠재된 리스크를 사회를 구성하는 다양한 주체가 협동하여 통치하는 구조'를 가리킨다. 오늘날 복원력은 전 세계 공통의 의제라고 할 수 있다.

일본의 리스크 거버넌스 체제를 보면, 자연재해로 대표되는 위기를 관리하기 위한 재해대책 기본법, 무력공격 사태로 대표되는 안전보장 관련 위기관리를 위한 국민보호법 등에 의해 국가, 지방공공단체, 주민 등의 책무가 규정되어 있다. 그 가운데 특히 지정행정기관이나 지정공공기관의 역할에 대해서는 구체적 지침이 명기되어 있다. 4

나아가 영리추구 목적의 민간기업도 위기관리의 중요한 책무를 담당하게 되어 있다. 예를 들어 방재기본계획 제2편 '지진재해 대책'에는 기업(民)이 재해 시에 중요 업무를 계속하기 위한 업무지속계획(BCP)을 수립하고, 국가나 지방공공단체(官)는 BCP 수립 지원을 위한 환경을 정비한다는 기술이 있다.

관이 민에 기대하는 것은 각 조직의 자원을 충분히 활용하여 국민의 생명·신체·재산을 보호하고, 사회질서 유지와 공공복지 확보를 위해

---

3 여기서는 지속가능한 사회를 구축하는 전제가 되는 ESG(환경, 사회, 거버넌스) 요인을 바탕에 두고 논의하고 있다.
4 지정행정기관과 지정공공기관에 대해서는 다음을 참조.
www.kokuminhogo.go.jp/torikumi/kankeikikan.html

노력하고, 이를 위해 필요한 구체적 조직기능을 발휘하는 것이다. 한 편 민에서도 위기관리에 참여하는 것은 지역이나 경제에 공헌할 수 있 는 커다란 동기가 될 것이다. 지역은 기업활동에 필요불가결한 소비자, 노동자를 배출하는 원천으로 중요한 이해관계자이기 때문이다. 다만, 일단 위기관리에 관한 민의 책무는 명확하기는 하지만, '자주성 존중'이 란 그럴듯한 명목하에 각자가 자조 노력과 자력 부흥의 원칙에 입각해 자발적으로 위기관리 계획을 수립하게 되어 있다는 것을 부언해두기로 한다.

각 시나리오에서 부상한 관민협조를 위한 과제

제 1부의 9가지 시나리오에 바탕을 두고 리스크 거버넌스의 중요한 역 할을 하는 관과 민을 대상으로 현행 체제가 안고 있는 다양한 과제를 도 출함과 동시에 그 과제를 검증하고 개선방향에 대해서 제언하고자 한 다. 주요 과제는 다음 세 가지로, 우선은 개별 시나리오를 간단히 되돌 아보는 형태로 이것들을 검증하고자 한다.

▪ 과제와 개요 ▪

① 민간 참여 시의 과제 민간이 위기관리에 참여하는 경우 업무도 비 용도 자기가 부담해야 한다. 자본의 논리에 입각한 경영과제 해결 과 위기대응 논리에 입각한 공동체에 대한 공헌 사이에서 기업은 자기희생적으로 위기관리에 참여해야 한다.

② **실효성의 과제**　개개의 위기대응 계획이 조직별로 만들어지고 공유되지 않기 때문에 지역이나 사회가 전체로서 정합성이 없어 합리적으로 운영되지 못한다. 법적 강제력이 없고 책임 소재도 불명확하기 때문에 조직 간의 협조가 잘 이뤄지지 않는다.

③ **목표와 전략의 과제**　복원력에 관한 중장기적 비전이 없다. 또한 위기발생 시의 우선순위 등에 관한 국민적 합의가 없어 구체적 목표와 전략이 불충분하다.

여기서 말하는 관민협조는 사례에 따라서는 관과 민만이 아니라 관과 민, 민과 민이라는 틀에서 살펴보아야 한다. 또한 최근 새롭게 공공영역을 담당하게 된 비영리단체(NPO)나 자원봉사조직의 사회적 역할도 중요하게 인식되지만, 여기서는 그들을 대상으로 한 구체적인 언급은 피하기로 한다.[5]

과제 1　민간 참여 시의 과제

'핵테러' 시나리오에는 국가의 테러대책 변경에 따라 컨테이너의 사전 검증이 엄격해져 기업의 중간 재고가 증가하는 모습이 그려져 있다. '수도직하 지진' 시나리오에도 매년 유효기간이 지난 유통 비축물자의 처분이 경영상의 비용 증가로 직결되는 것이나, 건물이나 시설의 내진 대책, 액상화 방지대책, 슬로싱(*sloshing*) 대책 마련에 상당한 비용이 들

5　예를 들어 방재계획상 역할, 권한, 비용부담 등의 면에서 NPO나 자원봉사단체의 위치가 불명확하다는 과제가 있다.

어가지만, 민(간)의 자조노력이라 할 수 있는 이러한 위기관리에 대한 투자가 보상받지 못하는 모습이 그려져 있다. 여기서의 주요 논점은 리스크 거버넌스에 필요한 사회의 위기관리 투자에 관한 '비용부담의 문제'로 국한한다. 관민협조라고는 하지만, 민의 입장에서 보면 위기관리에 참여하는 것은 일이든 비용이든 자기희생적 측면이 강한 것이 현실이다.

나아가 다른 시나리오에도 시장논리상 비용으로 간주되는 방재나 위기관리에 대한 투자가 뒤로 밀리거나 아예 미뤄지는 사례, 기업 재정이 악화하는 가운데 피하기 어려운 경영 효율화를 위해 정보통신기술을 많이 사용하지만 동시에 그로 인해 사이버 공격에 대한 보안상의 취약성이 증대해버리는 사례 등 기업이 평상시의 경영과제 해결과 위기에 대한 대비라는 서로 모순되는 상황에 직면해 있는 점도 묘사되어 있다.

일본 기업은 급변하는 글로벌 환경 속에서 생존을 걸고 '자본의 논리'에 입각해 경영의 효율성을 높여 이윤을 추구해야 하는 경영과, 공동체에 대한 책무를 다하기 위한 '위기관리의 논리'에 입각한 사회 공헌이라는 틈 사이에 방치되어 있다. 국가(관)는 단지 그것을 지켜보고 있을 뿐이라는 것이 현재 민관협조의 실태다.

현재의 리스크 거버넌스로는 민의 관여와 책임범위가 애매하며, 특단의 법적 구속력도 없다. 그렇기 때문에 민 단독으로 사회의 위기대응 투자에 능동적이며 지속적으로 참여할 수 있는 동기가 부족하다. 이것은 사회적 책임론에 치우친 것으로, 기업들에게 그런 역할에 참여하도록 요구하기에는 한계가 있다.

리스크 거버넌스에 관한 '비용부담 문제'를 가볍게 보면 안 된다. 그것은 글로벌 투자환경이 표준화되는 가운데 일본에서 비즈니스를 하거나 일본에 투자하는 것 자체가 불리해지는 사태로 돌진하는 것을 의미한다. 이런 인식을 가지고 내외의 경영진, 주주, 투자가, 시장에 의해 판단되고 나아가 판단근거가 되는 정보가 세계로 유통되는 사태는 일본으로서는 피해야만 한다.

과제 2 실효성의 과제

'핵테러' 시나리오에는 각 부처가 경쟁이라도 하듯 독자적으로 장비나 기자재, 특수차량을 개발했기 때문에 기자재의 호환성이나 상호운용이 불가능하다는 점이 지적되어 있다. '수도직하 지진' 시나리오에는 각 부처 업무지속계획의 백업 거점이나 정보통신 회선의 기능 대체가 제대로 이뤄지지 않는 등 개개 위기대응계획이 제한적으로 합리적이기 때문에 서로 계획을 공유하지 못하고 나아가서는 사전에 조정도 이뤄지지 않은 것이 그려져 있다.

또한 본사 직원들이 경영진의 눈치를 살피거나 안심시킬 목적으로 이상적인 계획을 만들어 놓고 나머지는 모두 현장에 전가시켜버리는 '과달카날 증후군', '현장능력' 신화, 서로 정보를 공유하지 않아 상대의 위기대응 능력의 한계를 모르면서 추진하는 '말뿐인 협조'라는 과제도 분명하게 드러났다.

예를 들면, '사이버테러' 시나리오에서는 관도 민도 정보시스템의 구축·보수, 보안관리, 긴급 시 대응을 모두 현장의 벤더에게 맡겨버리고 있다. '핵테러' 시나리오에서는 소방대와 자위대가 인명을 구조해도 병원이 어느 정도 받아줄지가 불명확하다. '수도직하 지진'이나 '판데믹' 시나리오에는 건물붕괴나 화재로 부상당한 사람들이나 감염자들이 병원으로 실려 오지만 의료공급 능력의 한계로 의사가 환자를 돕지 못하는 사태가 그려져 있다.

더불어 유사시의 긴급물자 공급협정을 체결했음에도 불구하고 물자가 오지 않거나 공급자의 공급책임이 명료하지 않고 약제나 백신 등 필요 자원이 공급되지 않는 사태를 통해 협조를 위한 계약에 법적 구속력 (예를 들면 벌칙규정)이 없어 실효성이 담보되어 있지 못하다는 것을 알 수 있다.

전체를 통할하는 조직이 없거나 책임 소재가 불명확한 것도 문제다. 경찰, 소방대, 의료기관 등 서로 다른 조직을 통할하여 컨트롤하는 기능을 갖는 조직이 현재 없다. '사이버테러' 시나리오에는 사이버 공격을 소관업무로 하는 복수의 부처가 자신들만의 목적을 위해 일함으로써 사태 수습을 위한 책임이 어디에 있는지가 명확하지 않다. 횡적인 연계도 사전 정보공유나 업무조정도 불충분하고 리더십도 없다. 이것은 권한과 책임을 애매하게 하는 '폐쇄적 거버넌스'6의 연장선 안에 있다.

이런 제한적으로 합리적이며 전체를 통할하는 사람이 없는 협조가 발생하는 이유는 일본사회를 구성하는 모든 조직의 위기활동에 대한 법적인 강제력이나 벌칙 규정이 존재하지 않아 신뢰성이나 신뢰도 기준이

---

6 〔옮긴이 주〕'폐쇄적 거버넌스'는 민간사고조사위 보고서에 있는 'ムラと空氣のガバナンス'란 표현의 원문을 의역한 것으로, 직역하면 '마을과 공기 거버넌스'다. 이것은 어떤 사항을 결정할 때 그 내용이 외부로 공개되지 않도록 마치 울타리 같은 것을 쳐놓고 그 안의 분위기를 보고 처리하는 방법을 말한다.

명확하지 않기 때문이다. 내각부(방재 담당) 소관의 사업지속 가이드라인은 민간기업에 BCP 수립을 요구하고 있지만, 가이드라인에는 "본 BCP 가이드라인은 (중략) 재해와 관련한 사전대응과 사업지속을 위한 대책을 추진하는 데 필요한 공통적이며 기본적인 항목을 제시하는 것이 그 목적이다. 그러나 물론 강제적 규칙으로 정할 의도는 없으며, 각 항목의 실시 여부도 임의적인 것이다"라고 되어 있다. 또한 국토교통성은 구조물, 특히 도심의 기존 초고층건축물 소유자들에게 안전성 검사를 요청하기로 한다고 하지만, 이것도 법적 구속력이 없다.

지정공공기관으로 대표되는 중요 인프라 사업자에 대해 관이 민(간)에게 협력을 강제할 수 있다고 되어 있지만, 실태를 보면 '지정을 받고 있을 뿐'이지, 당해 사업자의 복원력과 관련한 신뢰성 조사나 사회의 복원력, 특히 위기에 대한 사전 억지력 향상에 기여할 수 있는 신뢰도 요구, 평상시의 동기 부여, 벌칙 등은 제도적으로 설계되어 있지 않다.

관·민 어느 쪽 위기대응 계획도 자신들 조직 중심의 세계관에 입각해 제한적인 합리적 형태로 수립되어 있을 뿐, 자신들의 조직이나 협조 상대의 조직 능력과 그 대응상의 한계(특히 약점)는 거의 불명확하다. 나아가 양자 사이에 불완전한 법적 강제력밖에 작용하지 않기 때문에 위기로 인한 피해규모가 일정 수준을 넘으면 대응이나 인식의 오차나 부정합이 발생하기 쉬운 협조환경이다.

조직 간의 정보와 업무 흐름을 공유하거나 조정·통할하는 기능이나 기관도 없기 때문에 일본 사회 전체적으로 볼 때 유한한 국가 자원이 효율적으로 투입되지 못하고 분산되고 낭비돼버린다. 이런 제도의 설계 책임이 누구에게 귀속하는가도 전혀 알 수 없다.

과제 3　목표와 전략의 과제

'수도직하 지진' 시나리오에는 위기관리나 안전보장 관련 훈련이 처음부터 끝까지 융통성 없는 절차 중시로 일관하며 실패나 수치를 두려워해 '의식화'되어 있는 것, 천황이 다른 곳으로 옮기지 않는 한 수도 기능 이전은 불가능하다고 고뇌하는 총리 관저, 직면한 위기에 임기응변식으로 대응하는 것 등이 묘사되어 있다. 또한 전례주의, 관(정부) 주도, 상의하달이라는 일방통행식 수직적 구도와 같이 일본이 안고 있는 치명적 약점과 평상시와 유사시 상관없이 관·민이 중장기적 비전이나 전략을 공유하지 못하는 결점이 지적되어 있다.

또한 복수의 시나리오에는 리스크를 깨닫지 못해 자기에게 불리할 때에는 리스크를 보고도 못 본 체하고 준비를 게을리 해 결국 스스로 피해를 자초하는 경우도 나타나 있다. 나아가 모든 사회시스템의 정보통신기술 의존도가 높아, 이로 인해 자연스럽게 리스크 발생 가능성도 높아졌다는 점이나 사람을 구조하는 우선순위나 사회기능 유지 차원의 선긋기와 관련한 국민적 합의가 존재하지 않는다는 점도 그려져 있다. 또한 리스크 거버넌스와 관련한 구체적 목표가 사회적으로 명확하지 않기 때문에 목표와 실제의 괴리를 인식하지 못해 관도 민도 잠재적인 리스크를 짊어져야 할 위험이 지적되어 있다.

사후평가나 개선이 이뤄지지 않은 채 개별 위기에 대한 땜질식 계획 수립이 끝없이 계속되는, 자기혁신과는 거리가 멀고 학습능력이 결여된 리스크 거버넌스가 현재의 모습이다. 현실적으로 동일본 대진재란 도대체 어떤 재해였는가에 대해서 지진 재해, 쓰나미 재해, 원자력 재해 등에 바탕을 두고 자연과학, 사회과학, 실물경제 등에 미칠 영향을 상호 의존관계 관점에서 종합적으로 조사하고 검증한 사례 하나 없다.

전략이 없으면 작은 전력을 소규모 전술에 의해 순차적으로 투입하는 수밖에 없어 모방과 임기응변의 대응이 돼버리기 쉽다. '수도직하 지진' 시나리오에는 피난처에 구호물자가 부족하지만 불공평을 우려한 나머지 물자를 아예 나눠주지 않는, 자칫하면 모두가 죽을 수도 있는 선택을 쉽게 결단해버리는 모습이나, 69만 명이나 되는 수도권 피난민의 대피처조차 결정 못하는 자치단체 수장의 모습 등이 그려져 있다.

비전이 결여된 원인 하나는 과거의 성공한 관민협조 체험에서 탈피하지 못한 것에 있다. 전후 일본은 규격에 맞는 제품을 대량생산하는 형태의 제조업을 근간으로 한 공업화사회 달성을 목표로 삼았다. 이런 국가목표를 실현하기 위해 종신고용처럼 유동성이 낮은 노동시장과 폐쇄적 고용관행, 물가상승을 전제로 한 기업의 선행투자형 경영, 대장성(당시)의 호송선단식 보호하에 자기자본을 고려하지 않고 확실하게 가치가 상승할 담보를 손에 쥐고 자금을 빌려주는 은행, 그리고 이것들을 관(정부)이 주도해 집단적으로 의사결정 하는 구조, 즉 거버넌스가 만들어졌다.

소득 배증이라는 구체적인 목표나 선진국을 따라잡기 위한 성장이라는 명확한 비전도 존재하기는 했다. 그러나 이 제도는 지금 여기저기서 제도상의 피로와 기능불능을 일으키고 있다. 과거 같은 관민협조체제로는 글로벌 경쟁환경에서 이길 수 없다는 것은 명백하며, 국가적 위기도 관리할 수 없다.

더욱이 리스크 거버넌스의 기축이 되는 '사회가치의 선택' 문제에 대해서 일본사회는 진지하게 생각하지 않았다. 한정된 시간과 자원으로 획득할 수 있는 이익과 리스크의 다양한 상충관계(*trade-off*)나 딜레마 가운데 무엇을 선택해야 하는가에 대한 논의가 이뤄지지 않은 것이다. '공'(公)이란 무엇인가, 사회의 구성원이 일본사회를 위해 구체적으로 무엇을 할 수 있는가를 먼저 생각하는 우선도가 상대적으로 저하되어 단기적 사욕 추구가 우선시되는 상태로는 사회 전체의 최적화를 도모하는 위기관리나 안전보장의 비전과 전략을 그려낼 수 없다.

위기 시에는 관련 주체들 사이의 정보공유나 업무연계와 협조가 필요하다. 각 조직의 상황인식 능력과 대응능력이 유한하기 때문에 한정된 시간 속에서 위기대응에 필요한 국가 자원을 투입하기 위해서는 필요한 정보(피해 정보, 라이프라인 정보, 구조, 피난과 관련한 정보가 전형적임)의 양과 정확성을 확보해 관련자들이 공유하는 것이 필요하다. 자기완결성이 높은 군대와 달리 관도 민도 한정된 자원만을 가지고 있다. 본래라면 제한적으로 합리적인 위기대응계획을 사전에 조정하고 필요한 정보를 공유할 수 있는 환경을 정비하고 통할기관을 설치하는 것이 필요하지만, 현재 상태에서는 그런 구체적 절차를 밟고 있지 않다. 또한 관·민 모두 위기관리팀 구성을 위해 사전조정을 하는 리더십도 결여되어 있다.

또한 다른 조직이 결정한 방침이나 계획에 간섭하지 않는다. 다른 사람을 존중하려는 상호불가침이라는 암묵적 규범이나 불완전한 법적 강제력은 위기에 취약하다. 이해관계자의 관심이나 우려를 파악해 자기조직 활동에 반영하는 것은 당연한 것이지만 지금까지 의식적으로 배제되어왔다. '분위기를 본다'는 표현으로 대표되는 '보지도 묻지도 말하지

도 않는' 소극적 대처법이나, 당사자 의식이 없는 안전신화라는 환상이
일본 사회에 특히 강하게 존재하기 때문이다.

"자조노력으로, 자기책임하에, 자주적으로"라고 하면 듣기는 좋지
만, 자칫 잘못하면 제한적으로 합리적이며 서로 간섭하지 않는다는 상
호불가침의 계획이 돼버려 사회 전체로서는 비효율적 대응밖에 할 수
없다. 시나리오에서 제시하는 위기에 직면했을 때 관·민 모두 희소하
고 유한한 국가자원을 분산시켜 낭비해버릴 수 있는 '합성의 오류'가 쉽
게 발생할 수 있는 관민협조가 일본의 현재 상태다.

관민협조에 대한 제언

지금까지의 논의를 바탕으로 제 1부에서 서술한 최악의 시나리오에 맞
서기 위해 리스크 거버넌스를 실현하고 국가로서의 복원력을 향상시키
는 데 기여할 수 있는 구체적 대책을 제언하고자 한다. 무슨 특별한 새
로운 조직을 만들면 해결될 수 있는 이야기가 아닐 뿐만 아니라 특효약
이 있는 것도 아니다. 이 문제는 오래되고도 새로운 문제이지만, 해결
의 실마리는 관민협조라는 개념이나 그것을 담당하는 개별 조직의 능력
에 있지 않다. 그것은 기존의 조직을 움직이는 인간들의 휴먼웨어(가치
판단에 입각한 의사결정과 행동)에 있다.

리스크 거버넌스 구축이 개별주체로서는 합리적 행동이라고 해도 사
회 전체로는 불합리한 결과가 발생하거나 부분의 최적화가 전체의 최적
화로 귀결되지 않을 수 있다는 성질을 감안하여 사회 전체로서의 효율

적인 협치(協治) 체제를 목표로 할 필요가 있다. 거버넌스라는 추상적 개념을 대상으로 하기 때문에 제언은 구체적 제언의 상위개념인 비전과 그것을 뒷받침하는 두 개의 콘셉트를 제시하기로 하고, 마지막으로 여섯 가지의 구체적인 대책을 제언하고자 한다.

■ 제언 ■

비전 '세계로부터 신뢰받는 복원력 선진국 일본'

콘셉트 1. 국가적 복원력(national resilience)

　　　2. 팀 저팬

액션　제언 1. 사회공통가치로서의 복원력

　　　제언 2. 자조를 전제로 한 자율

　　　제언 3. 자조노력을 자극하는 복원력 정책〈인센티브〉

　　　제언 4. 복원력의 신뢰성을 높이기 위한 법적 요구〈페널티〉

　　　제언 5. 복원력 전문 인재 육성

　　　제언 6. 복원력 모델의 구축과 전략적 외교

비전 '세계로부터 신뢰받는 복원력 선진국 일본'

브랜드 전략이 주효해 중국과 한국의 고급 슈퍼에서 잘 팔리던 도호쿠(東北)지방의 사과가 동일본 대진재를 계기로 가게에서 사라졌다. 이유는 공급망이 단절되어 공급이 어렵기도 했지만 원전에 대한 소문이 나빠진 점 등 다양했다. 이 사례에서 볼 수 있는 것처럼 이런 분야에는 더 이상 기존의 방재나 위기관리 전문영역 방법과 지식만으로는 대응할 수 없다. 방재나 위기관리와 관련해 내진(耐震) 건축이나 정보기술 등 기술 면에서 세계적으로 뛰어난 분야가 일본에는 있다. 그러나 개별 요소의 기술이 우위에 있다는 것만으로 세계에서 이길 수는 없다. 전 세계 다양한 자산의 상호의존도가 높고 항상 온라인 상태에 있는 상황에서는 국가의 복원력이 성장을 뒷받침하는 중요한 힘이자 지속가능한 사회를 구축하는 기초가 된다.

'세계로부터 신뢰받는 복원력 선진국 일본'이 관민협조 리스크 거버넌스의 비전이다. 제1부에서 논의한 비전 없는 국가의 비극이 현실이 되지 않도록 하기 위해서는 다양한 리스크에 직면한 일본이 세계에서 해야 할 책임, 세계로부터 기대 받고 있는 신뢰를 고려하여 우선 리스크 거버넌스에 관한 비전을 명확하게 해야 한다. 성장과 지속가능한 사회를 구축하기 위한 기초로서 이 비전을 제시하고 싶다.

콘셉트 1 방재·감재·위기관리에서 국가적 복원력으로

'국가적 복원력'이란 콘셉트는 개별 복원력(예를 들면 민간기업의 BCP 수립), 관·민 각각의 연결고리 속(예를 들면 공급망, 지역, 산업)에서의 복원력, 그리고 사회계층을 바탕으로 한 환경적응력이 높은 복원력을 구축하는 것을 의미한다(〈그림 1〉).

시나리오에 그려진 최악의 사태나 앞에서 언급한 사과 사례는 단순히 한 민간기업의 BCP의 미흡이나 유사시 공급능력이 미성숙했다는 정도의 이야기는 아니다. 후자와 관련해 관민협조 관점에서 본다면(물론 도호쿠 지방의 사과라는 브랜드의 힘도 작용했을 것이지만) 다른 지역에

그림 1 국가적 복원력

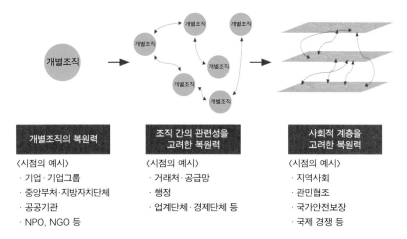

개별조직의 복원력	조직 간의 관련성을 고려한 복원력	사회적 계층을 고려한 복원력
〈시점의 예시〉 · 기업·기업그룹 · 중앙부처·지방자치단체 · 공공기관 · NPO, NGO 등	〈시점의 예시〉 · 거래처·공급망 · 행정 · 업계단체·경제단체 등	〈시점의 예시〉 · 지역사회 · 관민협조 · 국가안전보장 · 국제 경쟁 등

서 생산된 일본산 사과를 대체 공급할 수 있는 민간기업 사이의 협조가 없었다는 점, 소문이 나빠지는 것을 막거나 민간기업 간의 협조를 장려하면서 측면지원하지 않았던 관 등 관련자 모두의 실패라고 할 수 있다. 비전이 공유되고 침투되어 체현된다는 것을 생각하면 그 목표와 전략, 전술과 체제는 의식적으로 정비될 것이다.

근시안적 성장에 기여하는 외자획득 대책이나 긴급 경제대책만으로는 위기 시 뜻밖의 복병을 만났을 때 일본이 가진 신뢰라는 브랜드는 급속하게 저하일로를 걷게 될 것이다. 반면 관민협조의 리스크 거버넌스를 구축해 "일본의 사과가 가게에서 사라지지 않도록 하려면 어떻게 해야 할까?"에 대한 구체적 대책을 사전에 강구함으로써 리스크는 줄어들고 일본의 공급책임도 다했을 가능성이 높아진다. 더구나 이것은 결코 불요불급의 투자나 비용으로 생각해서는 안 되는 것들이다. 위기라서 공급책임이 면책되는 일은 없으며, 지금은 오히려 위기를 계기로 세계의 다른 경쟁상대들로 쉽게 대체될 수 있는 시대인 것이다.

콘셉트 2 팀 저팬 '연계에서 협조로'

관과 민의 관계에 대한 사고를 전환해야 할 때다. 관민 '연계'라는 말이 자주 사용되지만, '연계'와 '협조'는 발상이 전혀 다른 것이다. '연계'(*partnership*)는 2명 이상의 계약관계를 명시할 때 사용되는 용어이지만, 계약 시 갑을 관계나 선후 관계의 뉘앙스가 내포되어 있다. 관민연계라는 말이 사용되는 배경에는 위에 있는 관이 갑, 민간이 을이라는 구태의연한 일본 조직의 통치논리를 엿볼 수 있다.

이에 반해 '협조'(*coordination*)에는 작용이나 기능의 조정과 동격이나 대등한 관계라는 뉘앙스가 내포되어 있다. 국난의 위기에 대응할 때 위의 눈치를 봐서는 신속하고 대담한 대응이 불가능하다. 관 주도, 중앙과 지방, 본사와 현장이라는 상하관계에만 의존하는 구도로는 협조를 실현할 수 없다. '팀 저팬'이라는 위기대응을 위해 필요한 것은 각 조직의 독자적 기능을 유기적으로 네트워크화하고 그것이 제 기능을 발휘할 수 있도록 환경을 정비하는 것이며, 관이나 중앙의 논리만으로 민이나 지방을 통솔할 수는 없다. 장점과 약점이 있지만, 각자 모두가 국가적인 위기에 대응하기 위해 필요불가결한 주체이다. 또한 다양한 조직 특성을 감안한 조직 간의 협조와 사회에 대한 책무에서의 법적 강제력, 개개의 약점에 대한 상호보완관계를 구축하는 리스크 공유구조가 중요하다. 지역방재계획이나 BCP를 수립하는 것으로 끝나거나 다른 사람들의 일은 상관없다며 모른 체하는 태도로는 미래의 책임을 다할 수 없다. 상호의존관계에 있으면 있을수록 양쪽이 상대방의 복원력 정도를 간접적으로 컨트롤하는 긴장감 있는 관계를 구축하는 것이 필요하다.

원래 유사시에 제기되는 문제의 본질은 "공(公)이란 무엇인가?" 하는 것이다. 개인도 조직도 인위적으로 만들어진 경계에 입각해 각자 활동하기 때문에, 그것이 '공'(公)을 먼 존재로 만들어 구체적 관여를 방해하는 사례도 적지 않다. 관민협조의 위기관리에서 필요한 것은 국가적 복원력이란 비전을 실현하기 위해 각각의 조직능력을 최대한 발휘하는 구조와 팀을 만드는 것이다. 그러나 과제분석을 통해 알 수 있는 것처럼, 현 상태에서는 그런 팀을 형성하지 못하고 있다. 조직의 장점을 충분히 발휘하고 결점을 서로 보완하여 긴장감 있는 협조관계에 입각한 '팀 저팬'[전(全) 국가적인 위기대응태세]을 구축해야 한다.

■ 액션 ■

제언 1 사회공통가치로서의 복원력

앞에서 말한 대로 앞으로의 국가운영이 지속가능성 있는 사회를 구축하는 것이 되려면 성장(예를 들어 경제성장)과 복원력(예를 들어 위기관리)을 양축으로 장착하는 글로벌 어젠다를 강하게 인식할 필요가 있다. "위기관리에 대한 투자가 평시의 경영 효율성을 떨어뜨린다"는 시장과 세계의 명제에 대해서 '팀 저팬'의 태세로 국제사회에 해답을 제시하지 않으면 일본의 미래는 더욱 불투명해질 것이다.

우선은 사상·철학으로서 위기관리와 관련한 각종 비용은 단순한 비용이 아니라 지속가능한 사회 구축을 위해 '필요한 투자'로 보고 '복원력은 사회가치 그 자체'라는 발상의 전환과 가치관의 정립이 필요하다. 관도 민도 각각의 조직계획(민의 경우라면 중기경영계획 등) 속에 위기관리나 복원력과 관련한 구체적 가치인식과 중장기 목표를 제시하고, 조직의 책임자는 그런 책임을 다하기 위해 노력해야 한다.

제언 2 자조를 전제로 한 자율

일반적으로 자조(自助)가 잘되면 공조(共助)나 공조(公助)의 부담은 줄어든다. 진재(震災) 피해의 경우 개인주택의 내진성이 높으면(自助) 일부러 피난처(共助, 公助)에서 생활할 필요도 없다. 민은 개별 기업의 BCP 수립을 전제로 BCM(Business Continuity Management)을 구축하고 공급망, 업계, 지역 등의 단위에서 구체적인 복원력 전략을 구축할 필요가 있을 것이다. 공급하는 재화의 특성에 따라 다르기도 하지만, 사회기반 관련 사업자나 일부 소매·유통업계, 도카이(東海) 지방에서는 구체적 방법이 검토되고 실행에 옮겨지고 있지만, 아직 일본 사회 전체의 움직임으로는 확산되지 못하고 있다.

또한 지금처럼 분산형 의사결정 시스템이 지배적인 상황에서는 시스템 구성원들 각자의 리더십도 필요하다. 특히, 유사시에는 수집된 1차 정보를 분석·처리하여 정보(intelligence)로 전환하여 조직의 수장이 의사결정을 하도록 도와야 한다. 관의 경우 국장급에 부처를 초월한 넓은 시야를 가진 인재를 배치하고 권한을 부여해 적절하게 운용하면 현행 위기관리 체제의 수직적인 폐해는 금방 해소될 것이다.

위기관리든 안전보장이든 정부 부처를 통합하는 중추적 조직인 내각부나 내각관방, 민이나 지역활동을 측면 지원해야 할 업계단체나 광역자치단체의 조직에 산업이나 지역의 복원력 향상에 보다 적극적으로 기여할 수 있는 협조환경이나 예산, 권한 등을 부여해야 한다.

제언 3　자조노력을 자극하는 복원력 정책 〈인센티브〉

지금까지 구체적 정책협의가 이뤄지지 못한 리스크 거버넌스와 관련해 관(정부)은 예방적 어프로치와 더불어 사회구성원에게 자조노력을 요구하면서 위기관리에 대한 사회 전체의 사전투자를 촉구하는 재정정책과 금융정책에 대해 본격적으로 논의할 필요가 있다. 환경투자 면에서 정책적 보조금이나 세액 공제가 도입되어 있다면, 예를 들어 백업 거점 정비 같은 위기관리 투자에 적극적인 기업에 대해서 고정자산세나 법인세의 감면이나 이자 보조제도 같은 인센티브가 필요하다.

앞에서 말한 대로 이것은 안이한 방재(防災) 투자를 의미하는 것이 아니라는 것을 덧붙여둔다. 예전의 지진보험이나 각종 보험제도가 아니라 보다 적극적인 예방적 어프로치로서, 조직이나 사회의 복원력 향상에 도움이 되는 투자에 상응한 이율을 설정한 금융·보험 상품의 개발과 보급도 필요하다. 특히, 일본이 안고 있는 자연재해의 메가 리스크를 글로벌 시장으로 돌릴 수 있는 금융상품을 빨리 개발해 보급해야 한다. 또한 단년도 예산방식으로는 실현할 수 없는 복원력 향상 투자프로젝트에 대한 각종 회계제도의 수정도 필요하다.

이때 위기관리나 안전보장 등 사회나 시대의 보편적 가치에 입각해 민간기업의 조직이념이나 활동목표에 어디까지 관여해야 하는가 하는 한도를 명시하는 것도 역시 국가의 역할이다. 위기대응을 위해 민에게 자기희생을 기대할 정도로 더 이상 재정이나 경제 기초체력이 강하지 않으며, 이도저도 아닌 지금까지의 관민협조는 지속가능하지도 않다. 글로벌 투자환경을 고려할 때 일본 기업에의 투자가 상대적으로 불리하다는 것이 세계의 공통인식이 되는 것은 국가로서 피해야 하지만, 유감스럽게도 3·11 대진재를 계기로 그런 흐름이 가속화되고 있다. 이런 상황에 대한 대응을 서둘러야 한다.

3·11 대진재 이후 국가가 폭넓게 보급하려는 BCP 가이드라인의 우선적 목표는 자사의 경영이나 사업의 계속에 대해 기업 스스로 생각하는 것이지, 일본 사회의 위기관리를 위해 기업들이 어떠한 공헌이나 책임을 져야 하는지를 종합적으로 제시하려는 것이 아니다.

2020년까지 BCP 보급률을 대기업의 경우 거의 모두, 중소기업의 경우 50%로 끌어올리겠다는 것이 내각부(방재 담당)의 목표다.[7] 그러나 업종이나 지역의 특성, 공급/가치 사슬상의 위치 등을 고려하여 산업이나 국가의 복원력 목표에 대해 민간기업이 구체적으로 무엇을 어디까지 투자하면 좋을지에 대해서는 언급하고 있지 않다. 관은 리스크 거버넌스에 대한 민의 기여방안, 즉 국가의 목표와 기업의 구체적 공헌방안 및 책임범위를 가이드라인에 명기해야 한다.

이와 더불어 사회를 구성하는 각 주체나 공급/가치 사슬, 산업, 도시

---

[7] 2011년 현재 시점에서 BCP 보급률은 대기업이 45.8%, 중소기업이 20.8%다. 內閣府, 2012年 3月, "企業の事業継續の取組に關する實態調査" 참조.

와 지역의 복원력에 대해서 객관적이며 중립적인 평가, 인증, 감사(모니터링) 등을 할 수 있는 환경을 조성하고, 이와 관련한 정보가 사회나 시장에 전달될 수 있는 기반을 정비해야 한다.

제언 4 복원력의 신뢰성을 높이기 위한 법적 요구 〈페널티〉

관·민이 양호하면서 긴장감 있는 협조관계를 실현하기 위해서는 인센티브 제공 정책과 함께 리스크 거버넌스의 목표에 맞지 않는 사회 주체에 벌칙이나 법적 강제력을 가지고 복원력을 높이는 구조를 의욕적으로 만들어야 한다. 예를 들면, 회사법으로 BCP 수립을 의무화하거나 (목적에 따라 다르기는 하지만) 관·민 공동훈련 참가를 의무화하는 것이다. 또 금융기관의 투융자 심사 시 투자대상의 BCP 수립 여부, BCM 상황을 필수 심사항목으로 정하거나 금융기관이나 보험기관이 기업이나 지역의 잠재 리스크를 예방적으로 컨트롤하는 상품의 연구개발을 위해 힘쓰고 이를 보급하는 것 등도 가능하다.

제언 5 복원력 전문 인재 육성

어떤 구조나 조직도 이를 움직이는 것은 사람이다. 자율분산형 조직을 관리하는 핵심 담당자를 둬야 한다. 정부는 위기관리 전문가를 육성하고 민간기업에서는 위기관리 담당 임원, 예를 들면 CRO(Chief Risk Officer)나 CRMO(Chief Risk Management Officer) 설치의 의무화와 육성이 급선무라고 할 수 있다.[8] 특히, 민간기업의 경우 '기관설계 자유의 원칙'에 입각한 현행 회사법에 의거한 기관구성은 자유재량에 의하기 때문에 CRO의 책임이나 권한이 불명료하다.[9] 일종의 탑 러너(*Top Runner*) 방식의 사고이기는 하지만, 상장기업의 요건으로 CRO의 설치와 BCP 수립을 국가가 의무화할 필요가 있다.

또한 대학에서는 위기관리나 안전보장과 관련이 있는 법학, 경제학, 공학, 의학, 정보학, 문학, 교육학, 철학, 예술(디자인), 역사학, 공공정책학, 이노베이션(방재 비즈니스 등) 등을 종합한 학제연구 분야로서의 복원력학의 신설이 필요하다. 이와 더불어 위기관리를 담당하는 인재의 고용이나 커리어를 산·관·학이 지원하는 전략적 인재은행의 창설도 필요하다. 어떤 것이든지 이름만의 인재가 아니라 위기관리를 전문으로 국가주도의 교육을 이수하게 하고 그에 상응한 책임과 신뢰 및 보수가 주어져야 한다.

제언 6 복원력 모델의 구축과 전략적 외교

세계가 직면한 글로벌 리스크에 대해 재해(災害) 대국인 일본이 리더십을 발휘해 구체적으로 어떤 공헌이 가능한지를 선도해야 한다.[10] 우수한 위기관리 관련 기술과 국민을 감안한 일본발 복원력 모델을 구축하

---

8 일본 기업 가운데 CRO를 둔 기업은 0.5%에 지나지 않지만 미국에서는 그 비율이 20%라고 한다.

9 회사법에서는 회사 규모나 특성에 따라 자유로운 기관 구성의 재량을 인정한다. 사실 CEO(최고경영자)나 CFO(최고재무책임자)의 설치는 의무가 아니다.

10 *Global Risk 2013, 8th ed.*, Risk Response Network, World Economic Forum.

여, 이를 세계에 공헌할 수 있는 리스크 거버넌스 모델로 적극적으로 발신하려는 노력이 필요하다.

세계의 경제성장만이 아니라 복원력과 지속가능성을 높이는 데에도 공헌하는 미래 일본의 모습을 기대하고 싶다. 그것은 일본이 지속가능한 사회 구축을 위해 다양하게 공헌하는 국가라는 모습을 정착시켜, 중장기적으로 세계로부터 신뢰를 얻게 할 것임에 틀림없다. 이것은 무엇보다 해외에서 활약하는 일본인들을 지키는 것이기도 하다. '막을 수 있었던 죽음'과 '막을 수 있었던 손실'을 없애야 한다.

이상과 같은 제언을 종합하면, '세계로부터 신뢰받는 복원력 선진국 일본'이란 비전에 입각하여 일본의 지속가능성을 높이기 위해서는 성장전략과 양축을 이루면서 ① 복원력을 일본 사회의 공통가치로 삼고, ② 예방적 어프로치를 기초로 한 위기관리 정책의 실행 및 그것들의 평가, 정보유통 환경을 정비하고, ③ 사회구성원 간의 긴장감 있는 협력관계를 확보하고, ④ 전문적 인재를 육성하며, ⑤ 관민협조의 '팀 저팬', 리스크 거버넌스 체제를 구축하고, ⑥ 지속가능한 글로벌 사회 구축을 위해 다방면으로 공헌해야 한다. 신뢰관계 없이는 아무런 성공도 거둘 수 없다. 복원력도 마찬가지로, 팀 목표는 우연하게 만들어지지 않는다.

03

대외전략

위기 시의 대외관계 사고방식

센카쿠를 둘러싼 중·일 간의 충돌이나 북한 붕괴 위기 등 국가의 주권과 관련한 위기 시에는 일단 사태가 벌어지고 난 뒤에는 수습하기 매우 어렵다. 게다가 일본을 둘러싼 국제환경은 위기가 현재화함으로써 크게 변화할 것이며, 일본 경제도 더 어려운 상황에 처하게 될 것으로 예상된다.

따라서 위기관리 시 물리적 대응능력, 즉 방위력이나 그것을 운용하기 위한 법제도나 정책조직 제도의 정비가 요구된다는 것은 말할 필요도 없다. 그리고 그보다 더 필요한 것은 위기 커뮤니케이션을 포함한 정치지도자의 정치 운영능력과 자국 정책수행에 보다 유리한 국제환경을 창출하기 위한 대외적인 전략적 커뮤니케이션 능력이다.

위기 시의 대외관계와 관련해서는 사태 및 리스크 인식, 대처능력 향상을 위해 다음 세 가지 관점에서 위기관리 계획을 구상해야 한다.

① 사안 그 자체를 어떻게 진정시키고 일본에게 유리한 형태로 해결할 것인가?
② 사안으로부터 발생하는 다양한 지정학적, 지경학적 영향의 파급을 어떻게 최소한으로 억제할 것인가?
③ 사안 발생 후의 대처가 곤란해질 것이라는 예측하에서 어떻게 하면 예방적 조치가 가능한가?
예방적 조치에 의한 위기 회피에 실패할 경우, 국제적 협조체제의 틀 속에서 어떻게 대비 체제(*preparedness*)를 강화할 것인가?

각 시나리오에서 부상한 과제

이런 목표를 달성하기 위해서는 다음 네 가지 측면에서 위기관리를 생각할 필요가 있다.

▪ 과제 ▪
① 사태가 초래할 지정학 및 지경학적 영향을 최소한으로 억제하기 위한 외교전략
② 사안이 발생하기 전부터 정확하게 국제정세나 사태를 파악하고 예방적 조치나 유사에 대비한 국제협조체제를 구축하기 위한 정세 파악. 그 속에서 일본의 이익을 정확하게 반영하기 위한 기반으로

284

서의 정보수집 활동방안

③ 일본의 입장에 대해 보다 광범위한 공감을 얻기 위한 기반으로서의 국제사회에 대한 전략적 커뮤니케이션 방안

④ 물리적 능력 및 정치적 리더십을 발휘하기 위한 의사결정체제, 즉 법제도와 조직의 바람직한 본연의 모습

과제 1 '지정학적 리스크' 인식의 중요성

위기에 대처할 때 단기적으로는 발생한 사태를 일본에게 유리한 형태로 수습하는 것이 주요 목표가 된다. 그러나 동시에 중장기적 관점에서 이런 사태를 일본을 둘러싼 국제환경이나 국제정치역학에 근본적 변화를 가져올 수 있는 '지정학적 리스크'로 인식하는 전략적 사고가 필요하다.

제1부에서 언급한 시나리오는 단순히 위기 그 자체에 대한 대처란 측면에서의 위기관리로 끝나는 것이 아니라 사태를 수습하는 과정에서 국제사회 전체와의 관련성에 주목할 필요가 있다. 또한 사태를 수습한 뒤 보다 광범위하고 구조적인 환경변화가 초래될 가능성이 높다는 것을 시사한다.

위기의 발생에 의해 국제환경이 변화하면서 일본의 대응이 단기적 이익을 가져왔다고 하더라도 장기적으로 (정치와 경제 양 측면에서) 일본의 양호한 대외관계가 지속되는 데 불리한 환경을 만드는 것이어서는 안 된다.

'센카쿠 충돌' 시나리오에는 사태가 서서히 확대되는 모습이 그려져 있다. 중·일 양쪽이 서로 '타협점'을 찾지 못하고 상황대응을 반복하면

서 위기를 더욱 확대해버렸다. 그 결과 일본은 상황의 확대에 수반하는 리스크를 감수할 각오도 하지 않은 채 더 강경한 대응을 취하지 않을 수 없게 되었다. 상대의 기선을 제압하는 행동도 하지 못한 늑장 대응으로 사태는 더욱 악화되었다.

분쟁 발발 이전으로의 원상회복이 사태 수습의 착지점이 될 가능성이 아주 낮을 때에는 무력을 행사하지 않을 수 없는 단계까지 사태를 확대하지 않는 것이 기본이다. 이를 위해서는 양자 또는 다자간에 예방적 외교를 강화하는 것이 기본 방침이 될 것이다.

동시에 위기대처를 통해 일본 외교를 둘러싼 환경이 바람직한 상황이 되도록 유지하거나 그런 바람직한 환경을 지속가능한 형태로 만드는 것이 요구된다. 즉, 단순히 일본과 당사국의 긴장관계를 해소하는 것에 그치지 않고 국제시장에서의 신인도를 비롯한 일본이라는 국가 자체, 그리고 일본의 대처능력에 대한 국제사회의 신용과 지지를 어떻게 유지・획득할 것인가 하는 점에 대해서도 마찬가지로 효과적인 대응이 요구된다.

센카쿠를 둘러싼 중・일관계의 악화는 일본경제 자체만이 아니라 중・일 양국이 편입된 글로벌한 공급사슬 전체에 부정적 영향을 미칠 것은 분명하다. 국제사회, 특히 시장의 관심은 이런 국지적 위기가 세계경제 시스템 전체의 위기로 파급될 것인가 하는 점이다.

또한 '에너지 위기'에서도 정치변동에 의한 지정학적 리스크에 더해 해협 봉쇄 사태가 단기적으로 해결되었다고 하더라도, 금융시장에 미칠 심리적 영향에서 오는 환율 변동이 에너지나 원자재의 해외의존도가 높은 일본의 국채 잔고나 재정문제에 대한 리스크로 불똥이 튈 가능성을 지적할 수 있을 것이다.

그런 가운데 일본은 위기대처 방침을 제시하고 그에 대한 국제사회의 신인(信認)을 얻으려는 노력, 즉 국제시장에 미칠 부정적인 심리적 충격을 봉쇄하기 위한 노력이 필요하다. 국제사회의 신인과 공감 획득이란 측면에서도 사후적 대처만으로는 곤란에 직면할 것이라는 예측이 가능하다.

'북한 붕괴' 시나리오에 그려진 통일한국 형성과정과 통일한국 등장 이후의 동아시아 전략 환경의 변화에 대해서는 자국의 안전을 담보하면서 자국의 대응이 지역의 전략 환경을 더 악화시키지 않도록 하는 대처가 필요하다. 이것은 대외적으로도 그렇지만 내정 면에서도 매우 중대하고 어려운 과제이다.

동아시아 각국에서는 민족주의적 여론이 강하고 세력균형적 국제질서관이 여전히 남아 있다는 점, 그리고 사태 발생 후의 불투명성을 고려할 때, 사태 대처를 위한 국제적 협조체제 및 '전후 처리' 구상에 대해 미국을 비롯한 이해 관련국들과 긴밀히 의견 조정을 하면서 통일한국 출현 후의 동아시아에서의 힘의 분포 변화를 어떻게 공동관리할 것인가에 대한 비전을 공유할 필요가 있다.

위기 시 일본 자신의 행동에 의해서도 국제환경이 변화할 수 있다는 것을 고려하면 단순한 사태에 대한 '대응'이 아니라 어떠한 국제환경을 만들 것인가를 염두에 둔 전략적 비전이 필요하다.

과제 2 정보수집 체제의 중요성

'핵테러'나 '사이버테러' 등 위협을 특정하기 어렵고 억지가 불가능한 주체가 대상이 되는 위기관리에서는 위협이 될 만한 주체에 관한 정보(주체의 특성, 소재, 활동 경향 등)를 사전에 파악해두는 것이 필요하다. 그런 관점에서 정보수집 활동의 강화가 중요하다는 지적이 이전부터 있었으며, 정부 내에서의 정보공유체제 강화가 추진되고 있다.

또한 테러리스트 네트워크를 통해 해외세력이 관여하는 경우, 위기에 대처하려면 외국 정보기관과의 협력이 불가결하다. 예를 들면, '사이버테러' 시나리오에는 사이버 공격의 발원지와 지시자(적)의 특정과 자위(위협에의 대처) 방법이라는 양 측면에서 협력이 필요하다는 것이 시사되어 있다. 또한 '핵테러' 시나리오에서도 이용된 핵물질 등이 해외에서 유입되는 경우 국외 적대세력의 동향, 특히 일본에서의 활동상황에 대한 국제협력이 불가결하다.

이런 국제적 협력체제의 구축은 동맹국 사이에서는 일정 정도 이뤄지고 있지만, 수사공조 등의 협약이 없을 경우 특히 비동맹국, 우호국이 아닌 국가와의 협력을 구체화해갈 필요가 있다.

과제 3 전략적 커뮤니케이션의 중요성

〈북한 붕괴〉
핵을 보유한 통일한국의 출현에 의해 전략 환경이 극적으로 악화하는 가운데 일본은 어떻게 자국의 안전보장을 담보할 것이며, 동시에 아시아에 '핵 도미노'를 가져오지 않는 전략의 비전을 내외에 어떻게 제시할 것인가에 대한 전략이 필요하다.

핵을 보유한 통일한국이 출현하면 역내 핵 대국인 중국과 맞물려 아마 일본 내에서는 핵무장 여론이 높아질 것이다. 그렇지만 일본이 핵을 보유함으로써 혹은 잠재적 핵무장 능력을 내외에 보여줌으로써 억지력이 향상되어 일본의 안전보장이 향상될 것인가 하면, 반드시 그렇지는 않다. 억지력은 자신의 물리적 능력과 그것을 사용하려는 의도, 그리고 그것에 대한 상대방의 인식에 의해 비로소 기능한다. 국토가 협소하고 (전략적 종심성이 얕은) 대도시 같은 주요한 대(對) 가치공격(전의 상실을 노린 주민이나 산업기반에 대한 공격) 표적이 집중되어 있어 비교적 적은 수의 핵무기로 국가존립을 위협받을 수 있는 일본은 광대한 영토를 갖고 전략적 종심성이 충분한 중국에 비해 매우 취약하다. 이런 취약성의 격차는 전력의 투명성이나 행동의 예측가능성을 낮춤으로써 보완할 필요가 있다.

그러나 법의 지배나 민주주의와 같은 가치에 의거한 자유롭고 개방된 국제질서 속에서 대외관계를 구축해온 일본은 국제사회에서 합리적으로 행동할 것으로 간주되어 신뢰를 얻어왔다. 그렇기 때문에 국가 행동의 예측가능성을 낮추려는 자세는 전후 오랜 세월 동안 구축한 국제사회에서의 지위를 포기하는 것으로 이어진다.

또한 지금까지 일본은 매우 합리적으로 행동했다는 인상을 심어주었기 때문에 갑자기 예측가능성이나 불투명성을 핵전략 속에 포함시킨다면 외국에서 적절하다고 수용할 것이라는 보장도 없다. 그렇게 되면 그 결과 보다 불안정하고 중장기적으로 봐서 일본 외교에 불리한 전략환경

속에 일본을 노출시키게 된다. 동아시아 지역에서의 핵 억지를 둘러싼 게임에서 일본은 불리한 싸움을 강요받을 것이다.

한편, 통일된 한반도가 동아시아 전략환경의 변화 속에서 행위자로서의 자신의 위치를 어떻게 정의하고 행동할 것인가를 주시할 필요가 있다. '균형자'로서 미·중 및 일본과 등거리를 유지할 것인가(이것은 한·미 동맹의 해체 또는 그 역할의 상대화를 의미한다), 또는 계속해서 미국과의 동맹을 기축으로 하여 행동할 것인가, 아니면 중국과의 관계를 강화(한·미 동맹으로부터의 이탈)할 것인가에 따라서 일본이 놓인 동아시아의 안전보장 전략환경은 크게 달라질 것이다.

따라서 한국 및 미국과 긴밀하고 빈번한 대화를 계속하면서 동시에 국제환경과 국내정치의 양 측면을 고려해 각국이 최적이라고 생각할 수 있는 정책을 선택해도 지역적 안전보장 환경이 크게 악화될 가능성은 실제로 있다. 북한 붕괴라는 지정학적 리스크가 바로 그런 결과를 초래할 수 있다는 것을 일본은 인식할 필요가 있다.

또한 일본이 전략적 선택을 하는 데는 일본 내 여론의 동향이 그 열쇠를 쥐고 있다. 지정학적 환경이 변화할 때에는 위기감의 고조에 맞춰 나이브한 내셔널리즘이 대두할 가능성도 있다. 단기적으로 과열될 일본 내 여론을 향해 중장기적 시점에서 보다 합리적인 전략적 선택의 중요성을 어떻게 설득할 것인가는 정책 선택이 스스로의 전략환경을 악화시키지 않도록 하기 위해 중요한 일본 내 리스크 커뮤니케이션에 달려 있다.

〈센카쿠 충돌〉

이 시나리오는 국제사회에서의 일본의 존재감(*identity*)을 대외적으로 발신하는 것이 얼마나 중요한가를 보여준다. 국제법 및 절차 해석의 관점에서 영유권과 관련한 일본 입장의 정당성을 설명할 뿐만 아니라, 이 문제가 국제정치에서의 보편적 가치를 실현하는 데 어떠한 의의를 갖는지를 보다 큰 '패러다임'론 혹은 '문명사'적 관점에서 국제사회의 정당성을 얻을 수 있는 논의를 전개할 필요가 있다. 전략적 시점에서 어떻게 일본의 입장이나 정책이 자유롭고 개방적이며 민주적 국제질서와 친화성이 높은가에 대해서도 주의를 환기시킬 필요가 있다.

중국은 센카쿠 열도를 둘러싼 중·일 간의 문제를 '반파시즘 전쟁(제2차 세계대전)의 성과인 전후 국제질서(민주주의)에 대한 일본의 중대한 도전'으로 정의하려 한다. 이런 문제 설정을 통해 중국은 '역사문제를 총괄하지 않는 일본', '군국주의를 부활시키려는 일본'이라는 인상을 심어주려는 논조를 보다 선명하게 부각시킴으로써 중국 주장에 대한 국제사회의 공감을 확대시키려 하고 있다.

일본이 발신해야 할 논리를 어떻게 정리할 것인지도 중요하다. 그 논리는 현재의 리버럴하고 민주주의적인 법의 지배에 입각한 국제질서는 전후 60여 년 동안 국제사회 전체가 노력한 산물이며 단순히 제2차 세계대전의 결과 이상의 의미가 있다는 점, 그리고 그 과정에서 일본이 커다란 역할을 했다는 점을 축으로 해야 한다. 그런 논의를 펴는 과정에서 기존 국제질서에 대한 도전자가 누구인지를 부각시키는 것도 중요하다. 다만 이것이 중국 봉쇄를 의도하는 것이어서는 안 되며, 중국을 궁지로 모는 것이어서도 안 된다.

과제 4 국제협력 촉진을 위한 일본 내 체제(제도)의 과제

〈판데믹〉, 〈수도직하 지진〉, 〈북한 붕괴〉

앞의 시나리오에는 그렇게 많이 언급되지 않았지만, 동일본 대진재로부터 배워야 할 교훈 중 하나는 어떻게 하면 원활하게 국제협력을 수용할 것인가 하는 점이다.

지원 제공 의뢰가 많을 경우 외무성이 일본 내 관련기관에 대한 지원의 필요성을 확인하고 지원이 필요하면 받아들이는 태세, 즉 일본 내의 지원 수요(needs)와 제공되는 지원 능력과 물자의 정합성(整合性) 여부를 재검토할 필요가 있다.

해외의 물품, 특히 식료품이나 의약품 등의 지원 물자를 받아들일 경우 그것들이 일본 내 법규나 규제에 저촉될 때 어떻게 할 것인가는 검토해야 할 과제다. 평소의 법제도에 따라 인허가할 경우 긴급을 요하는 사태 발생 시 도움이 되지 않아 피해를 확대시킬 우려가 있다.

그런 한편, 의약품의 부작용에 관한 책임과 보상, 검역과 지원 요원의 면책특권 부여 등에 대해서도 검토가 필요하다(후쿠시마 제1원전 사고 당시, 일본 정부는 면책특권 부여에 부정적이었으며 지원하는 미국이 자신들의 책임하에 지원한 경우가 있다).

그렇기 때문에 긴급사태 발생 시 국제협력 수용을 위한 법 체제의 정비가 필요하다. 이와 관련해 말하자면 '북한 붕괴' 시나리오에는 해외 체류 일본인의 대피(한국과의 협정이 없기 때문에 활동도 제한받을 수 있음)가 과제로 추출되었다. 북한 내에서 위기가 점차 고조된다고 해도 자국에 미칠 영향을 우려한 한국 정부가 일본인을 포함한 외국인의 탈

출에 반드시 협력적이지 않을 가능성도 있으며, 자위대를 파견하려고 해도 내부의 반발 때문에 한국 정부에 의해 거절당할 가능성도 있다. 그 경우 보다 실효적인 해외 거주 일본인의 대피계획 수립이 과연 가능한지, 아니면 미군을 비롯한 외국에 의존하는 상황이 초래될 것인지, 그 경우 실제로 협력을 얻을 수 있는지 등도 확인해야 할 사항들이다.

⟨에너지 위기⟩

위기 시의 에너지 안보에 대한 우려는 크게 충분한 자원의 확보 여부(조달 및 운송수단의 확보가 가능한가 하는 양적 문제), 위기가 시장(석유나 천연가스 시장만이 아니라 금융시장 전반)에 미칠 심리적 영향(가치의 문제), 일본 내에서의 배분 문제 등 세 가지이다.

일본 내 천연가스 비축량과 수요의 격차를 고려하면 에너지 안보 문제는 예방으로 끝날 문제가 아니며, 일본 내에서의 상호 융통의 한계 등을 어떻게 극복할 것인가 하는 점도 빼놓을 수 없다. 석유와 가스 조달과정에서 일본 내 지역 간 상호 융통 조정이 어려워지는 상황이 발생할 수도 있다. 또한 국제적 수급구조를 봐도 천연가스 시장의 경직성, 사우디아라비아를 비롯한 중동 공급국들의 정치변동 리스크 증대 등 불확실한 요소가 많다.

시장에 미칠 심리적 영향의 측면에서 일본 한 나라의 자원 확보나 유통만이 아니라 중국 같은 대량소비국의 동향에도 주시할 필요가 있다. 또한 시장이 중국 등의 움직임을 어떻게 판단하고 반응할지도 중요하다. 이것들은 일본의 위기관리에서 외생적 요인이 될 수 있다. 이에 대한 대책은 아시아 지역 전체의 에너지 안보전략을 구상하고 각국과 협조하면서 공동대처 방침을 수립하고 위기에 대비하는 전략성이 높은 것이어야 한다.

국제적 위기대응의 일환으로서 해상수송로 방위를 위한 국제협조 체제에 적극적으로 참여하는 것도 필요하다. 또한 유사시 일본 선적(船籍)과 기업의 선박 호위와 보호를 위해 해상자위대를 보다 원활하게 파견할 수 있도록 자위대의 해외활동과 무기사용 방침 등에 대해서도 정밀하게 조사할 필요가 있다.

▨▨▨ 대외전략을 위한 제언

제언 1 일본의 자세·외교방침에 대한 의사표시와 신뢰양성

과제 ①에서 지적한 '지정학적 리스크'를 인식하고 파급 영향을 최소한으로 억제하기 위한 외교활동으로서 사태가 악화된 것에 대해 단호하게 대응할 의사가 있다는 것을 정확하게 전달함과 동시에 대처능력도 있다는 것을 보여줄 필요가 있다. 이것은 잠재적 대립국가가 오해나 오산으로 의도하지 않게 사태를 확대시키는 것을 막기 위해서도 필요한 태도다.

동시에 중장기적으로 양자관계를 전망해볼 때, 어떤 국면에서의 동향이 장기적 양국관계 추세에 결정적 영향을 미치지 않도록 구조적 관계개선을 위해 노력하는 것이 중요하다. 그것은 대증요법적 신뢰양성 (reassurance) 조치의 실행에 더해, 체질 개선을 위해 양자관계의 기반을 강화하는 것에 의거해야 한다.

또한 국제사회에서 일본의 지위를 확립하는 데 미·일 관계의 지속적 강화가 중요하다. 중국의 정치경제적 대두에도 불구하고 안정된 국제사회의 기반이 되는 질서의 규범이나 룰을 형성하고 유지하는 데에서 일본과 가치를 공유하는 미국이 중요한 역할을 할 것이라는 전제가 있다. 그런 의미에서 대미관계는 계속해서 중시되어야 한다. 미·일 간의 정치적 신뢰를 어떻게 확보할 것인가는 위기관리만이 아니라 일본에게 바람직한 전략적 환경 구축을 위해서도 중요한 일이다.

제언 2 정보수집능력 강화

위기의 확대를 막고 보다 효과적으로 위기를 수습하려면 위기탐지능력만이 아니라 중장기적 국가전략 형성에 기여할 수 있는 정보수집능력이 관건이 된다.

첫째, 정보수집능력은 '의도'의 오인에 의한 위기 확대를 막는 데만이 아니라 위기예방과 위기관리에도 유용하다.

둘째, 사태에 효과적으로 대처하려면 정보수집과 전략수립 및 정책결정이 유기적으로 이뤄지는 일본 내 체제 정비가 불가결하다. 이 점에 대해서는 다음 장에서 상세하게 논하기로 한다.

셋째, 최근 국가의 안전보장을 위협하는 것은 우발적인 군사적 충돌만이 아니다. 오늘날의 '유사'(有事)를 생각하는 데 있어서 새로운 형태의 위협(사이버테러 등)을 포함해 앞으로 직면하게 될 다양한 사태를 예측하고 사전 대비를 철저하게 할 필요가 있다. 나아가 스스로가 가진

정책자원과 능력, 국제환경을 정확하게 평가하고, 위기 시 도움이 될 수 있는 보다 유리한 국제환경 형성을 위해 수집한 정보를 잘 활용해야 한다.

제언 3   전략적 커뮤니케이션의 강화

위기 시에는 정보를 얻는 것도 중요하지만 정보를 발신하는 방법도 중요하다. 어떤 미디어를 통해 누가, 누구를 대상으로 무엇을 전달할 것인가 하는 국제적인 전략적 커뮤니케이션 전략을 주의 깊게 구상하지 않으면 안 된다. 또한 유사시만이 아니라 평상시에도 전략적 커뮤니케이션을 계속할 필요가 있다.

국제사회에서 일본의 입장에 대한 이해를 높이기 위해서는 국제적 여론 형성을 위한 공공외교 기능을 강화해야 한다. 또한 그러기 위해서는 커뮤니케이션 전략과 동시에 전략성 있는 조직의 구축, 특히 총리관저의 메시지 발신기능을 강화해야 한다.

이 점에서 보면 기존 내각의 발신기능(특히 영어)을 더욱 강화해야 할 것이다. 단순히 영어로 하는 대외 '홍보'를 넘어서 일본의 정책적 주장이나 국제질서관을 제시하고 공감을 얻을 수 있는 커뮤니케이션 방안에 대해서 구체적으로 구상할 필요가 있다.

제언 4 정치 및 트랙 1(정부 차원)과 트랙 2(민간 차원) 등 모든 차원에서의 전략대화의 강화

마지막으로 가용한 모든 차원에서 전략 대화를 강화하기 위해 중요한 것은 '채널의 재구축'이다. 현재 일본은 전통적으로 중국과 한국 사이에, 그리고 미·일 간에 축적된 고위급 정치 레벨의 '핫라인' 혹은 '비공식(*back door*) 채널'을 통한 대화가 지금은 끊겨 있다. 지금은 국민 여론과 외교 사이의 거리감이 좁혀지고 열린 외교를 표방하는 시대인 만큼 이런 채널이 구시대적이라고 비판하는 목소리도 있지만, 위기가 더 이상 확대되는 것을 막고 미묘한 문제에 관한 합의를 모색하기 위해서는 이런 외교적 '안전망'도 중요하다는 것을 인식해야 한다. 그리고 우선은 이런 단절된 채널을 재구축하는 것이 급선무다.

04

총리 관저

일반적으로 일본에서 위기가 발생할 경우 외무성, 방위성, 후생성 등 사안별로 소관부처가 1차적 대응책임을 지는 것이 원칙이다. 그러나 발생한 문제가 여러 부처에 걸쳐 있는 대규모 재해나 안보상의 위협인 경우, 부처를 초월하여 위기관리상의 사령탑 역할을 하는 것이 총리 관저다.

그렇지만 앞의 시나리오에서 알 수 있는 바와 같이 현재의 정부와 총리 관저가 제 기능을 하기 위해서는 여러 문제가 있다는 것이 드러났다. 이번 장에서는 그 가운데서도 중요하게 생각되는 세 가지 과제를 검증하기로 한다.

■ 시나리오별로 부상한 총리 관저의 위기관리 기능상의 과제

제1부에서 언급한 각 시나리오에는 위기관리를 하는 데 있어서 정부와 총리 관저가 고려해야 할 중요한 과제들이 지적되어 있다.

'북한'에 관한 시나리오에는 이웃나라의 내전이라는 생각지도 못한 사태가 발생하자 정부가 상황에 끌려 다니면서 명확한 외교안보상의 중장기 전략을 내놓지 못하고 우왕좌왕하는 모습이 그려져 있다. 또한 '센카쿠 충돌' 시나리오에는 긴급사태 발생 후 외교안보를 포함하여 정부의 총력을 다한 전략적 대응의 중요성이 지적되어 있다. 나아가 '사이버 테러' 시나리오에서는 사이버 공격에 관한 정보수집 과정에서 부처 간의 연계와 종합적 분석 및 평가가 충분하지 못했던 것이 사태를 악화시켰다.

한편, '센카쿠 충돌' 시나리오에서 지적된 또 한 가지 중요한 문제는 사태 대처와 홍보 대응에 쫓기는 관방장관의 격무에 관한 것이다.

각 시나리오에서 드러난 총리 관저의 위기관리 기능상의 과제는 세 가지로 요약할 수 있다.

■ 과제와 개요 ■
① 상정된 위기에 대비한 부처횡단형 전략입안 기능상의 과제
② 총리 관저의 정보수집·분석 기능상의 과제
③ 위기발생 시 관방장관에게 집중되는 대응 부담이라는 과제

이들 과제들에 대해서 개별적으로 검증하기로 한다.

과제 1 상정된 위기에 대비한 부처횡단형 전략입안 기능상의 과제

국가의 안전에 관한 사항이나 국민의 생명, 신체 또는 재산에 중대한 피해가 발생하거나 발생할 우려가 있는 긴급사태에 대해서는 '안전보장회의'가 이를 심의하고 총리대신에게 의견을 건의하도록 되어 있다(안전보장회의설치법 제2조). 안전보장회의 소집 시에는 내각총리대신이 의장을 맡고 원칙적으로 외무성, 방위성, 재무성, 경제산업성 등 외교안보와 관련이 깊은 10명의 대신이 심의에 참가한다. 또한 안전보장회의 밑에는 사태대처 전문위원회가 설치되어 있어 내각관방장관, 내각관방 직원들이 중심이 되어 각 부처와 조정을 하는 합의체 역할을 하도록 되어 있다.

한편 안전보장회의와는 별도로 관련 있는 중요 정책 등의 기획과 입안 및 종합적 조정을 할 때에는 내각관방이 중심이 되며, 〈그림 2〉처럼 관방장관, 관방부장관, 내각위기관리감, 내각관방부장관보(안전보장 · 위기관리 담당) 등의 지휘계통 밑에 70명이 넘는 부장관보실(구 내각 안전보장위기관리실) 직원들이 이를 지원하는 체제다.

그렇지만 안전보장회의 및 내각관방에 의한 정부의 현행 조직구성은 국가적 위기의 예방 및 대응능력이란 관점에서 보면 몇 가지 중대한 과제를 안고 있다.

우선 현재 안전보장회의 및 내각관방 체제의 초점은 국가적 긴급사태가 일어난 뒤의 사후대응 검토에 맞춰져 있어, 외교안보상의 위기를 미연에 막거나 부처를 망라하여 국익을 최대화하기 위한 중장기 전략을 수립하는 체제가 되지 못한다. 그러나 외교안보 분야의 긴급사태 대응

그림 2 내각관방의 안전보장 · 위기관리 조직

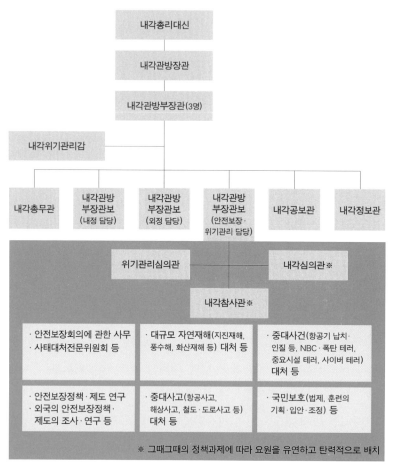

주: 이외에 정보보안센터가 있다.
출처: 내각관방 홈페이지

은 단순히 단기적 피해의 최소화라는 관점보다는 중장기적 국가전략 속에서 고려되어야 한다는 것은 말할 필요가 없다.

안전보장회의는 많은 관련 각료들이 참가해야 하기 때문에 신속하게 자주 모이기에는 적합하지 않으며, 사태대처 전문위원회는 '사태 대처'라는 이름에 나타나듯이 수비 범위가 좁게 정의되어 있어 외교안보 등에 관한 종합적 조정기능은 부여되어 있지 않다. 또한 내각관방 소속의 부장관보실에서는 중대 위기 발생에 대비한 다양한 긴급대응훈련 시나리오를 작성하고 있지만, 제1부에서 상정한 외교안보상의 리스크에 관한 중장기적 국가전략 수립을 위한 검토는 거의 하고 있지 않다. 실제로 총리 관저에서 중추적 역할을 하는 직원들도 현재 부장관보실의 전략입안 기능은 "충분히 되어 있는 상황이 아니"라는 것을 인정한다.

또한 안전보장회의를 지원하는 사무국 체제도 충분하지 않다. 1986년에 국방회의를 안전보장회의로 바꿨을 때 업무의 통합적 수행 및 행정개혁이란 관점에서 국방회의 사무국과 내각관방의 종합조정 부문(현재의 부장관보실) 조직을 일원화했기 때문에 안전보장회의는 전문적이며 상시적인 사무국 조직을 갖추고 있지 않다.

이와 같이 일본 외교안보의 중요 테마에 대한 중장기적 전략 시나리오를 입안한다는 관점에서 보면 현재의 안전보장회의 및 내각관방 체제는 그 권한과 체제 면에서 중대한 과제를 안고 있다.

과제 2 총리 관저의 정보수집·분석 기능상의 과제

일본 정부 내의 정보관련 조직(정보 커뮤니티)으로는 〈그림 3〉에 나온 대로 내각관방 내의 내각정보조사실을 비롯해 공안조사청, 외무성, 경찰청, 방위성 등 여러 부처가 독자적 정보수집 기능을 보유하고 있다. 내각에서는 관방부장관(사무) 주재하에 관련 부처 국장급이 출석하는 합동정보회의가 원칙적으로 2주에 한 번 정도 열리게 되어 있으며, 관방장관이 주재하는 내각정보회의가 연 2회 개최된다. 그러나 부처의 수직적 관계에서 오는 폐해로 인해 정부 전체가 정보를 공유·분석하지 못한다는 지적이 오랫동안 현안이 되어왔다.

이런 문제점을 고려해 2006년 '정보기능강화 검토회의'가 내각에 만들어졌으며, 2008년에는 '관저의 정보기능 강화방침'이 발표되었다. 이에 기초해 내각정보조사실이 정보 커뮤니티 전체를 총괄하는 역할을 맡아 정보 집약과 종합적 분석 기능을 하도록 명확하게 했다. 동시에 내각정보관이 관저 수뇌부에 정기적 브리핑을 하고 분기별로 한 번씩 이뤄지는 정보평가서 작성과 테마 설정 등의 기회를 이용해 관저의 정책부문과 정보 커뮤니티 사이의 연결고리 역할을 하도록 했다.

또한 정보와 관련한 정책 부문의 관심사항을 정보 커뮤니티에 보다 효과적으로 전달할 수 있도록 정책부문의 대표들(내각관방부장관보 등)의 내각정보회의 출석이 새롭게 결정되었다. 나아가 정보 커뮤니티의 핵심 멤버(내각정보조사실, 경찰청, 공안조사청, 외무성 및 방위성)를 중심으로 운영되었던 합동정보회의에 필요에 따라 금융청, 재무성, 경제산업성 및 해상보안청이 확대 정보 커뮤니티 멤버로 참석하도록 했다.

그림 3 일본 정부 내의 정보 커뮤니티

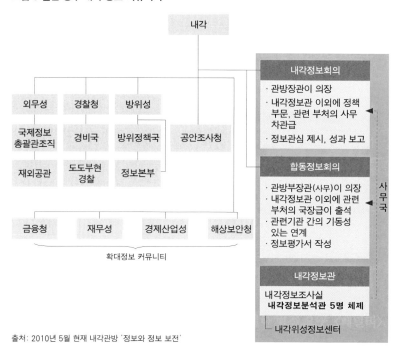

출처: 2010년 5월 현재 내각관방 '정보와 정보 보전'

　　지금까지 언급한 대로 최근 일본 정부의 정보 수집·분석 기능이 강화되어 왔다고는 해도 아직도 해결해야 할 과제가 많다. 예를 들면, 우리가 들은 바에 의하면 기밀성이 높은 정보가 정보 커뮤니티 사이에 공유되기도 전에 각 부처가 총리나 관방장관 등 관저 수뇌부에 직접 보고하는 사례가 여전히 적지 않다. 이런 정보 제공은 정보기관 간의 불필요한 '공 다툼' 문화를 만들어내 정보공유를 방해할 뿐만 아니라 정보를 잘못 분석할 위험성도 내포한다.

또한 서구 국가의 정보기관들은 일반적으로 비밀취급인가(*security clearance*) 제도 등을 통해 정보의 기밀 정도에 따라 정보 취급에 관한 통일적 정부 기준을 마련해 시행하고 있다. 물론 그것이 아주 철저하고 완벽하게 이뤄지는 것은 아니지만 말이다. 나아가 일본에서는 비밀유지와 관련한 법제도가 정비되지 않았기 때문에 비밀이 유지될 것이라는 보장이 없다. 이는 정보 커뮤니티 내의 정보공유가 불완전할 뿐만 아니라 국제적 테러 등 매우 위험하고 중요한 정보를 동맹국이나 우호국 정보기관과 원활하게 공유하지 못하는 중대한 요인이 되고 있다.

또한 정치가가 정보기관에 적절한 정보를 요구하지 못하기 때문에 혼란을 초래하는 사례도 지적된다. 예를 들면, "북한은 어떻게 됐어?"라는 막연한 질문으로는 유효한 정보가 모이지 않는다. 또한 정치가의 개인적 관심이나 정국과 관련한 정보 요구도 엄격하게 삼가야 한다. 이렇게 정보 커뮤니티를 이용하는 측이 정책목표 가운데 정보를 요구하는 것을 습관화해야 할 필요가 있다.

이 점은 앞에서 말한 대로 관저에 외교안보의 중장기 전략을 검토하는 정책파트 조직이 정비되지 않은 점과도 관련이 있으며, 정보를 요구하는 측이 정치가 개인이 아니라 일본판 NSC(국가안전보장회의) 같은 전문요원들로 구성된 상설적 조직체여야 한다. 그렇게 되면 지금처럼 치졸한 요구, 또는 개별 정치가의 개인적 흥미나 관심에 휘둘리는 폐해는 사라질 것으로 기대된다.

과제 3 위기발생 시 관방장관에게 집중되는 부담이라는 과제

앞에서 말한 대로 안전보장과 위기관리에 관한 총리 관저의 지시명령 체계는 관방장관이나 관방부장관 이하 소수의 라인이 종합적 조정을 담당하는 구도로 되어 있기 때문에, 긴급사태가 발생했을 때 내각관방의 일부 주요 멤버, 특히 관방장관에게 과도한 부담을 주는 것이 문제라고 할 수 있다.

애초부터 관방장관과 관방부장관은 외교안보 전문가가 아니며 평상시 국정 전반에 걸친 종합조정이라는 방대한 업무를 담당하고 있다. 특히 관방장관은 하루에 두 번 기자회견을 하며, 각료로서 국회개회 중에는 국회에서 답변해야 하는 등 평시라 해도 관방장관의 업무 스케줄은 가혹할 정도로 바쁘다.

이런 조직 구조하에서 긴급사태가 발생할 때에는 관방장관에게 과도한 업무 부담이 요구된다. 즉, 긴급 시 관방장관은 하루 두 차례의 정례 기자회견 이외에도 필요에 따라 몇 번이나 기자회견을 해야 한다. 예를 들면, 2011년 3월 동일본 대진재 때 당시 에다노 유키오(枝野幸男) 관방장관은 3월 11일부터 14일까지 22번이나 기자회견을 했다. 비서관이나 공보 담당과의 사전 준비 시간과 에너지를 고려하면, 이는 상당한 부담이 되었을 것이라는 것은 상상하기 어렵지 않다.

실제로 에다노 관방장관은 지진 발생 후의 진재 및 원전 사고와 관련한 대응방침 결정을 간 나오토(菅直人) 총리를 비롯한 다른 각료들에게 맡기고 자신은 공보 기능을 수행하는 데 주력했다. 이러한 취약한 공보 체제하에서는 시시각각 변화하는 상황에서 최저한의 정보를 공개하는 것이 고작이며, 하물며 대외적인 전략적 공보나 PR 등은 기대할 수도 없다.

'커뮤니케이션' 및 '대외전략'의 장에서도 언급한 대로 국가적 위기에 대처하는 정부의 공보와 커뮤니케이션 기능은 대단히 중요한 역할을 수행한다. 국가적 위기 시 관방장관 이하 소수의 직원들에게 위기대처와 공보기능 수행을 함께 기대하는 현재의 조직체계는 위기대처와 공보기능 어느 한쪽 혹은 양쪽 모두를 소홀히 할 위험을 내포하고 있다고 말하지 않을 수 없다.

총리 관저에의 제언

제언 1 일본판 NSC 설치와 총리 관저의 외교안보전략 기능 강화

2007년 4월 6일 당시 제1차 아베 정권하에서 현행 안전보장회의를 '국가안전보장회의'(일본판 NSC)로 개조하는 법안이 제출되었다. 법안에는 회의의 심의사항을 외교정책 및 방위정책의 기본방침 등 국가 안전보장에 관한 폭넓은 사항으로 확대해 총리 관저가 종합적 조정의 주도권을 쥐도록 명확하게 할 뿐만 아니라, 심의도 소수의 각료로 축소할 수 있도록 일부 조항을 유연하게 바꾸는 방안이 제안되었다. 그렇지만 국회에서의 심의시간 부족으로 심의는 계속 미루어졌으며, 그해 가을 아베 정권이 퇴진하고 후쿠다 야스오가 총리가 된 뒤인 12월, NSC를 설치할 필요가 없다면서 법안을 철회하였다.

2011년 7월 7일 민주당은 외교안전보장 조사회의 NSC · 정보분과회의 제언 2를 통해 국가안전보장회의의 설치를 제안했다.1 다만, 민주당안은 안전보장 분야와 위기관리 분야로 나누어 안전보장 분야만을 국가안전보장회의가 관할하고 위기관리 분야는 별도의 조직을 만들어 기능을 강화 · 발전시킨다는 내용을 제안하였다.

센카쿠 문제나 에너지 위기 등 앞의 시나리오에서 살펴본 것처럼 안전보장과 위기관리 분야는 밀접한 관련이 있어 양자를 구분하기가 쉽지 않아 그것이 가능한지는 의문이다. 구체적인 긴급사태 발생 시 책임이 안전보장 담당부서에 있는지 아니면 위기관리 담당부서에 있는지를 두고 다툼이 벌어져 혼란이 초래되는 상황만큼은 피하지 않으면 안 된다.

어쨌든 총리 관저 내에 외교 · 안전보장에 관한 다양한 중장기전략을 수립하는 전문부서와 전문가를 배치하는 등의 실효성 있는 체제를 시급히 구축할 필요가 있다. 긴박한 주변정세를 고려할 때 한시라도 빨리 관저가 사령탑이 되어 다각적인 검증을 하고 이를 토대로 중장기전략을 세워 위기가 발생하지 않도록 사전에 예방하려는 노력을 해야 한다. 그리고 이와 더불어 실제로 위기가 발생했을 때 위기관리를 일원화하여 정합적으로 준비하고 대처할 수 있는 진용을 정비해둘 필요가 있다.

---

1 민주당의 NSC · 정보분과회 제언 '대외정보기능 강화를 통한 전략국가로의 탈피', 2011년 7월 7일.

제언 2 비밀보호를 위한 법제 정비와 관저의 정보수집·분석 기능 강화

국가의 중대 긴급사태 발생 시 사령탑 역할을 하는 총리 관저가 신속하고 적절하게 정보를 수집·분석하는 것은 대단히 중요한 의미를 갖는다. 비밀보호를 위한 법제의 조기 정비와 비밀취급 인가제도의 통일 등은 매우 중요한 과제이며 하루빨리 실현하지 않으면 안 된다. NSC의 창설을 통한 정보를 사용하는 측의 능력(*intelligence literacy*) 향상도 급선무라 할 수 있다. 나아가 관저 수뇌부에의 직접 보고라는 폐해를 차단하기 위해서도 내각정보관의 정기적 브리핑 횟수를 늘려 서구 국가처럼 매일 실시하는 방안도 검토되어야 할 것이다.

제언 3 관방장관의 부담 경감과 관저 공보 스태프의 확충

관방장관에 기능이 집중된 문제에 대처하기 위한 하나의 방법은 총리 관저의 공보기능 체제를 강화하는 것이다. 즉, 관방장관이 맡은 정책의 종합조정기능과 공보기능 가운데 공보기능 권한을 관방장관 이외의 담당자에게 위임하거나 공동으로 담당하게 하는 것도 가능할 것이다.

지금까지 관방장관 부재 시나 관방장관의 일정이 중복될 경우 관방부장관이 임무를 대신했던 적은 있었다. 그러나 과거에 총리 관저에서 관방장관이 하는 기자회견의 일부를 공보담당 총리보좌관이 하도록 제안한 적이 있지만, 내각 기자회가 격렬하게 반대했던 것처럼 관방장관의 기자회견 횟수 축소나 이를 다른 사람이 대신하는 문제는 미디어 측의 강한 저항에 부딪혀 실현되지 못했다.

그러나 앞에서 언급한 대로 긴급 시 관방장관에게 부담이 집중되는 것은 중대한 국가적 리스크를 내포하고 있다고 할 수 있으며, 총리 관저의 체제 정비가 급선무다. 긴급사태 시 공보기능을 관방부장관 또는 공보관 등이 대체할 수 있는 체제를 만들어야 한다. 또한 관방장관 이외의 사람이 공보기능을 수행할 경우, 해당 공보담당자가 정확하게 기자들의 질문에 대답할 수 있도록 하기 위해서는 의사결정 과정을 적시에 파악하도록 총리실이나 관방장관실이 모여 있는 총리 관저 5층에 사무실을 두어 원활한 접근을 보장하고 조직상의 위상도 명확하게 해두는 것이 중요하다.

또한 위기 시 총리 관저가 대내외적으로 전략적 정보를 발신할 수 있는 인적 체제를 강화할 필요가 있다. 현재의 관료조직을 보면 공보나 커뮤니케이션 전문가를 양성할 수 있는 인사·교육제도가 구조적으로 취약하다. 따라서 관방장관이나 그를 대리하는 관저의 공보담당자를 전문적 견지에서 효율적으로 지원할 수 있는 인재를 육성·배치할 수 있는 태세를 갖출 필요가 있다.

커뮤니케이션의 구체적 내용에 대해서는 다음 장에서 상세하게 다루겠지만, 관저에 배치된 공보 전문가가 일본판 NSC와 협력하면서 중장기적 외교안보전략 관련 정보를 대내외에 발신하는 구체적 방안도 전략적으로 검토하고 준비할 수 있는 체제를 시급히 마련해야 한다.

05

커뮤니케이션

이 장에서 다루는 '커뮤니케이션'이란 바람직한 방향으로 사태를 유도하기 위한 수단이다. 특히, 리스크 관리를 목적으로 한 '리스크 커뮤니케이션'과 위기관리를 목적으로 한 '크라이시스 커뮤니케이션'이란 관점에서 제1부에서 제시했던 시나리오를 검증하고, 이를 통해 나타난 과제를 바탕으로 몇 가지 제언을 하고자 한다.

리스크 커뮤니케이션이란 리스크(바람직하지 않은 일이 일어날 가능성)의 평가나 대응책, 사고 등에 대해 정부나 자치단체, 기업, 전문가, 시민·소비자와 같은 다양한 이해상관자 사이의 대화나 논의를 통해 정보를 공유하고 상호이해를 돈독하게 하는 행위를 가리킨다.

한편, 크라이시스 커뮤니케이션은 실제로 위기가 일어났을 때의 사태 수습과 관리를 위한 커뮤니케이션을 말하며, 주요 행위자는 정부 등의 공권력이다. 위기 시 정부 등의 통치기구가 원하는 것은 국민이 혼란에 빠지지 않고 '적절한 행동'을 취하는 것이며, 이것이 크라이시스 커뮤니케이션의 목적이다.

둘 다 '리스크'와 관련한 메시지를 다룬다는 공통점을 통해 밀접하게 관련되어 있지만, 크게 다른 점은 크라이시스 커뮤니케이션 시에는 시간적으로 절박한 상황이라 정보가 상대적으로 적다는 것이다. 또한 평상시 최종적으로 리스크 회피를 위한 행동을 취할 것인지 아닌지는 사람들이 독자적으로 판단하는 데 반해 위기 시에는 사람들의 행동을 어느 한 방향으로 유도하려는 목적 지향이 강해지기 때문에 크라이시스 커뮤니케이션은 보다 '설득'적 요소가 강한 일방향 커뮤니케이션이 되는 일이 많다.

각 시나리오를 통해 부각된 커뮤니케이션의 과제

제1부의 9가지 시나리오에는 위기 시 크라이시스 커뮤니케이션의 과제, 평상시 리스크 커뮤니케이션의 과제가 각각 지적되어 있다. 주요 과제는 다음과 같다.

▪ 크라이시스 커뮤니케이션의 과제와 개요 ▪

① 패닉이나 혼란을 일으킬 수 있는 불명확한 회견과 설명 부족

회견 목적이 애매하거나 하달한 지시에 관한 납득할 수 있는 이유가 제대로 설명되지 않아 패닉이나 혼란이 일어난다.

② 정보 발신자에 대한 신뢰 결여

정부 등의 권위에 대한 신뢰가 결여되어 있기 때문에 사람들을 설

득해 적절한 행동을 하도록 유도하지 못한다. 신뢰의 실추는 평상 시나 위기 시 모두 일어난다.

③ 바이어스에 대한 대처

정보를 얻는 측이 리스크를 잘못 인식하는 '인지 바이어스'나 전달 자인 매스미디어의 보도 내용에도 '미디어 바이어스'라는 왜곡이 존재한다는 것을 이해하고 대처할 필요가 있다.

■ **리스크 커뮤니케이션의 과제와 개요** ■

④ 리스크 분석 틀 자체의 결여

평상시 '리스크 평가', '리스크 관리', '리스크 커뮤니케이션'을 세트로 대비할 필요가 있지만, 그런 틀 자체가 없다.

⑤ 사회의 컨센서스 형성 부족

평상시의 리스크 커뮤니케이션을 통해 우선순위 등에 관한 컨센서스를 형성해둘 필요가 있지만, 그것이 형성되어 있지 않다.

이런 과제는 서로 관련되어 있으며 영향을 미친다. 시나리오를 통해 다섯 가지 과제를 추출해 분석하고 개선방향에 대해 검토하기로 한다.

과제 1 패닉이나 혼란을 일으킬 수 있는 불명확한 회견과 설명 부족

'수도직하 지진' 시나리오에는 도쿄 만에 있는 탱커가 폭발해 검은 연기가 분출하는 대혼란 속에서 기자회견을 해야 할 관방장관이 고뇌하는 장면이 묘사되어 있다. 도대체 무엇을 전달하면 좋은가, 주민들을 대피시켜야 하는지 아니면 머물러 있게 해야 하는지, 관방장관에게는 유도해야 할 '적절한 행동'이 무엇인지 보이지 않았다.

나아가 총리도 기자회견에서 "유독가스가 발생할 가능성이 있다. 도쿄 만 주변 자치단체 수장이 독자적으로 판단해 경계구역을 설정했으면 좋겠다"고 말하면서 동시에 "국민 여러분, 안심해주십시오"라고 서로 말이 맞지 않는 메시지를 보낸 이야기가 묘사되어 있다.

이렇게 무엇을 해야 좋을지 명확하지 않거나 근거도 없이 안심하라는 메시지는 위기 시 오히려 패닉을 초래할 수 있다.

〈표-1〉 리스크 커뮤니케이션과 크라이시스 커뮤니케이션의 차이

	주요 목적	전달내용	시기·기간	방향성	주요 행위자
리스크 커뮤니케이션	리스크에 관한 컨센서스 공유	리스크 평가나 관리 시책, 리스크를 둘러싼 견해 등	평상시·중장기·계속적	쌍방향	전문가, 행정, 기업, 일반시민
크라이시스 커뮤니케이션	패닉을 방지하며 적절한 행동을 전달	위기에 관한 정보, 행동 지침, 지시	비상시·단기·즉시적	일방적인 경우가 많음	정부나 공권력 집행기관

회견이 초래하는 혼란은 '에너지 위기' 시나리오에서도 보인다. 관방 장관이 빈번하게 이뤄지는 기자회견에서 비축 일수를 강조하면서 안심을 강조하지만, 전력사용 제한이 검토되고 있다고 보도되자 국민들은 주유소로 몰려가 석유부족이 더욱 심화되었다. 정부가 방침을 결정할 때 혹은 한번 결정한 지침이나 지시를 변경할 때에는 그 근거와 배경, 이유를 상세하게 설명하지 않으면 패닉을 초래하기 쉽다.

사람들이 불안감을 느끼면 정부 발표가 거짓은 아닌지 의심하고 유언비어를 믿기 쉬워진다. 그 결과 사재기로 인한 물자 부족이나 불매로 인한 소문 피해라는 2차 피해로 이어진다. 후쿠시마 제1원전 사고 후 피난지역을 변경할 때 "건강에 직접적인 영향은 없다"고 말할 뿐 납득할 수 있는 이유가 전달되지 않으면서 정부에 대한 불신감이 증폭되었던 것이 기억에 새롭다. 정보 발신자에 대한 신뢰 실추는 뒤에서 언급하는 대로 커뮤니케이션의 효과를 크게 떨어뜨린다.

'수도직하 지진' 시나리오에는 관방장관이 "지금 위험한 정보를 공표해 쓸데없이 패닉상황을 초래해도 좋은가" 하고 고뇌하는 장면이 있다. 이와 같이 행정기관이나 매스미디어 쪽에는 일반시민들은 이성적 행동이 불가능하다는 '결여 모델'(*deficit model*)을 취하는 견해가 많다. 그러나 과거에 사회적 혼란을 초래했던 소문(유언비어)들을 분석해 보면 행정기관이 흘린 정보가 대부분이라는 결과가 나와 있다.[1][2] 소문이나 패

1 吉川筆子・釘原直樹・岡本眞一郎, "危機時における情報發信の在り方を考える-新型インフルエンザのクライシスコミュニケーションからの教訓", 《週刊医學界新聞》第2853号(2009年 11月 2日), 医學書院.
2 廣井修, "緊急時口コミの實態", 《月刊言語》(1999年 8月号), 大修館書店.

닉이 발생하는 원인이 사람들의 비이성적 행동보다는 이해하기 어려운 정보를 제공한 정부나 행정 측에 있다는 지적이다. 위기 시 기자회견을 할 때에는 지시내용을 명확하게 해야 하며, 단순히 안심하라고 호소하기보다는 납득할 수 있는 이유나 근거를 함께 설명하는 것이 중요하다.

과제 2　정보 발신자에 대한 신뢰 결여

비상사태 시 한시라도 빨리 혼란을 수습하고 국민들을 바람직한 방향으로 유도하기 위한 커뮤니케이션이 성립하기 위해서는 정부에 대한 신뢰가 중요하다. 같은 메시지라도 발신자를 신뢰할 수 있는가, 신뢰할 수 없는가에 따라 메시지의 신빙성이나 받아들이는 태도가 전혀 달라진다는 것은 많은 연구를 통해 확인되었다.[3]

'핵테러' 시나리오는 (정부) 권위에 대한 신뢰 결여라는 크라이시스 커뮤니케이션에서 가장 치명적인 과제를 분명하게 드러냈다. 정부에 대한 신뢰가 결여되면 위기 시 짧은 시간 동안 국민들을 설득해 정부에 따르게 할 수 없을 뿐만 아니라 그 뒤 리스크 관리를 위한 사회적 비용을 증가시킨다.

일반적으로 신뢰는 능력이나 전문성에 대한 신뢰와 성품이나 성실성에 대한 신뢰로 나눌 수 있으며, 어느 쪽이나 평상시 행동의 축적에 의해 형성된다. 일본 정치가들에 대한 신뢰 결여는 정치가들의 자질이나

3　정보 발신자의 권위나 신뢰가 사람들의 태도에 미치는 영향에 대해서는 예를 들면, Hovland, C. I., and Weiss, W. (1951), "The influence of source credibility on communication effectiveness", *Public Opinion Quarterly*, Vol. 15(4), pp. 635~650.

행동에 기인하는 것과 그것을 보도하는 매스미디어에 의한 이미지 하락에 기인하는 것이 있다. 영국 등에서는 위기 시 어떻게 정보를 전달해야 하는가에 대해서 매스미디어와 정부가 같은 테이블에 앉아서 협의한다. 평소에 행정기관과 보도기관이 함께 위기대응책을 검토하는 과정을 통해 신뢰를 형성하는 것이 중요하다.

신뢰의 저하는 위기 시 커뮤니케이션의 실패로 인해 일어나는 경우도 많다. 사죄하는 방법이 잘못되거나 하는 다양한 상황에서 일어날 수 있다. 커뮤니케이션 실패로 인한 신뢰 저하는 단순히 그 부분에 대한 설명만이 아니라 어떤 사항에 대한 설명 전체에 관한 신뢰를 떨어뜨리게 된다. 따라서 위기대응과 관련한 평상시의 커뮤니케이션 훈련이 중요하다.

미국 대통령의 메시지는 명확하다. 특히 위기 시의 성명은 국민들에게 공동체 의식을 심어주고 공통의 적과 맞서기 위해 냉정하게 행동하도록 강하게 호소한다. 이런 회견이 가능하도록 뒷받침하는 것은 일원화된 정보관리와 커뮤니케이션을 가능하게 하는 조직체계, 각종 성명문의 철두철미한 준비, 철저한 모의 기자회견 등이다. 총리의 리더십, 수직적인 조직체계의 타파, 커뮤니케이션 훈련 등을 통해 국민들의 신뢰를 구축하는 것이 우리 정부가 해야 할 긴급한 과제다.

과제 3 바이어스에 대한 대처

'핵테러'나 '수도직하 지진' 시나리오에는 사회 전체에 '인지 바이어스'가 만연되어 있다는 것이 지적되어 있다. 인지 바이어스라는 것은 바람직하지 않은 사태가 발생할 가능성을 사람들이 주관적으로 판단해 그것이 실제 발생한 리스크와 차이가 나는 것을 말한다. 위 시나리오처럼 평소 훈련이 형식주의에 빠지는 것은 "실제로는 이런 큰 사고는 일어나지 않는다"고 상황을 우습게 보거나 편리할 대로 해석하는 '낙관주의 바이어스'가 작용하기 때문이다.

이런 바이어스에 의해 사람들은 위기에 직면해도 적절한 행동을 취하지 않으면서 필요 이상으로 공포심을 느껴 패닉에 빠지는 경우도 있다. 좀처럼 일어나지 않는 리스크라도 커다란 피해를 초래할 수 있다는 '카타스트로피 바이어스'(catastrophe bias) 나 경험이 없기 때문에 발생하는 '버진 바이어스'(virgin bias) 는 사람들이 알지 못하는 일이나 자신이 통제할 수 없는 일에 대해서 과도하게 공포를 인지하는 것을 말한다. 그러나 패닉을 회피하기 위해 국민들에게 위험성을 전하지 않는 것은 커다란 잘못이다.

재해나 전염병 같은 위험에 관한 정보를 전달할 때에는 리스크 정보와 함께 회피방법이나 대처법(피난이나 예방법)을 전하는 것이 중요하다. 대처법이 있다는 것만으로 사람들은 "무섭지만 들은 대로 하면 괜찮을 것"이라는 자신감을 가질 수 있다. 자신감은 비상시에 냉정하게 행동할 수 있는가에 영향을 주며 평상시의 리스크 커뮤니케이션으로 생길 수 있다는 것이 알려져 있다. [4]

또한 리스크를 회피하려는 일반시민들의 행동은 매스미디어 정보에 접촉하는 양과도 관련이 있다는 것이 알려져 있다. [5] 그렇기 때문에 매

---

[4] 각주 1과 같음.

스미디어가 정보의 어느 부분을 취사선택해서 전달할 것인가에 따라 발생하는 '미디어 바이어스'를 항상 염두에 둘 필요가 있다. 매스미디어는 발표할 내용을 취사선택하는 것만이 아니라 전문가나 일반시민의 목소리를 독자적으로 취재하고 불안을 부채질하는 듯한 '편집'을 하는 경우도 많다. 보도의 자유를 존중하면서도 바람직하지 않게 편집되는 것을 막기 위해서는 기자회견을 할 때 매스미디어가 알기 쉬운 내용을 가능한 한 가공하기 어려운 형태로 발신하려는 노력도 필요하다. 이에 대해서는 제언 부분에서 상세하게 논한다.

패닉처럼 바람직하지 않는 행동을 억제하기 위해서는 정보 '전달자'와 수용자 사이에 바이어스가 발생할 수 있다는 것을 이해하고, 그 위에서 전략적 커뮤니케이션이나 메시지 디자인을 하는 것이 중요하다 (〈그림 4〉).

과제 4 리스크 분석 틀 자체의 결여

앞에서 언급한 것처럼, 위기 시 크라이시스 커뮤니케이션이 실패하는 경우는 대부분 평상시의 리스크 커뮤니케이션이 제대로 되어 있지 않기 때문이다. 위기 시나리오에서 드러난 리스크 커뮤니케이션의 과제를 분석하고 정리하는 데에는 '리스크 분석 틀'(〈그림 5〉)이 유용할 것이다.

---

5 吉川筆子編著, 《健康リスク・コミュニケーションの手引き》(2009年 7月), ナカニシ
ヤ出版.

그림 4 사람들이 리스크를 회피하려는 행동을 하거나 리스크 관리시책을 수용하게 되는 요인

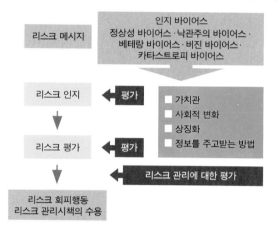

그림 5 리스크 분석 틀

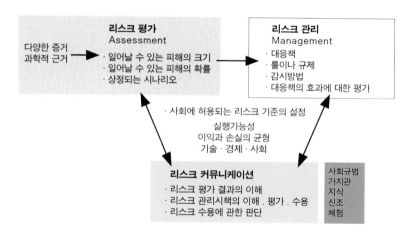

이 틀은 '리스크 평가', '리스크 관리', '리스크 커뮤니케이션'이라는 리스크 분석에 불가결하며 상호작용하는 세 가지 요소로 구성된다.

위험이나 유해를 사전에 예측해서 대응책을 세우고, 그런 일이 벌어졌을 때 피해를 최소한으로 막는 것이 '리스크 관리'다. 리스크 관리를 하는 데에 우선 필요한 것은 어떠한 위험이 어느 정도 확률로 일어날 것인가를 예측하는 것이며, 이것이 '리스크 평가'다.

당연한 것이지만 리스크를 평가하기 위해서는 충분한 근거를 수집하는 것이 불가결하다. 예를 들면, 건강 리스크에 관해 평가하기 위해서는 역학(疫學) 연구나 동물실험 등의 과학적 근거를 수집해 그것들을 체계적으로 음미하는 과정이 필수적이다.[6] 마찬가지로 국제테러 등의 위기에 대비하려면 첩보기관이 제공한 정보, 전문가들의 분석, 과거의 경험이나 지식 등 충분한 정보를 수집해서 음미할 필요가 있다.

제1부에 있는 모든 시나리오에는 리스크 관리의 가장 근본이 되는 '리스크 평가'가 충분하지 않다는 것이 우선적으로 지적되어 있다.

예를 들면, '사이버테러' 시나리오에는 각 부처 공통으로 사이버 공격에 관한 정보를 신속하고 체계적으로 수집하는 체제가 없으며, 수집된 정보를 분석하는 체제도 정비되어 있지 않다는 문제가 지적되었다. 다른 위기 시나리오처럼 수직적인 정부 부처의 구조가 초래하는 폐해나 정보공유 문제를 과제로 들 수 있지만, 동시에 사이버 공격에 정통한 전문가들이 일본 내에 부족하다는 것도 지적되어 있다. 이와 같이 일본

---

6 일반적으로 환경, 건강, 의료 등의 분야에서 '가이드라인'이라 불리는 것은 연구 등의 증거나 흔적(*evidence*)들을 체계적으로 검토하는 과정을 거쳐 작성된다.

내에 전문지식을 갖춘 인재가 없는 경우 해외 전문가와 네트워크를 구축해 복수의 신뢰할 수 있는 정보원과의 협력체제를 정비해두는 것도 올바른 리스크 평가를 위해서는 꼭 필요하다.

그러나 가령 취득한 정보를 검토해 리스크를 판정할 수 있다고 해서 곧바로 대책을 수립할 수 있는 것은 아니다. 사회, 조직, 개인 등이 그 리스크에 대해 어떠한 대책을 세울 것인가, 즉 어떻게 리스크 관리를 할 것인가는 코스트에 걸맞은 이익이 있는가와 같은 경제적 합리성이나 기술적 제약, 사회의 가치관 등에도 영향을 받게 된다.

예를 들면, 국가나 자치단체가 규제나 감시라는 대응책을 결정할 경우 당해 리스크의 관리에 따른 손실과 이익을 저울에 올려놓고 평가해야 할 뿐만 아니라 행정, 기업, 주민 등의 이해관계자가 리스크 평가의 내용을 제대로 이해하고 납득하는 과정도 필요하다. 이해관계자들이 논의하여 공통의 이해를 만들어내기 위한 노력이 '리스크 커뮤니케이션' 이다.

리스크 커뮤니케이션을 통해 공유하고 교환되는 정보의 내용은 과학적 근거가 있는 리스크 평가의 결과나 행정이나 기업 등의 리스크 관리 방안, 그리고 리스크에 대한 의견이나 생각들을 포함한다. 즉, 리스크 커뮤니케이션은 단독으로는 존재할 수 없으며, 늘 리스크 평가나 리스크 관리와 함께한다. 리스크에 관한 판단기준이나 관리방안에 대해 컨센서스를 공유하고 개인이나 사회가 어느 정도까지 리스크를 허용할 것인가를 합리적으로 결정할 수 있도록 지원하는 노력이며 수단이 바로 리스크 커뮤니케이션이다.

제1부에 있는 어느 시나리오에서도 평상시의 리스크 분석 틀이 충분

하지 않고 각 요소마다 해결해야 할 과제를 안고 있어 그것이 위기 시의 대응을 더욱 어렵게 했다고 지적할 수 있다.

이런 체계가 그나마 잘 작동한 사례가 '판데믹' 시나리오 끝부분에 등장한다. "가령 의사가 부족한데도 사망률이 낮았던 자치단체"는 공중위생에 관해 행정이나 주민들의 이해도가 높은 지역이며, 평상시의 리스크 평가, 리스크 커뮤니케이션, 리스크 관리라는 세 요소가 조화를 이루던 지역이다. 전염병에 관한 리스크 커뮤니케이션의 목적은 ① 사회가 전염병과 그 리스크에 대해 올바르게 인식하는 것, ② 예방법이나 대책을 공유하는 것, ③ 예방법을 실행에 옮기는 것이다. 예방법 중에는 가글이나 손 씻기 장려 등 사람들이 일상생활에서 실천함으로써 높은 효과를 거둘 수 있는 것들이 많다. 평상시의 리스크 커뮤니케이션과 리스크 관리가 위기 시에 효과를 발휘한 좋은 사례라고 할 수 있다.

과제 5　사회의 컨센서스 형성 부족

누군가의 목숨을 구하기 위해 누군가의 목숨이 희생되어야 하는 상황에서 제한시간 내에 의사결정을 한다는 것이 얼마나 어려운 일인지는 '판데믹' 시나리오에 잘 나타나 있다. '사람의 목숨에 우선순위를 정하는' 정면으로 논의하기 어려운 문제를 미루어온 결과가 판데믹 발생으로 표출된다.

사실 최선의 구명 효과를 내기 위해 부상자들을 부상이나 긴급 정도에 따라 분류하고 치료 우선순위를 결정하는 응급환자 분류는 재해현장에서 이미 사용되는 방법이다. 그러나 이런 생각이나 사고방식이 사회의 '컨센서스'로 공유되어 있지 않다는 것이 문제다.

또한 가령 사회적으로 우선순위에 관한 가치판단이 있다고 해도 당사자들은 이를 개인적으로 도저히 받아들이기 어려운 상황이 있다. 당사자들에게 사회적 우선순위를 이해시키고 납득을 받기 위해서는 '설득 커뮤니케이션'이란 과제도 시나리오를 통해 부각되었다. 평상시의 리스크 커뮤니케이션, 즉 이해상관자 간의 논의와 공유과정이 충분하지 않았다는 것을 지적할 수 있다.

나아가 시나리오에서는 평소의 의사 부족, 의료에 대한 국민들의 과잉 기대, 의료관계자와 국민 사이의 괴리 같은 문제도 묘사되어 있으며, 그것들이 판데믹 발생 시 혼란을 더욱 크게 한다는 것이 지적되어 있다. 판데믹처럼 의료종사자들의 확보가 긴요한 위기 시에는 의료관계자들의 사기를 높이는 보도도 필요하다. 동시에 평소 행정, 의료관계자, 주민들이 지역의 보건과 의료에 대해 함께 생각하는 계기를 마련하고 거기서 규범이나 신뢰가 싹트게 하는 것이 중요하다.[7]

같은 과제를 '수도직하 지진' 시나리오를 통해서도 지적할 수 있다. 여기에는 새로운 주민과 기존 주민 사이의 대립이 위기 시의 피난처에서 표면화하여 다툼이 벌어지는 모습이 그려져 있다. 지역주민 간에 좋은 관계를 만들어 '공동체 의식'을 키워두는 것이 위기 시에 힘을 발휘할 것이다. 이것도 평소에 해둬야 할 커뮤니케이션의 과제다.

---

7 지역에서의 규범이나 신뢰, 인적 네트워크나 상호부조적인 활동 수준을 측정하는 지표로서 '사회관계자본'(social capital)이라는 것이 있다. 이것이 높은 지역은 치안이나 재해 대응력, 주민들의 평균수명이나 건강도가 높다는 것이 많은 연구에 의해 밝혀졌다.

위기나 사회불안을 컨트롤하기 위한 적극적 수단으로서 회견이나 공보 등을 통한 커뮤니케이션의 전략적 활용을 제언하고 싶다. 시나리오에서 도출된 다양한 커뮤니케이션 관련 과제를 해결하기 위해 긴급하게 필요한 세 가지를 구체적으로 제언하고자 한다.

제언 1 대변인 설치와 신속하고 정확한 브리핑

과제 ①에서 지적한 불명확한 회견이나 설명부족이란 실패를 방지하기 위한 방안으로 공식적 대변인을 두어 신속하고 정확한 브리핑을 하게 한다. 이것은 과제 ②에서 지적한 '정보발신자에 대한 국민의 신뢰'와도 직결된다.

정부 대변인이 갖춰야 할 것은 권위와 신뢰, 그리고 명료한 메시지를 전달하는 기술이다. 비상시에는 각종 정보가 모두 국가 중추에 전달되고 일원화된 정보관리하에 보도담당자의 회견이 신속하고 정확하게 이뤄질 필요가 있다. 예를 들면, 정부 고관인 대통령 대변인은 대통령의 지근거리에서 보좌관이라는 중요 업무를 수행하는 것이 중요하다. 많은 정보를 집약하고 검토할 수 있는 이해도와 그것들을 대상에 맞춰 전달하는 힘도 중요하기 때문에 역대 백악관 대변인이나 영국 정부 대변인에 저널리스트 출신이 발탁되는 경우가 많다.

정치에 관한 지식이 풍부하고 다양한 정보원에도 정통하면서 높은 커뮤니케이션 능력을 발휘할 수 있는 대변인은 국민의 신뢰감이나 안심감을 높이는 데도 기여한다. 커뮤니케이션 능력이라 하면 '전달하는 힘'을 생각하기 십상이지만, 보다 중요한 것은 '듣는 힘'이라는 것도 덧붙여두고자 한다.

또한 판데믹이나 사이버테러처럼 의학적 지식이나 특수한 지식이 필요한 경우에는 전문지식을 쉽게 전달할 수 있는 대변인이 신속하게 대응할 필요가 있다. 세계보건기구(WHO)에서는 전문적 대변인이 신종 인플루엔자의 리스크나 대응책에 관해 명확한 메시지를 발신하고 있다. 대변인은 전문성 이외에도 ① 사람들의 말을 겸허하게 듣고 단정적인 말투를 하지 않는 사람, ② 애매모호한 상황에 견딜 수 있는 사람이라는 두 가지 요인을 갖춰야 한다. 8 조직적 측면에서의 훈련도 필요하지만 대변인에게는 제대로 된 지위를 부여하고 그 의견을 존중하는 것이 중요하다.

위기 시 한시라도 빨리 혼란을 수습하고 국민을 어떤 한 방향으로 유도하기 위한 커뮤니케이션을 하는 데 필요한 것은 '신속함', '정확함' 그리고 '반복'이다. 공식적인 발표가 늦어지면 매스미디어는 다른 정보원을 통해 얻은 정보를 보도하게 되어 그것이 사람들에게 공포감이나 초조감을 주어 원하지도 않은 패닉을 초래할 가능성도 있다.

현실적으로 정보의 확인과 전달방법 검토에는 시간이 걸리기 때문에 신속한 발표는 쉽지 않다. 그러나 '정보를 확인하는 데 조금 더 시간이 걸린다'는 것을 사전에 미리 알려주고, 사건 발생 시 곧바로 정보를 제공하는 것이 바람직하다. 다른 어떤 정보원(情報源)보다 빨리 정보를

8　각주 5와 같음.

발신할 수 있다면 그 뒤에도 신뢰받는 정보원이 될 수 있다.

기자회견 등 매스미디어를 대응할 때에는 자료준비가 특히 중요하다. 게이오(慶應) 대학 요시카와 교수 등은 그때 주의해야 할 것은 다음과 같은 네 가지라고 지적한다. 9 첫째, 결론이나 중요사항을 먼저 전한다. 둘째, 전문적 용어는 가능한 한 쓰지 않는다. 셋째, 전문적 용어를 쓸 경우에는 직후에 설명한다. 넷째, 발표용 요약자료와 상세자료를 준비해둔다.

특히 요약자료는 매스미디어가 가공하지 않고 그대로 게재할 수 있도록 발신자 측에서 알기 쉬운 형태로 가공해서 넘겨주는 것이 중요하다. 일관성 있는 성명문의 작성, 필요충분한 메시지의 효과적 전달방법, 불필요한 것은 전하지 않는 훈련 등을 거듭함으로써 미디어에 휘둘리지 않고 이를 컨트롤하는 기술을 몸에 익혀두는 것도 중요하다.

제언 2 대상자에 맞춘 메시지 발신과 미디어 활용

과제 ③에서 지적했듯이 사람들의 인지 바이어스나 보도기관의 미디어 바이어스 같은 경향을 이해하고, 그런 바탕 위에서 목적이나 대상에 맞는 커뮤니케이션 방법을 사용할 필요가 있다. 커뮤니케이션 상대가 어떤 사람인지, 특히 연령이나 성별만이 아니라 당해 문제에 대한 태도나 가치관, 평소 어떤 미디어와 접촉하고 있는지 등과 같은 것들을 미리 파악해둠으로써 타깃에 맞는 메시지 작성과 전달수단(미디어나 채널)의

---

9 각주 5와 같음.

선택이 가능하다.

많은 사람들에게 영향력이 있는 매스미디어를 대상으로 기자회견할 경우에는 앞에서 언급한 것들에 주의하면서 대응하는 것이 중요하지만, 동시에 회견의 모든 내용을 인터넷 홈페이지를 통해 전달하거나 이쪽에서 전달하고 싶은 핵심내용을 소셜미디어를 통해 알리는 것은 미디어 바이어스에 대항하는 카운터미디어란 관점에서 중요하다. 앞에서 언급한 대로 방송시간이나 기사 수에 제한이 있기 때문에 매스미디어 측 논리에 맞춰 편집되어 결과적으로 정보발신자가 정말로 전하고 싶었던 핵심을 빼버리는 경우도 있다.

인터넷을 통해 회견 전체를 공개할 경우에는 특히 그 문제에 관심이 있는 당사자나 전문가 집단, 리스크 커뮤니케이터나 사이언스 커뮤니케이터 등이 정보원으로서도 중요하다. 그들이 회견을 통해 매스미디어와는 다른 관점에서 중요한 포인트를 추려내 나름대로 편집하여 재송신하면 그것은 2차 정보로 확산되어간다. 이는 네트워크를 전략적으로 활용하는 사례가 될 것이다.

다만 소셜미디어나 인터넷상의 부정확한 정보, 유언비어의 유포를 우려하는 목소리가 특히 행정기관이나 매스미디어 쪽에서 들린다. 그렇지만 3·11 대진재 때 트위터에 잘못된 정보가 올라왔다가 곧바로 '유언비어'라고 취소되고 수정된 것이 확인되었다. 10 부정확한 정보가

---

10 동일본 대진재 때 "코스모 석유의 폭발로 인해 유해물질이 구름 등에 부착해 비와 함께 내릴 것"이라는 거짓 정보가 트위터에 올라왔지만, 1시간 이내에 '유언비어'라고 부정하는 말과 함께 트윗되어 유언비어가 사실이 아님이 밝혀지는 일이 있었다. 總務省 (2011), 《平成23年版 情報通信白書》.

유포될 리스크를 감안하더라도 인터넷이나 소셜미디어는 선제적으로 활용할 수 있는 메리트가 오히려 더 크다. 체계적이며 상세한 정보를 인터넷에 공개해두는 것은 기자들의 취재에 대응하는 시간과 노력을 절약하는 데에도 도움이 된다.

또한 동일본 대진재 시에도 그랬지만 재해발생 시 피해 당사자들은 TV 등을 볼 수 없는 경우가 대부분이다.11 가령 시청이 가능하다고 해도 일반 대중들을 위한 보도는 피해 현장에서는 아무런 도움이 되지 않는 경우가 많다. 정보를 얻는 사람들에 맞춘 미디어의 선택과 정보발신은 어떤 리스크 커뮤니케이션에서도 중요한 과제다.

예를 들면, 어린아이를 둔 엄마들에게 특히 주의를 환기시키고 싶다면 막연하게 널리 호소하기보다는 대상자의 관심이 높은 메시지를 선별해 육아 커뮤니티나 SNS를 통해 전달하는 편이 정보가 보다 쉽게 전달된다. 한편, 고령자의 경우 각 지역 사회복지협의회나 민생위원회 등의 루트를 통해 효과적으로 알리는 것도 검토해야 한다.

또한 상대를 일정한 리스크 회피행동(예를 들면 피난)으로 유도하고 싶은 경우, 부정적 표현보다 긍정적 표현을 사용하는 편이 더 효과적이다. 알아두면 좋은 것들이 많다. 이런 것들은 소셜 마케팅 분야에서 많은 실천적 연구가 축적되어 있다. 대상자를 분류하고 각 대상자를 타깃으로 한 정보 발신을 언제나 시야에 넣어둘 필요가 있다.

11　總務省(2011), "東日本大震災における情報通信の狀況 第4節 情報通信が果たした役割と課題", 《平成23年版 情報通信白書》.

제언 3 평상시의 리스크 커뮤니케이션에 의한 컨센서스와 신뢰 형성

과제 ④에서 소개한 '리스크 분석 틀'에 입각해 전문가, 행정, 일반시민들이 위기 시의 구체적 행동규범을 만들고 그것을 공유하는 것이 특히 중요하다. 과제 ⑤에서도 지적했지만, 예를 들면 인공호흡기나 백신 등 한정된 자원을 배분하지 않으면 안 될 경우 우선순위를 어떻게 정할 것인가? 신종 인플루엔자의 폭발적인 유행 같은 극적인 상황에서는 환자의 거주지나 이동경로를 공표해야 하는가?

이것들은 공중위생상 중요한 정보이지만, 다른 한편에서는 환자의 인권이나 윤리, 나아가 경제적 영향에 대한 배려도 필요하다. 언제 누가 감염될지 아무도 모른다. 개인으로서의 판단과 사회로서의 판단이 상이한 경우도 많다. 예를 들어 금방 결론이 나지 않는다고 해도 다양한 입장의 이해상관자가 다양한 관점에서 논의하고 그 과정을 국민들이 알 수 있도록 하는 것이 중요하다.

이때 '위의 시선'으로 국민을 계몽하는 '결여 모델'에 설 게 아니라 자율적이며 자발적으로 생각하고 행동하는 주체로서 국민들을 이해하고 전략수립에도 참여시키는 것이 바람직하다. 역시 이때 매스미디어도 중요한 행위자라 할 수 있다. 유사시 매스미디어는 어떻게 정보를 국민들에게 전해야 하는가. 평상시 행정부나 공공센터, 보도기관, 리스크 커뮤니케이션 전문가 등이 함께 위기대응책을 검토할 수 있는 기회를 만들어야 할 것이다. 매스미디어는 민주국가로서의 정부와 국민 간의 신뢰 형성, 규범의 공유나 사람들의 협조를 촉진할 수 있는 보도활동을 해야 한다.

이 책의 시나리오에 열거된 위기는 하나하나가 매우 복잡해 유일한 최적의 커뮤니케이션 수법이 존재하는 것도 아니다. 문제가 현재화하기 전에 리스크 커뮤니케이션을 통해 합의를 이뤄둬야 하는 과제들이 산적해 있다. 위기 시 국민이 적절한 행동을 취할 수 있도록 하기 위해서는 평상시 리스크 커뮤니케이션의 역할이 크다. 국민 모두가 납득할 수 있는 합의에는 도달할 수 없을지 모르지만, 조금이라도 합의에 가까이 갈 수 있도록 평소 쌍방향의 논의를 거듭해두는 것이 예상을 초월한 위기에 직면할 경우 도움이 될 것이다.

'최악의 시나리오'가 발생하지 않도록
정치는 '제도설계 책임'을 다하라

후나바시 요이치 일본 재건 이니셔티브 이사장

거대 리스크 사회, 거대 리스크 세계

"시끄러운 세상이 되었다."

어느 시대나 사람들은 그렇게 느껴왔음에 틀림없다. 그렇지만 21세기에 들어와 특히 그런 느낌이 강하게 든다.

9·11 테러에서 리먼 쇼크를 거쳐 후쿠시마 제1원전 사고에 이르는 10년간을 보면 누구라도 그렇게 생각할 것이다. 거대한 리스크 사회와 거대한 리스크 세계가 출현했다. 도시화에 따라 거대 기술을 활용하는 사회는 거대한 리스크를 안고 있는 리스크 사회이기도 하다. 옵션거래나 파생상품 등 금융리스크 헤지 상품이 더 큰 거대금융 리스크를 자식처럼 만들어내는 모습은 '자신이 만들어낸 악마'라고 형용된다.

글로벌화는 물건, 돈, 정보에 더해 판데믹이나 사이버테러 등 리스크의 글로벌화이기도 하다. 그것은 신흥국의 빈곤층을 중산계층으로 끌어올리는 '밀물' 효과도 있지만, 성숙한 민주주의국가이든 신흥국이든 똑같이 사회적 격차가 확대될 리스크가 높아지고 있다. 또한 개인에게 사회적 영향력(empowerment)을 가져다주지만 동시에 개인이 사회에 대단히 파괴적 위협이 될 수 있는 리스크도 내포하고 있다.

미국 일극체제는 붕괴되어 다극화, 나아가 무극화(無極化)라는 '신세계'가 출현하고 있다. 태평양, 동북아시아, 인도양, 중앙아시아, 중동의 지정학적 리스크가 지금까지보다 더 커지고 있다.

아마도 기후변동의 영향도 있을 것이지만, 자연재해가 급증하고 날로 흉폭해지고 있다. 그것은 에너지·식량·물의 확보를 더욱 불안정하게 만드는 요인이 될 것이다.

성숙한 민주주의 국가는 재정적자와 국가부채, 고령화와 인구감소, 통치능력(governability)의 저하 등에 의한 통치부전(統治不全)의 리스크를 안고 있다.

이러한 거대 리스크 사회와 거대 리스크 세계를 앞에 두고 일본은 너무나도 취약한 존재이며 대비가 되지 않는 사회다. 9가지 '최악의 시나리오'는 '검은 백조'로 불리는 예상외의 '게임 체인저'적 위협이 아니다. '최악의 시나리오'를 상정 외로 사상(捨象)해 버림으로써 발생할 수 있는 트렌드형 시나리오다.

맹점(盲點)과 사각(死角)

9가지 '최악의 시나리오'를 어떻게 볼 것인가.

'최악의 시나리오'가 제시하는 '최악'보다 훨씬 나쁜 상황이 될 수도

336

있는데 이 정도라면 대응할 수 있다고 볼 것인가. 이것이 '최악'이라면 도저히 대비할 수 없다고 비관론에 빠질 것인가. '최악의 시나리오'의 역설은 그것이 정말로 '최악'인지 최악의 순간을 정확하게 제시할 수 없다는 점이다.

그러나 시나리오를 작성하는 과정에서 무엇이 위기대응의 맹점(盲點)인지, 어디가 사각(死角)인지를 드러내는 것은 가능하다. 그것이야말로 '최악의 시나리오'를 만든 목적이라고 말해도 좋을 것이다.

맹점과 사각은 일상에서 우리들이 느끼는 일본의 시스템과 거버넌스와 의사결정과정에 나타난 문제점을 말한다. 거기에 지뢰처럼 매설된 수많은 신화와 증후군(syndrome)이 나타난다. 예를 들어보자.

① 동질성(과 폐쇄성)을 근거로 일본이 마치 '안전·안심'대국인 양 믿어버리고 자화자찬하는 '안전·안심 증후군'

② 리스크를 냉정하게 평가하고 그것을 받아들이려 하지 않거나 터부시하는 '리스크 회피 증후군'(실패나 수치심을 두려워하는 융통성 없는 과정 중시, 의식화된 훈련)

③ '보지도 듣지도 말하지도 않는' 소극주의. 요컨대 이해상관자로서의 참가를 의식적으로 배제하고 정부 각 부처 또는 관련 부문이 폐쇄적이며 권한 다툼을 벌이는 '부분최적 증후군'

④ '팀 저팬으로서의 대응'을 하지 못하고 모든 위험에 대처하는 체제가 구축되어 있지 않은 '전체진공증후군'

⑤ 명확한 우선순위 설정을 기피하고, 특히 손해를 감수하고 팔 것인가를 좀처럼 결단하지 못하는 '응급환자분류 기피증후군'

⑥ 권한과 책임을 애매하게 만드는 '종합조정증후군'('종합조정'이란 이름하에 지휘명령체계를 의식적으로 애매하게 만드는 것)

⑦ 본부와 본점은 지시만 할 뿐 물자조달이나 보급도 불충분한 가운데 단지 현장에 부담만을 가중시키는 '과달카날 증후군'과 '현장능력' 신화

⑧ 국제사회와 함께 표준이나 법칙을 만들어가려는 의사와 능력을 결여한 채 내부 진화에 의존하는 '갈라파고스 증후군'

⑨ '안전보장국가'로서의 형태도 내용도 미숙한 상태에서 긴급한 일이 벌어지면 미국에 의존하는 'GHQ증후군'

9가지 '최악의 시나리오'가 들춘 일본의 국가적 위기와 위기대응의 모습은 전후의 '국가체제'가 국가적 위기를 해결하는 데 너무나 취약하며 우리 사회가 지나칠 정도로 무방비하다는 것도 엄연한 사실이라는 것을 보여준다.

일본의 '최악의 시나리오'를 그려내는 작업은 일본의 국가리스크를 평가하는 작업이기도 하다. 그것은 일본의 '국가 체제'와 '전후 체제'를 묻는 시도가 될 것이다.

일본의 국가적 위기를 생각할 경우 수도를 직격하는 지진이나 판데믹, 사이버테러 같은 긴박한 위기만 위기인 것은 아니다. 국채 폭락이나 인구감소 문제는 일본이라는 나라 전체에 악성세포가 선이하는 시한폭탄 같은 존재다. 일본 전체를 통째로 갉아먹는 치명적인 리스크라는 의미에서 보면 두 위기가 훨씬 더 무서운 위기일지도 모른다.

다만 이 두 국가적 위기는 '회임(懷妊) 기간'이 길다. 아주 조금씩 진

행하는 위기이기 때문에 지금까지 위기라는 인식이 없었으며, 문제를 해결하기 위한 시간적 여유가 아직 있다면서 개혁이 미뤄져왔다. 문제는 정치다. 정치가는 여론의 반발이나 표를 얻지 못할 것을 우려한 나머지 일본의 장래에 필수불가결한 사회보장제도나 연금개혁에 착수도 하지 못했다.

이 두 '최악의 시나리오'가 현실로 나타나지 않게 하기 위한 처방전에 관한 국민적 합의를 도출해야 한다. 그러기 위해서는 이를 위한 초당파적 합의를 이뤄내야 한다. 이것이 정치가 해야 할 일이다. 조금도 지체할 수 없는 일이다.

후쿠시마 제1원전 사고 당시 국가도 도쿄전력도 '절대 안전 신화'의 덫에 걸렸던 것이 치명적이었다. 그들은 원자력 발전의 안전에 불가결한 안전문화를 담보하는 '제도 설계'에 실패했던 것이다.

국채 대폭락과 인구감소라는 '최악의 시나리오'가 일어나지 않게 하기 위한 확실한 '제도 설계'를 서둘러야 한다. 정치는 그런 '제도 설계 책임'을 다하지 않으면 안 된다.

예전 같으면 전쟁을 '최악의 시나리오'라고 생각할 것이다. 지금도 그런 위험은 엄연하게 존재한다. 그러나 일본은 그런 외부의 위협과 리스크만이 아니라, 혹은 어쩌면 그보다 더 내부의 위협과 리스크에 의해 국가적 위기를 맞이할 가능성이 크다.

많은 경우 그러한 리스크는 동일본 대진재와 후쿠시마 제1원전 사고가 그러했듯이 복합적 성격을 띤다. 정부만의 대처로는 안 된다. '국가의 모든 힘을 다해' 노력하지 않으면 안 된다. 그런 만큼 거버넌스가 제대로 작동되고 있는지가 위기관리에서 지금보다 더 결정적인 역할을 할 것이다.

거버넌스라는 것은 경제적, 사회적 자원을 운영, 관리하는 데 있어서의 권한과 권력의 행사 양태를 말한다. 1 위기관리 거버넌스의 재구축은 정치가 해야 할 일이다. 행정에 그런 역할을 맡길 수는 없다.

복원력과 리더십

민간사고조사위의 조사검증보고서는 〈후쿠시마 제 1원전 사고의 교훈〉의 결론 부분에서 복원력의 전략적 중요성과 함께 이를 바탕으로 사고와 사고대응과 관련한 문제를 검증할 필요가 있다고 지적했다.

그로부터 2년이 지났건만 일본이 동일본 대진재와 후쿠시마 제 1원전 사고라는 국난을 극복하고, 위기를 부흥의 발판으로 삼아 전진하고 있다는 실감이 들지 않는다. 그것은 일본에 복원력을 현실 속에 나타내고 연출하는 리더십이 결여되어 있는 것과 관계가 있을 것이다.

스위스의 세계경제포럼(다보스 회의)은 2013년 겨울 회의에서 《국가별 복원력 평가보고서》(Global Risk 2013)를 발표했다.

세계적 리스크로 볼 수 있는 50개의 주요 지표를 종합하여 국가별 복원력(정부의 리스크 관리능력) 정도를 평가한 것인데, 독일, 스위스, 영국이 최상위를 차지했다. 미국, 중국이 뒤를 이었다. 인도, 이탈리아, 브라질의 순으로 이어졌으며, 일본은 그 다음이었다. 대국 가운데 최

---

1 세계은행은 국가의 거버넌스를 "한 나라의 경제적, 사회적 자원을 경영·관리하는 권한·권력의 행사 양태"라고 정의한다. World Bank(1992), "Governance and government", p. 3.

하위는 러시아였다.

대부분의 경우 국제경쟁력과 복원력은 정비례했다. 국제경쟁력이 높은 나라일수록 복원력도 높다. 그 가운데 일본은 예외적인 존재다. 국제경쟁력은 여전히 높았지만 복원력은 낮다.

보고서는 "일본은 (후쿠시마 제1원전 사고에 의한) 환경파괴 리스크를 완벽하게 극복한 것처럼 생각되었지만, 일본 정부의 리스크 관리성과는 매우 낮게 평가되었다"고 지적했다.

왜 일본의 '리스크 관리성과'가 이렇게 낮게 평가된 것일까.

그것은 "위기 시 가장 중요한 요소는 리더십, 즉 정치가의 통치능력"(보고서)이기 때문이다. 일본의 경우 '가장 중요한 요소'인 리더십, 즉 정치가의 통치능력에 대한 평가가 낮아 감점 요인으로 작용했다.

일본의 정치지도자에 대한 평가가 이 정도라는 것은 정말로 유감스런 일이다. 일본의 정치가는 이를 무겁게 받아들이지 않으면 안 된다. 다만, 국민도 가슴에 손을 얹고 성찰해야 할 때다. 위기에 강한 리더십이 존재하려면 위기에 강한 팔로십이 필요하다. 평상시 언제나 국민들에 발목을 잡히고 흔들리는 정치지도자가 유사시 갑작스럽게 국민들로부터 존경받기는 어렵다.

국민들 사이에 리더를 키운다는 의식과 도량이 없으면 훌륭한 리더는 나오지 않는다. 그래서는 위기 시 훌륭한 리더도 나올 수 없다. 그런 국민들은 만일의 경우가 발생해도 리더를 갖지 못한다.

리더십이라는 것은 반드시 톱-다운(top-down) 형의 강한 리더를 말하는 것은 아니다. 그것은 위기의 본질을 꿰뚫어보고 국민들에게 정확하게 전달함과 동시에 대응 우선순위를 제시하고, 그것을 행동에 옮기기 위해 모든 국가적 자원을 통합하고 동원해 국민적 합의를 만들어내는 정치지도력에 다름 아니다.

위기 시의 리더십에서 가장 중요한 것은 위기를 국민과 함께 극복할 각오와 능력을 보여주고 국민과 확실하게 커뮤니케이션하면서 국민과의 신뢰관계를 유지하는 것이다. 리더십이란 것은 위기 시에 가장 중요한 공공재라고 할 수 있다.

국민은 '자산'

9가지 '최악의 시나리오'의 필자 중 한 사람인 나가마쓰 신고(永松伸吾)씨는 연구회에서 베이징 칭화대학 교수와 중국의 위기관리에 대해 의견교환을 했던 때의 일화를 소개했다.

나가마쓰 씨가 "중국의 최대 위기관리 대상은 무엇입니까?"라고 묻자 칭화대학 교수는 "그것은 인민입니다"라고 대답했다고 한다.

위기 시 권력자는 국민들이 패닉상태에 빠지는 것을 우려한 나머지 위협 그 자체가 아니라 통제할 수 없을지도 모를 국민을 위협의 원천으로 보려는 '엘리트 패닉' 현상이 있다.

'최악의 시나리오' 연구의 제1인자인 리 클라크가 말하는 것처럼 위기 시 국민은 결코 '짐'이 아니다. 국민은 '자산'인 것이다.[2]

파멸적 규모로까지 팽창할 수 있는 사이버 리스크를 관리하고 시이

---

2 Lee Clarke (2006), *Worst Cases: Terror and Catastrophe in the Popular Imagination*, Easy Read Large, p. 323.

버테러로부터 CNI(주요 국가인프라)를 지킬 수 있는 것은 아마도 해커들일 것이다. 이 공간에서는 매일 그들이 기술혁신의 최첨단을 개척하고 있다. 그들을 '자산'으로 보지 않으면 '최악의 시나리오'의 예방은 불가능하다. 그것이 현실이다.

국가적 위기에 맞서려면 관과 민의 새로운 협조관계가 불가결하다. 그것을 구축하는 것 또한 정치와 리더십의 과제가 되어야 한다.

이 책은 일본의 저명한 저널리스트 후나바시 요이치가 이사장을 맡고 있는 '재단법인 일본 재건 이니셔티브'란 싱크탱크가 2013년 3월에 내놓은 책을 번역한 것이다.

이 책이 출간된 직접적인 계기는 2011년 발생한 동일본 대지진이다. 일본 역사상 최대 규모이자 세계에서 4번째로 강한 지진이 동일본 지역을 강타해 15,844명의 사망자와 2,640명의 행방불명자가 발생했다(일본 경찰청 발표, 2014년 1월 10일 현재). 더구나 지진이 일어나고 약 50분 후에 발생한 초대형 해일이 후쿠시마 원자력 발전소를 덮쳐 원자로가 폭발하고 방사능이 누출되는 참극이 빚어졌다. 후쿠시마 원전 사고는 국제원자력사고 등급(INES)이 최악인 7등급으로, 생태계에 심각한 영향을 초래할 수 있는 재앙이었다.

당시 간 나오토 총리는 최악의 사태를 가정한 시나리오를 작성하도록 곤도 슌스케(近藤駿介) 원자력위원장에게 극비리에 지시했다. 사흘

후인 3월 25일 곤도 위원장은 〈후쿠시마 제1원자력발전소의 예측불가사태 시나리오 소묘〉(福島 第1原子力發電所の不測事態シナリオの素描)라는 보고서를 완성했다. 국가적 위기에 직면한 일본이 최악의 시나리오를 만든 것은 이것이 처음이었다. 여기에는 모든 연료 풀이 파손되어 코어 콘크리트 상호작용이 발생하는 최악의 경우 170킬로미터 이원(以遠) 지역까지 주민들을 강제이전 시켜야 하며, 250킬로미터 이원 지역의 주민들이 이전을 희망할 경우 받아들여야 한다는 평가결과가 포함되어 있었다.

이 같은 내용은 2011년 12월이 되어서야 공표되었다. 일본 정부 관계자는 보고서는 "일어날 가능성이 낮은 것을 일부러 가정해 만든 것으로, 지나치게 국민들을 걱정시킬 수 있어 공표를 미뤘다"고 설명했다. 불필요하게 국민들을 자극하고 불안감을 조장할 수 있는 정보의 공개에는 신중을 기해야 하지만, 정확한 정보를 적시에 알리지 않고 은폐하는 것도 국민들이 정부를 불신하는 원인이 된다는 것을 우리는 잘 알고 있다. 원상회복까지 얼마나 더 많은 시간이 필요할지 지금으로서는 알 수 없으며, 후쿠시마 원전 사고는 원전의존도가 높은 한국에 결코 '강 건너의 불'이 아니다.

역사는 단순하게 반복되지 않지만 유사한 상황이 일어나는 일도 적지 않다. 중국의 대두로 급변하는 동아시아 정세는 100년 전에 발발한 제1차 세계대전 직전의 유럽과 유사한 측면도 있다.

독일이 통일을 이뤄 유럽의 강대국으로 등장하기 직전인 1870년 유럽에서 독일이 차지하는 경제력 비중은 16%에 불과했지만 제1차 세계대전 발발 직전인 1913년에는 40%로 늘어난다. 반면 해가 지지 않는 제국으로 군림하던 영국의 경제력 비중은 1870년에 독일의 4배인 64%였지만 1913년에는 28%로 떨어진다. 더구나 독일 황제 빌헬름 2세가 "독일의 미래는 바다에 있고 제국이 되어야 한다"고 외치며 함대법을 제정해 해군력 증강에 나섰다. 이에 따라 독일이 해양제국 영국에 도전하는 구도가 형성됐다.

당시 유럽 국가들은 경제적으로 상호의존도가 높았지만, 신흥강대국으로 부상한 독일을 견제하기 위해 영국이 프랑스 및 러시아와 손을 잡고 포위망을 형성하자 독일도 이에 대항했다. 그 결과가 1914년 오스트리아의 황태자가 사라예보에서 암살당한 사건이 도화선이 되어 발발한 제1차 세계대전이다. 독일을 중국으로, 영국을 미국으로 바꿔 보면 당시와 현재 상황이 엇비슷하게 보인다.

중국 경제는 1970년대 말의 개혁개방정책 이후 놀라운 성장을 계속해, 2010년 마침내 일본을 누르고 세계 2위의 경제대국이 되었다. 미국 국가정보위원회(NIC)는 2020년대 후반이 되면 미국과 중국의 경제 규모가 역전되어 중국이 세계 최대 경제대국이 될 가능성이 있다고 예측했다. 2013년 중국의 국방비는 미국의 5분의 1 수준에 지나지 않지만, 1989년 이후 매년 두 자리 숫자로 증가해온 중국의 국방예산은 경쟁국가를 자극해 군비경쟁을 초래하고 지역 내 안보상황을 불안정하게 할 수도 있다.

2011년 10월 외교안보연구원(현 국립외교원) 주최 학술회의에 참가한 미국의 저명한 국제정치학자 스티븐 월트와 존 미어샤이머는 중국의 평화적 굴기(崛起)는 불가능하며, 한국은 동맹국인 미국과 최대 교역

상대국인 중국 가운데 한 나라를 선택해야 하는 상황이 올지도 모른다고 우려했다. 우리로서는 상정하기도 싫은 최악의 시나리오이지만, 그런 상황이 벌어지지 않으리라는 보장은 어디에도 없다.

앞으로의 동아시아 질서는 2013년 6월 미국을 방문한 시진핑 국가주석이 오바마 대통령에게 제시한 미·중 간의 '신형 대국관계'가 어떻게 전개되느냐에 따라 크게 달라질 것이다. 현재의 한반도 상황이 강대국의 각축장으로 전락해 끝내는 일본의 식민지가 된 19세기 말에서 20세기 초 상황과 유사하다는 지적도 많다. 과거의 전철을 밟지 않기 위해서 우리는 무엇을 해야 할지 눈을 똑바로 뜨고 현실을 직시해야 한다.

이 책은 '일본 최악의 시나리오'라는 상상력을 통해 최악의 사태를 막아보자는 취지에서 집필되었지만, 언제 최악의 사태가 발생할지 알 수 없다는 것이 최악의 시나리오가 지닌 역설(逆說)이다. 그러나 다른 시나리오와 달리 일어날 확률이 매우 높으며 이미 진행 중인 위기도 있다. 인구 감소가 그것이다. 일본 인구는 메이지유신(1868년)부터 2000년까지 약 130년 동안 급격히 증가해 2004년(1억 2,784만 명) 피크에 달한 이후 줄어들기 시작했는데, 가장 많이 줄어들 경우 2100년에 메이지유신 당시(3,330만 명)와 비슷한 3,770만 명까지 줄어들 수 있다는 예측도 있다.

출산율이 세계 최저이며 세계에서 유례를 찾아볼 수 없을 정도의 빠른 속도로 고령화가 진행되는 한국의 상황에서 인구 문제는 방치해둘 수 없는 심각한 사안이다. 2012년 처음으로 5천만 명을 넘은 우리나라의 총인구는 2030년을 정점으로 점차 감소하여 2045년에는 다시 4천만 명대로 떨어질 것으로 전망된다. 한국은 2026년경 초고령 사회(전체 인구 중 65세 이상의 고령자가 21% 이상)로 진입할 것이며, 2060년이 되면 전체 인구 중 고령자가 40%를 넘을 것이라는 예측도 있다. 이런 변화가 우리 사회에 미칠 영향은 지금 우리가 상상하는 것을 훨씬 초월할 것이다. 지금부터 철저하게 대비하지 않으면 안 된다.

그러나 무엇보다 우리의 관심을 끄는 것은 '북한 붕괴 시나리오'다. 북한 보수파의 쿠데타로 김정은은 평양을 탈출하고 북한에서 내전이 발생한다. 북한이 무정부 상태에 빠지자 한국은 이에 대비해 사전에 만들어두었던 '부흥' 계획을 발동한다. 북한으로 진격한 한국군은 평양에 임시정부를 수립하고 사실상 북한을 흡수해 통일을 성취한다. 중국을 견제하려는 러시아가 '통일한국'을 가장 먼저 승인하고 미국, 중국, 일본도 뒤를 이어 승인한다.

통일한국은 1965년 체결된 한·일 기본조약에 의한 경제원조가 남쪽에 국한된 것이라면서 옛 북한지역에 대한 경제지원을 일본 정부에 요구한다. 100억 달러에 달하는 거액의 경제지원 요구는 일본 국민들, 특히 노인들의 거센 반발을 초래한다. 통일 후 김정은은 자강도에 비밀 지하 핵 농축시설이 있다는 것을 한국의 대통령에게 알리면서 이를 민족의 독립을 위해 써달라고 말한다.

통일한국 수립 직전 미국과 중국은 북한 유사시 양국이 공동으로 한반도를 관리한다는 밀약을 체결하지만, 이것이 발각되어 한국의 내셔널리즘을 자극한다. 통일한국의 두 번째 대통령은 광복절 기념사에서 핵보유를 선언함과 동시에 한·미 상호방위조약을 파기하고 핵 확산금지조약(NPT)에서도 탈퇴한다. 핵을 보유한 통일한국이란 최악의 시나리오에 직면한 일본도 핵무장을 결심한다. 동북아시아에서의 세력균형 유지를 위해 미국과 중국은 일본의 핵무장을 용인한다.

미·중 관계의 성격 변화 이외에도 불안정한 북한의 김정은 체제, 일본의 보수화와 보통국가화 조류, 중·일 간의 파워 싸움 등 최근 수년 동안 한반도 주변에서 벌어지는 국제환경의 변화는 우리에게 새로운 국가전략의 수립을 요구한다.

2014년 1월 6일 신년 기자회견에서 "통일은 대박"이라며 북한 주민의 인권에 대해 언급한 박근혜 대통령은 1월 22일 스위스에서 열린 다보스 포럼에서는 "통일은 대한민국에만 대박이 아니라 동북아 주변국 모두에게도 대박이 될 수 있다"고 말했다. 통일에 대한 국민들의 관심을 촉구하고 통일을 경제성장의 돌파구로 삼으려는 의도에서 나온 발언이기는 하지만 어떤 방식이냐에 따라 통일은 대박이 될 수도 쪽박이 될 수도 있다. 또한 통일은 남북이 합의한다고 이뤄지는 것이 아님을 독일의 경우를 보면 알 수 있다. 통일의 정치적 과정에서 주변국의 이해와 협력을 얻는 것이 무엇보다 중요하다. 그것을 뒷받침하는 것이 외교력이며 국제정치의 현실을 제대로 읽어내는 통찰력인데, 우리가 그런 것들을 갖추고 있는지 의문이다.

이 책이 상정한 남북통일은 북한의 내전에 의해 촉발되었다. 일본을 포함해 주변의 어떤 나라도 남북의 통일을 원하지 않았으며, 핵을 보유한 통일한국은 일본의 핵무장으로 귀결되었다. 취임 이후 박근혜 대통령은 5개 유엔 안보리 상임이사국(미국, 중국, 러시아, 프랑스, 영국)을 모두 방문해 정상회담을 가졌지만, 일본에 대해서는 방문은커녕 한·

일 정상회담조차 열지 못했다. 2012년 8월 당시 이명박 대통령의 독도 방문과 천황(일왕) 사죄 발언 이후 급격하게 얼어붙은 한·일 관계에는 해빙(解氷) 조짐이 전혀 보이지 않는다. 오히려 양국 관계를 악화시키는 일들만 계속될 뿐이다. 독도문제와 위안부문제, 교과서문제 등에 더해 일본 정치인들의 야스쿠니 신사 참배가 양국 관계를 더욱 나쁘게 하는 원인이 되고 있다.

2012년 12월 제2차 아베 정권이 출범한 이후 2013년 4월 총리를 역임한 아소 다로 부총리 겸 재무상을 비롯한 일부 각료들이 야스쿠니 신사를 참배한 데 이어, 2013년 12월 26일에는 아베 총리가 직접 야스쿠니 신사를 참배했다. 아베 총리는 야스쿠니 신사 참배는 국가를 위해 희생한 영령들에게 애도와 존숭(尊崇)의 뜻을 표하고 "두 번 다시 전쟁의 참화로 사람들이 고통받는 일이 없는 시대를 만들겠다는 결의를 전하기 위한 것"이라고 설명했다. 또한 아베 총리는 참배는 전범(戰犯)을 숭배(崇拜)하는 것이 아니며 한국과 중국 국민들의 기분을 상하게 할 생각은 전혀 없다고 말했지만, 일본에 의한 전쟁과 식민지 지배의 희생자인 한국과 중국이 납득하지 않고 거세게 반발할 것임은 이미 예견된 일이었다.

총리의 야스쿠니 신사 참배는 정교(政敎) 분리 원칙을 규정한 일본 헌법 위반이라는 차원의 문제는 아니다. 일부 일본인들은 "전쟁과 식민지 지배로 인한 피해에 대해 사죄하고 보상한 국가는 일본뿐이었다"고 주장하며, 일본이 패전국에서 선진국으로 발전하면서 그런 목소리가 조금씩 커지기 시작했다. 또한 점령과 냉전으로 일본(인)은 스스로 잘못된 자신들의 과거를 성찰할 수 있는 기회를 상실했을 뿐만 아니라, 히로시마와 나가사키에의 원폭 투하가 일본인들에게 잘못된 전쟁 인식을 심어준 측면도 있다.

즉, 전쟁의 조기 종식이란 군사적 필요성과 원자탄 사용의 도덕성이란 측면에서 원폭 투하는 충분히 논쟁거리가 될 만했지만, 일본인들은 한국이나 중국 등 아시아 지역에서 자신들이 저지른 민간인 학살이나 고문, 생체실험과 일본군 위안부 등의 비인도적 행위에는 등을 돌리면서 세계에서 첫 번째 원폭 피해자가 된 자신들이 마치 전쟁 피해자인양 생각하는 것이다. 이런 것들이 일본의 잘못된 과거 역사를 반성하고 사죄해야 한다는 것에 대한 심리적 저항과 거부반응을 일으켜 이른바 일본 정치가들의 '망언'(妄言)을 만들어낸 것이다.

박근혜 대통령은 취임 이후 국교정상화 이래 최악의 상태에 빠진 한·일 관계 회복을 위해서는 일본이 과거 역사를 직시해야 한다는 원칙론을 강조했으며, 국민들의 50%가 이런 대일 외교를 지지하는 것으로 나타났다(〈서울신문〉 2014년 1월 6일). 현재와 같은 관계가 계속되면 한·일 두 나라가 국교를 수립한 지 50년이 되는 2015년의 양국 관계는 최악의 상황에 빠질 가능성이 크다.

공을 일본 측에 넘기고 기다리는 것만이 능사는 아니다. 한·일 양국의 교역량은 1천억 달러가 넘었을 뿐만 아니라 매년 550만 명 이상의 양국 국민이 왕래하고 있다. 또한 일본은 중국에 이어 우리의 제 2위 교역국이자 해외의 대한(對韓) 투자 1위국이기도 하다(2012년 45억 5천만 달러). 우리가 바라고 요구하는 대로 일본이 변화하지 않을 것이기 때문에 한·일 간의 역사문제 해결은 기본적으로 불가능하다. 외교는 국익을 지키기 위한 수단이지 도덕주의적인 경쟁이 아니다.

이 책의 제1부에는 가까운 미래에 일본이 직면할 수 있는 9가지 위기를 상정한 시나리오가 매우 사실적으로 묘사돼 있다. 제2부에서는 이로부터 도출할 수 있는 교훈을 바탕으로 법제도, 관민협조, 대외전략, 총리 관저, 커뮤니케이션에 초점을 맞춰 효율적인 위기관리 혹은 위기대응을 위해 필요한 정책들을 구체적으로 제언한다. 우리와 일본이 처한 사정이 다른 것은 물론이지만, 국채 폭락, 사이버테러, 판데믹, 에너지 위기, 핵테러, 인구 감소 등은 언제든지 우리나라를 직격할 수 있는 문제들이다.

위기대응과 관리에서 중요한 것은 "그런 일은 공상이며 일어날 가능성이 낮다"고 치부해버리지 않는 것이다. 이 책이 우리에게 닥쳐올지도 모를 국가적 위기를 상정하고 이에 대한 최악의 시나리오를 만들어봄으로써 현재의 법제도나 위기관리 체제가 우리의 재산과 생명, 영토와 안전을 지키기에 충분한지, 그렇지 않다면 국가와 사회, 그리고 우리 스스로는 무엇을 해야 하는지를 진지하게 생각해보는 기회가 된다면 옮긴이로서 더 바랄 것이 없다.

마지막으로 세 가지만 지적해두고자 한다.

첫째, 이 책의 모태가 된 재단법인 일본 재건 이니셔티브의 '위기관리' 프로젝트에는 관련 전문가들만이 아니라 일본 정부의 전·현직 고관들도 참여해 그들의 의견들이 반영됐다는 점이다. 3·11 대지진을 계기로 국가적 위기가 될 수 있는 사안들에 대해 일반 국민들의 관심과 이해를 높이려는 의도가 있었겠지만, 경우에 따라서는 그동안 무관심했던 문제들에 대해 국민들을 계몽하고 (의도적인지 아닌지는 알 수 없지만) 여론을 일정한 방향으로 유도할 수도 있다는 점을 간과해서는 안 된다.

특히, 북한 붕괴와 핵무장한 통일한국, 일본의 핵무장 등이 포함된 부분이 일본의 대(對) 한반도 정책에 어떤 형태로 반영되어 나타날지 관심을 가져야 한다. 또한 북한 붕괴 시나리오에 등장하는 북한 내 보수파와 개혁파 간의 대립은 마치 장성택 숙청을 예견이라도 한 듯해서 흥미롭지만, 최근 일본이 한반도 통일 문제에 대해 논의할 것을 미국 정부에 제안했다는 것이 무엇을 의미하는지도 짚어봐야 할 대목이다.

둘째, 이 책의 제언들이 일본 정부에 의해 받아들여져 실행에 옮겨지고 있다는 점에 주목할 필요가 있다. 예를 들면, 이 책에서는 정보의 수집·분석 기능을 강화하기 위해서는 정부가 정보 취급에 관한 통일적 기준을 마련해야 한다고 제언했는데, 지난해 일본 정부는 논란 끝에 특정비밀보호법을 제정했다. 일본 정부는 그동안 비밀문서를 각 부처의 내부규칙으로 정해 관리했지만, 앞으로는 공통의 기준을 마련해 비밀문서의 등급을 지정하고 지정 책임자 등을 규정할 방침이다.

센카쿠 충돌과 북한 붕괴 관련 시나리오에는 일본 정부가 상황에 끌려 다니면서 우왕좌왕하는 모습이 그려져 있다. 이에 재단은 국가적 위기의 예방과 대응, 중장기적 외교안보전략 수립을 위해서는 컨트롤 타워 역할을 하는 상설 조직체가 필요하다며 국가안전보장회의(NSC)의 설치를 제언했으며, 2013년 11월 실제로 국가안전보장회의 설치법이 제정되었다. 이에 따라 12월 내각부 산하에 NSC와 사무국 역할을 하는 국가안전보장국이 만들어졌고, 2013년 12월 17일 사상 처음으로 국가안전보장전략을 세워 발표한 바 있다.

셋째, 자연재해나 사건, 재난이나 위기가 발생하지 않도록 사전에 대비하는 것도 중요하지만, 이 책에서 지적하는 것처럼 일단 발생한 뒤에는 사태를 수습하고 관리하는 과정에서 이해관계자들이 정보를 공유하고 상호이해를 돈독히 하는 커뮤니케이션이 매우 중요하다. 재난이나 사건이 발생할 경우 정부는 사태 해결을 위해 필요하다고 결정한 조치를 국민들에게 알리는데, 이때 그런 결정을 한 배경과 근거, 납득할 수 있는 이유를 제대로 설명하지 않으면 오히려 패닉이나 혼란을 초래할 수 있다. 국민들이 불안감을 느끼기 시작하면 정부의 발표를 믿지 못해 2차 피해가 발생할 수도 있다.

정부에 대한 국민들의 신뢰는 무엇보다 중요하다. 평상시 정부에 대한 신뢰가 쌓여야 위기 시 국민들이 정부의 말을 믿고 따른다. 그런데 우리 현실은 어떠한가? 최근 카드사 회원정보 유출과 여수 기름유출 사건이 발생했을 때 관련 장관들의 신중하지 못한 언행이 어떤 결과를 초래했는가. 신뢰는 기본적으로 업무 능력이나 전문성에 의해서 형성되지만 정부 당국자들의 성품이나 언행도 매우 중요한데, 평소 국민들의 신뢰를 얻기 위해 그들이 어떤 노력을 하는지 묻지 않을 수 없다.

2014년 2월

조 진 구

'위기관리' 프로젝트는 재단법인 일본 재건 이니셔티브의 첫 번째 프로젝트인 〈후쿠시마원전사고독립검증위원회〉(민간조사위)를 통해서 드러난 일본 위기관리 체제의 취약성을 검증하기 위해 2012년 5월에 발족되었다.

자연재해나 테러, 군사적 충돌 등 9가지 위기를 사례연구로 하여 11명의 연구자·전문가 위기의 전개과정을 시뮬레이션 하는 '최악의 시나리오'를 설정해 현재의 위기관리 체제상의 과제를 제시했다. 나아가 이런 위기가 일어날 경우의 대응과정에 대해서 법제도, 관민협조, 대외전략, 총리 관저, 커뮤니케이션을 키워드로 하여 5명의 연구자·전문가가 개별 사례에 구애받지 않고 분석하여 필요한 대책을 제언 형식으로 정리했다.

또한 이 책은 제1부의 장별 담당 필자와 제2부 멤버의 토론을 통해 만들어진 시나리오를 바탕으로 에디터가 재구성하여 간행되었다.

제 1부 최악의 시나리오

아마코 사토시 (天兒慧, 센카쿠 충돌 담당)

와세다대학 대학원 아시아태평양연구과 교수이자 현대중국연구소 소장이다.
2002년 와세다대학 대학원 아시아태평양연구과 교수,
2006년 동 대학원 연구과장(대학원장)에 취임하였다(~2008년).

이와이사코 도쿠오 (祝迫得夫, 국채 폭락 담당)

히토쓰바시대학 경제연구소 교수로 전공은 파이낸스, 매크로경제학,
미국금융사이다. 1992년 히토쓰바시대학 대학원 석사과정을 졸업하였으며,
1997년 하버드대학 대학원에서 박사학위를 취득하였다.

나가마쓰 신고 (永松伸吾, 수도직하지진 담당)

간사이대학 사회안전학부 · 대학원 사회안전연구과 준교수로,
2001년 오사카대학에서 박사학위(국제공공정책)를 취득하였다.

나와 도시오 (名和利男, 사이버테러 담당)

㈜ 사이버디펜스연구소 상급 분석관이다.
방위청 항공자위대 프로그램 간부, JPCERT/CC 조기경계그룹 리더를 거쳐
현재 디지털 포렌식(digital forensics) 연구회 이사로 재직 중이다.

356

우라시마 미쓰요시 (浦島充佳, 판데믹 담당)

도쿄지에카이의과대학 준교수이며, 분자역학연구실 실장,

소아과학 강좌 의장을 역임 중이다.

2000년 하버드대학 공중보건대학(HSPH, School of Public Health)을

졸업하였다.

다나카 고이치로 (田中浩一郎, 에너지 위기 담당)

(재) 일본에너지경제연구소 상무이사 겸 중동연구센터 센터장이다.

1989년 주이란 일본대사관 전문조사원, 1999년 유엔 아프가니스탄

특별미션 정무관을 역임하였다.

미야사카 나오후미 (宮坂直史, 핵테러 담당)

방위대학 종합안전보장연구과 교수로, 전공은 국제정치학, 정치학이다.

내각관방, 외무성, 방위청, 자치단체 등 다수의 기관에서

연구위원을 역임하였다.

다케우치 칸 (竹內幹, 인구감소 담당)

히토쓰바시대학 대학원 경제학연구과 준교수이다. 미시간대학 경제학부에서

박사학위를 취득하였으며, 전공은 실험경제학 및 공공경제학이다.

제 2부 시나리오가 주는 교훈

우메야마 고로(梅山吾郎, 법제도 담당)
컨설턴트이며, 전공은 위기관리이다.
후쿠시마원전사고독립검증위원회 워킹그룹의 제 2부 책임자이다.

히루마 요시키(蛭間芳樹, 관민협조 담당)
주식회사 일본정책투자은행 환경·CRS부 BCM 등급주간이다.
도쿄대학 생산기술연구소 도시기반안전공학국제연구센터 협력연구원,
세계경제포럼 리스크 리스폰스 네트워크 파트너로 활동 중이다.

아키야마 노부마사(秋山信將, 대외전략 담당)
히토쓰바시대학 대학원 법학연구과 및 국제공공정책대학원 교수로,
전공은 핵 비확산, 핵군축, 안전보장이다. 일본국제문제연구소 객원연구원이자
후쿠시마원전사고독립검증위원회 워킹그룹의 제 4부 책임자이다.

시오자키 아키히사(塩崎彰久, 총리 관저 담당)
나가시마·오노·쓰네마쓰 법률사무소 파트너변호사로, 전문 분야는
기업지배구조(Corporate Governance) 및 위기관리이다.
2006~2007년 총리 관저에서 근무하였으며,
후쿠시마원전사고독립검증위원회 워킹그룹 멤버로 활동하였다.
현재 제 1도쿄변호사회 민사개입폭력대책특별위원회 부위원장,
(재) 일본 재건 이니셔티브 감사로 활동 중이다.

아키야마 미키 (秋山美紀, 커뮤니케이션 담당)

2005년 게이오대학 대학원 정책미디어연구과 특별연구강사,
2007년 동 대학 종합정책학부 전임강사를 거쳐, 2010년부터
게이오대학 환경정보학부 겸 정책미디어연구과 준교수로 재직 중이다.

• 에디터

후지요시 마사하루 (藤吉雅春)

저널리스트. 후쿠시마원전사고독립검증위원회 워킹그룹 멤버.

• 위기관리 프로젝트 사무국

후나바시 요이치 (船橋洋一, 프로그램 디렉터)
기타자와 케이 (北澤桂, 스태프 디렉터)
마에다 미나 (前田三奈, 스태프 디렉터 어시스턴트)

본인의 희망에 따라 일부 멤버는 이름을 올리지 않았습니다.

.